基金从业人员
资格考试
专·用·教·材

基金法律法规、
职业道德与业务规范

毛洁 魏祯 ◎ 主编
基金业从业人员一般从业资格考试命题研究中心 ◎ 审校

北京大学出版社
PEKING UNIVERSITY PRESS

内容提要

本教材以中国基金业协会发布的最新考试大纲为依据,面向"基金法律法规、职业道德与业务规范"科目,体现了该科目知识的全面性、系统性和实用性。同时,在多年研究该科目大量真题的基础上,总结、提炼出该科目考试的命题特点与解题规律,旨在帮助读者全面掌握知识,提高实战能力,顺利通过考试。

本教材共13章,第0章为"考纲分析与应试策略",旨在总结、提炼考试内容的重点与命题方式,为考生提供全面的复习与应试策略;第一章至第十二章主要讲解金融、资产管理与投资基金,证券投资基金概述,证券投资基金的类型,证券投资基金的监管,基金职业道德,基金的募集、交易与登记,基金的信息披露,基金客户和销售机构,基金销售行为规范及信息管理,基金客户服务,基金管理人的内部控制,基金管理人的合规管理等内容。在讲解的过程中,针对重要知识点不仅穿插了大量的例题、真题及详细解析,而且每章末还安排了过关测试题,帮助读者边学边练,轻松掌握解题思路和答题技巧。

另外,本教材配有题库版模考与练习系统,不仅为考生提供与教材同步的练习题,以及历年真题,还提供与真实机考环境完全一致的模考系统,读者可以像真实考试一样在该模考系统中进行登录、答题、交卷等操作,从而快速熟悉机考环境,避开失分雷区,提高应试能力。

本教材适合参加证券投资基金考试"基金法律法规、职业道德与业务规范"科目的读者自学,亦适合作为各类培训机构的相关教材。

图书在版编目(CIP)数据

基金法律法规、职业道德与业务规范 / 毛洁,魏祯主编. — 北京:北京大学出版社,2017.9
ISBN 978-7-301-28557-2

Ⅰ.①基… Ⅱ.①毛… ②魏… Ⅲ.①证券投资基金法—中国—资格考试—自学参考资料②基金—投资—职业道德—资格考试—自学参考资料 Ⅳ.①D922.287②F830.59

中国版本图书馆CIP数据核字(2017)第181633号

书　　名	基金法律法规、职业道德与业务规范
	JIJIN FALÜ FAGUI、ZHIYE DAODE YU YEWU GUIFAN
著作责任者	毛　洁　魏　祯　主编
责任编辑	尹　毅
标准书号	ISBN 978-7-301-28557-2
出版发行	北京大学出版社
地　　址	北京市海淀区成府路205号　100871
网　　址	http://www.pup.cn　新浪微博:@北京大学出版社
电子信箱	pup7@pup.cn
电　　话	邮购部 62752015　发行部 62750672　编辑部 62580653
印 刷 者	北京鑫海金澳胶印有限公司
经 销 者	新华书店
	787毫米×1092毫米　16开本　15印张　365千字
	2017年9月第1版　2017年9月第1次印刷
印　　数	1—3000册
定　　价	39.00元

未经许可,不得以任何方式复制或抄袭本书之部分或全部内容。
版权所有,侵权必究
举报电话:010-62752024　电子信箱:fd@pup.pku.edu.cn
图书如有印装质量问题,请与出版部联系。电话:010-62756370

前 言

一、编写本教材的初衷

为了切实做好证券投资基金考试工作，指导考生全面掌握知识体系，提高考生的专业胜任能力和执业水平，我们组织了一批专业能力极强的老师，编写了这套集学、练、查为一体的指导性教材。

本套教材由具有多年教学经验的证券投资基金讲师编写，经过多名证券投资基金资深专家的严格编审，旨在为考生提供权威、详尽、准确的应考指南，帮助考生在掌握知识、提高专业能力的基础上，顺利通过考试。

二、本教材能给予读者的帮助

本教材面向基金从业资格考试中的"基金法律法规、职业道德与业务规范"科目，采用1册图书配1套题库版模考与练习系统的形式为考生提供帮助。

➢ 突出高频考点，重点难点一网打尽

本教材以最新版考试大纲为依据，在全面覆盖考试大纲知识点的基础上，分章进行细致的讲解，并突出重点，将高频考点做了细致的标注与总结，帮助考生准确、快速地抓住重点、难点，大幅提高复习效率。

➢ 真题串讲，解析详尽，轻松掌握命题规律与解题方法

本教材在讲解各考点的过程中，结合不同类型的考试题型，以历年比较典型的考试真题为例进行讲解，并同步给出答案和详尽的解析，不仅能帮助考生通过真题训练吃透知识点，还能帮助考生快速掌握各类真考题型的命题特点与解题方法。

➢ 设计贴心小栏目，结构明晰，知识掌握更全面、透彻

为了使本教材好读、易懂，从而有效地帮助考生全面掌握知识点、掌握解题规律，本教材不仅精心设计了内文版式，使之更为易读，还设计了若干贴心的特色小栏目。比如，"考情分析"栏目，透彻分析了各个知识点在历年考试中的考查情况；"学习建议"栏目，为考生提供学习与复习该知识点的方法；"名师点拨"栏目，主要是对重要知识点进行重点点评或提示，以引起读者的特别重视；"知识拓展"栏目，主要是对一些相关的法律、法规或概念做进一步的补充说明。

➢ 提供过关自测题，边学边练，复习更高效

本教材在每章末尾，按知识点和考点精心设计了不同题型的过关测试题。考生可以通过做题巩固所学知识点，并能举一反三，提高应考能力。

➢ 配套学习系统，提前在真实机考环境中演练，应考更从容

本教材的配套学习系统提供题库版模考与练习，主要有"考试指南""同步训练""真题演练""模拟考场"等板块，提供与教材同步的习题，以及大量的真题及高质量的模拟题，并通过"模拟考场"为考生提供机考实战环境，带领考生"提前进考场"。同时，该学习系统提供错题重做与智能评分功能，能大幅提高考生的复习效率。

三、怎样使用本教材

- 先认真研读本教材第 0 章的"考纲分析与应试策略"，深入了解考试大纲的要求与命题趋势，弄清重点章节，确立复习思路。
- 在学习第一章至第十二章时，考生应先仔细阅读"考情分析"与"学习建议"，充分了解要考查的知识点，明确考试重点，掌握复习方法，并了解考试过程中应注意的问题。
- 抓住重要考点，有的放矢。考生应注重对各知识点进行归纳总结，在复习时抓住重点，掌握解题要领，以不变应万变。
- 强烈建议将教材与学习系统配套使用，并通过学习系统多做练习。考生应将大部分精力和时间放在教材中要求重点掌握和熟悉的考点上，然后通过配套学习系统提供的模考与练习系统进行反复练习，以熟悉并适应机考环境。

四、致谢

在编写过程中，得到了不少资深执业教师的指导，并获得国内知名教师的严格把关，在此谨表衷心的感谢！

尽管编写组成员力求精益求精，但书中亦难免有错误和不足之处，恳请广大读者批评指正。

读者信箱：2751801073@qq.com

投稿信箱：pup7@pup.cn

读者 QQ 群：218192911

目 录

第0章 考纲分析与应试策略

第一节 考试简介 ... 1
 一、考试科目 ... 1
 二、考试形式 ... 1
 三、考试题型与答题时间 ... 2

第二节 考试大纲专家解读 ... 2
 一、考查要点概览 ... 2
 二、命题趋势分析 ... 4

第三节 应试经验与技巧 ... 5
 一、直接挑选法 ... 5
 二、排除法 ... 5
 三、比较法 ... 5

第四节 学习方法与建议 ... 6

第一章 金融、资产管理与投资基金

第一节 金融市场与资产管理行业 ... 7
 一、金融与居民理财（★） ... 7
 二、金融市场及其分类（★★） ... 8
 三、金融市场的构成要素（★★） ... 9
 四、金融资产与资产管理行业（★★） ... 10
 五、我国资产管理行业的现状（★） ... 11

第二节 投资基金 ... 12
 一、投资基金的定义（★★★） ... 12
 二、投资基金的主要类别（★★★） ... 12

过关测试题 ... 13

第二章 证券投资基金概述

第一节 证券投资基金的概念和特点 ... 15
 一、证券投资基金的概念（★） ... 15
 二、证券投资基金的特点（★★★） ... 15
 三、证券投资基金与其他金融工具的比较（★★） ... 16

第二节 证券投资基金的运作与参与主体 ... 17
 一、证券投资基金的运作（★★） ... 17
 二、证券投资基金的参与主体（★★） ... 17
 三、证券投资基金运作关系（★） ... 19

第三节 证券投资基金的法律形式和运作方式 ... 20
 一、契约型基金与公司型基金（★★） ... 20

二、封闭式基金与开放式基金
（★★） 21

第四节 证券投资基金的起源与发展 22
一、证券投资基金的起源与早期
发展（★） 22
二、证券投资基金在美国及全球的
普及型发展（★） 22
三、全球基金业发展的趋势与
特点（★） 23

**第五节 我国证券投资基金业的发展
历程** 23
一、我国证券市场发展的四条线索
（★） 23
二、萌芽和早期发展时期（1985—1997 年）
（★） 23
三、证券投资基金试点发展阶段（1998—

2002 年）（★） 24
四、行业快速发展阶段
（2003—2008 年）（★） 25
五、行业平稳发展及创新探索阶段
（2008 年至今）（★） 25

**第六节 证券投资基金业在金融体系中的
地位和作用** 26
一、为中小投资者拓宽投资渠道
（★★） 26
二、优化金融结构，促进经济增长
（★） 26
三、有利于证券市场的稳定和健康
发展（★） 26
四、完善金融体系和社会保障体系
（★） 26

过关测试题 27

第三章　证券投资基金的类型

第一节 证券投资基金分类概述 30
一、基金分类的意义（★） 30
二、基金分类的困难（★） 30
三、基金的不同分类标准和基本分类
（★★★） 30

第二节 股票基金 32
一、股票基金在投资组合中的作用
（★） 33
二、股票基金与股票的区别（★★） ... 33
三、股票基金的类型（★★★） 33

第三节 债券基金 35
一、债券基金在投资组合中的作用
（★） 35
二、债券基金与债券的区别（★★） .. 35

三、债券基金的类型（★★★） 36
四、债券基金的特点（★★★） 36

第四节 货币市场基金 36
一、货币市场基金在投资组合中的
作用（★） 36
二、货币市场工具（★★） 37
三、货币市场基金的投资对象
（★★★） 37
四、货币市场基金的功能拓展
（★） 37

第五节 混合基金 37
一、混合基金在投资组合中的作用
（★） 38
二、混合基金的类型（★★★） 38

第六节 保本基金 38	第八节 QDII 基金 43

- 一、保本基金的特点（★★★）.......... 38
- 二、保本基金的保本策略（★★）...... 39
- 三、保本基金的类型（★★）............. 39

第七节 交易型开放式指数基金（ETF）... 40
- 一、ETF 的特点（★★★）.................. 40
- 二、ETF 的套利交易（★）................. 41
- 三、ETF 与 LOF 的区别（★★）......... 41
- 四、ETF 的类型（★）......................... 41
- 五、ETF 联接基金（★★★）............. 42

- 一、QDII 基金概述（★★）................ 43
- 二、QDII 基金在投资组合中的作用（★）.. 43
- 三、QDII 基金的投资对象（★★★） 43

第九节 分级基金 44
- 一、分级基金的基本概念（★）........ 44
- 二、分级基金的特点（★★★）......... 44
- 三、分级基金的分类（★★★）......... 46

过关测试题 46

第四章 证券投资基金的监管

第一节 基金监管概述 50
- 一、基金监管的概念及特征（★★★）... 50
- 二、基金监管体系（★★）................ 50
- 三、基金监管的目标（★★★）......... 51
- 四、基金监管的基本原则（★★★）... 51

第二节 基金监管机构和自律组织 52
- 一、政府基金监管机构：中国证监会（★★★）... 53
- 二、基金行业的自律组织：基金业协会（★★★）... 55
- 三、证券市场的自律管理者：证券交易所（★★★）............................. 55

第三节 对基金机构的监管 56
- 一、对基金管理人的监管（★★★）... 56
- 二、对基金托管人的监管（★★★）... 63
- 三、对基金服务机构的监管（★★★）... 64

第四节 对基金活动的监管 66

- 一、对基金公开募集的监管（★★★）... 66
- 二、对公开募集基金销售活动的监管（★★★）..................................... 69
- 三、对公开募集基金投资与交易的监管（★★★）..................................... 71
- 四、对公开募集基金信息披露的监管（★★★）..................................... 71
- 五、基金份额持有人及持有人大会（★★★）... 72

第五节 对非公开募集基金的监管 74
- 一、非公开募集基金管理人登记事宜（★★★）... 74
- 二、对非公开募集基金募集的监管（★★★）... 75
- 三、对非公开募集基金运作的监管（★★★）... 77

过关测试题 78

第五章　基金职业道德

第一节　道德与职业道德 81
　　一、道德（★） 81
　　二、职业道德（★） 83

第二节　基金职业道德规范 84
　　一、守法合规（★★★） 84
　　二、诚实守信（★★★） 85
　　三、专业审慎（★★★） 86
　　四、客户至上（★★★） 87
　　五、忠诚尽责（★★★） 88
　　六、保守秘密（★★★） 89

第三节　基金职业道德教育与修养 89
　　一、基金职业道德教育（★★） 89
　　二、基金职业道德修养（★★） 90

过关测试题 91

第六章　基金的募集、交易与登记

第一节　基金的募集与认购 92
　　一、基金募集的概念与程序
　　　　（★★★） 93
　　二、基金的认购（★★★） 95

第二节　基金的交易、申购和赎回 98
　　一、封闭式基金的上市与交易
　　　　（★★★） 98
　　二、开放式基金的申购、赎回和转换
　　　　（★★★） 99
　　三、ETF的上市交易、申购和赎回
　　　　（★） 104
　　四、LOF的上市交易、申购和赎回
　　　　（★） 107
　　五、QDII基金的申购和赎回
　　　　（★） 109
　　六、分级基金份额的上市交易、
　　　　申购和赎回（★） 110

第三节　基金的登记 110
　　一、开放式基金份额登记的概念
　　　　（★★★） 111
　　二、开放式基金注册登记机构及职责
　　　　（★★★） 111
　　三、基金份额登记流程（★★） 111
　　四、申购和赎回的资金结算
　　　　（★★★） 112

过关测试题 112

第七章　基金的信息披露

第一节　基金信息披露概述 117
　　一、基金信息披露的含义与作用
　　　　（★★★） 117
　　二、基金信息披露的原则和制度体系
　　　　（★★★） 118
　　三、基金信息披露的内容（★★） 119
　　四、基金信息披露的禁止行为
　　　　（★★） 119

五、XBRL 在基金信息披露中的应用（★）..................120

第二节 基金主要当事人的信息披露义务..................121
一、基金管理人的信息披露义务（★★）..................121
二、基金托管人的信息披露义务（★★）..................122
三、基金份额持有人的信息披露义务（★★）..................123

第三节 基金募集信息披露..................123
一、基金合同（★★）..................123

二、基金招募说明书（★★）..................124
三、基金托管协议（★★）..................126

第四节 基金运作信息披露..................127
一、基金净值公告（★★★）..................127
二、基金定期公告（★★）..................128
三、基金上市交易公告书（★★）...131
四、基金临时信息披露（★★）..................131

第五节 特殊基金品种的信息披露..................132
一、QDII 基金的信息披露（★）..................132
二、ETF 的信息披露（★）..................133

过关测试题..................133

第八章 基金客户和销售机构

第一节 基金客户的分类..................136
一、基金客户及投资人类型（★★）..................137
二、基金投资人构成现状及发展趋势（★）..................138
三、产品目标客户选择策略（★★）..................139

第二节 基金销售机构..................139
一、基金销售机构的主要类型（★★★）..................140

二、基金销售机构的现状及发展趋势（★）..................140
三、基金销售机构的准入条件（★★★）..................140
四、基金销售机构的职责规范（★★★）..................141

第三节 基金销售机构的销售理论、方式与策略..................142
一、销售理论（★★★）..................142
二、销售方式（★★★）..................143
三、销售策略（★★★）..................145

过关测试题..................145

第九章 基金销售行为规范及信息管理

第一节 基金销售机构人员行为规范..................148
一、基金销售人员的资格管理（★★）..................148

二、基金销售机构人员管理和培训（★★）..................148
三、基金销售机构人员行为规范（★★）..................149

第二节 基金宣传推介材料规范 151
一、宣传推介材料的范围（★★）.... 151
二、宣传推介材料审批报备流程
（★★）................................. 151
三、宣传推介材料的原则性要求及禁止性规定（★★★）......... 152
四、宣传推介材料业绩登载规范
（★★）................................. 153
五、宣传推介材料的其他规范
（★★）................................. 153
六、宣传推介材料违规情形和监管处罚（★★）......... 154
七、风险提示函的必要内容
（★★）................................. 154

第三节 基金销售费用规范 155
一、基金销售费用原则性规范
（★★★）............................. 155
二、基金销售费用结构和费率水平
（★★★）............................. 155
三、基金销售费用其他规范
（★★★）............................. 156

第四节 基金销售适用性 157
一、基金销售适用性指导原则及管理制度（★★★）......... 157
二、基金销售渠道审慎调查
（★★）................................. 158
三、基金产品风险评价（★★★）.... 158
四、基金投资人风险承受能力调查和评价（★★★）......... 159
五、基金销售适用性的实施保障
（★★★）............................. 160

第五节 基金销售信息管理 160
一、基金销售业务信息管理（★）.... 161
二、基金客户信息的内容与保管要求
（★）................................. 162
三、基金销售机构中的渠道信息管理
（★）................................. 163

过关测试题 164

第十章 基金客户服务

第一节 基金客户服务概述 167
一、基金客户服务的意义（★★）.... 168
二、基金客户服务的特点
（★★★）............................. 168
三、基金客户服务的原则
（★★★）............................. 168
四、基金客户服务的内容（★）...... 169

第二节 基金客户服务流程 169
一、基金客户服务宣传与推介
（★）................................. 169
二、基金投资咨询与互动交流
（★）................................. 170
三、基金客户投诉处理（★）............ 170
四、基金投诉跟踪与评价（★）........ 171
五、基金客户档案管理与保密
（★）................................. 171
六、基金客户服务提供方式（★）.... 172
七、基金客户个性化服务（★）........ 172

第三节 投资者教育工作 173
一、投资者教育工作的概念和意义
（★）................................. 173

二、投资者教育的基本原则与内容（★★★）.................. 173

三、投资者教育工作的形式（★★）.................. 174

过关测试题.................. 175

第十一章 基金管理人的内部控制

第一节 内部控制的目标和原则 177
一、基金管理人内部控制的重要性（★★）.................. 178
二、内部控制的基本概念及含义（★★）.................. 178
三、内部控制的三目标（★★★）.... 179
四、内部控制的五原则（★★★）.... 180

第二节 内部控制机制.................. 181
一、内部控制机制的四个层次（★★★）.................. 181
二、内部控制的基本要素（★★★）.................. 182

第三节 内部控制制度.......................... 183
一、内部控制制度概述（★★）.......... 183
二、内部控制制度的主要内容（★★）.................. 184

第四节 内部控制的主要内容................. 184
一、基金公司前、中、后台的内部控制（★★）.................. 185
二、投资管理业务控制（★★）.......... 185
三、信息披露控制（★★）.......... 186
四、信息技术系统控制（★★）.......... 186
五、会计系统控制（★★）.......... 187
六、监察稽核控制（★★）.......... 188

过关测试题.................. 188

第十二章 基金管理人的合规管理

第一节 合规管理概述.................. 192
一、合规管理的概念（★）......... 192
二、合规管理的意义（★）......... 192
三、合规管理的目标（★）......... 192
四、合规管理的基本原则（★★）.... 193

第二节 合规管理机构设置.................. 193
一、合规管理部门的设置及其责任（★）.................. 193
二、董事会的合规责任（★★）..... 194
三、监事会的合规责任（★★）........ 195

四、督察长的合规责任（★★）........ 196
五、管理层的合规责任（★★）........ 197
六、业务部门的合规责任（★★）.... 198

第三节 合规管理的主要内容................. 199
一、合规管理活动概述（★）........... 199
二、合规文化（★）.................. 199
三、合规政策（★）.................. 200
四、合规审核（★）.................. 200
五、合规检查（★）.................. 201
六、合规培训（★）.................. 202

七、合规投诉处理（★）..................202

第四节　合规风险..................................202
　　一、合规风险及其种类（★★）........202
　　二、投资合规性风险（★★）............202
　　三、销售合规性风险（★★）............203
　　四、信息披露合规性风险（★★）....204
　　五、反洗钱合规性风险（★★）........204

过关测试题..204

过关测试题参考答案及解析

第一章　金融、资产管理与投资基金......207

第二章　证券投资基金概述..................208

第三章　证券投资基金的类型..............209

第四章　证券投资基金的监管..............211

第五章　基金职业道德..........................214

第六章　基金的募集、交易与登记......215

第七章　基金的信息披露......................217

第八章　基金客户和销售机构..............220

第九章　基金销售行为规范及信息管理...221

第十章　基金客户服务..........................223

第十一章　基金管理人的内部控制......224

第十二章　基金管理人的合规管理......225

第0章

考纲分析与应试策略

第一节 考试简介

根据《中华人民共和国基金法》（以下简称《基金法》）的规定，基金从业人员应当具备基金从业资格，并授权基金行业协会组织基金从业人员的从业考试、资质管理和业务培训。

自2003年起，基金从业资格考试作为证券从业人员资格考试体系的一部分，一直由中国证券业协会组织考试工作。为了落实新《基金法》，2015年1月底基金从业资格考试正式从证券业协会移交到基金业协会。2015年7月中国基金业协会发布考试大纲，并于2015年9月组织第一次基金从业人员资格考试。

一、考试科目

自2003年起，基金从业资格考试作为证券从业人员资格考试体系的一部分，一直由中国证券业协会组织考试工作。考试科目为"证券投资基金""证券市场基础"及"证券投资基金销售基础知识"。

2015年9月—2016年7月，基金从业资格考试科目包括科目一"基金法律法规、职业道德与业务规范"和科目二"证券投资基金基础知识"。

2016年7月，基金业协会对大纲进行修订，2016年9月增设科目三"私募股权投资基金基础知识"考试。考试科目包括科目一"基金法律法规、职业道德与业务规范"，科目二"证券投资基金基础知识"，科目三"私募股权投资基金基础知识"。

参加考试的人员通过科目一和科目二考试，或通过科目一和科目三考试成绩合格的，均可申请注册基金从业资格。

二、考试形式

基金从业资格考试采取闭卷、计算机考试方式进行。考试形式包含全国统一考试和预约式考试，全国统一考试在省会及重点城市同时举行。预约式考试的城市有：北京、上海、广州、深圳、天津、南京、哈尔滨、济南、郑州、杭州、武汉、宁波、福州、西安、重庆、成都等。

另外，为满足行业发展和人才储备的需要，中国证券投资基金业协会进一步丰富考试组织形式，为行业提供多样化的考试服务，自2016年6月起将推出基金从业资格预约式考试周考。预约式考试周考原则上安排在每周五举办，如有月度预约式考试（16个城市）和全国统考（48个城市）的星期不设周考。但就目前来说，预约式考试周考仅在北京开放。

基金从业资格考试计划可将根据实际情况进行调整，具体报名时间、考试时间和考试地点以当期考试公告为准，考生可查阅中国基金业协会网站从业人员管理栏目考试平台。

三、考试题型与答题时间

基金从业资格考试三个科目的考试题型均为单选题，每科题量为100道，每题分值1分，总分100分，60分为合格线。

但是，此处的单选题包括两种形式，即传统意义上的单项选择题和以组合型选择题形式出现的单选题。

基金从业资格考试单科考试时间都为120分钟，考生可根据需要选择参考科目。

第二节　考试大纲专家解读

本教材面向基金从业资格考试"基金法律法规、职业道德与业务规范"科目，下面详细介绍该科目的考试内容。

一、考查要点概览

从整体上说，"基金法律法规、职业道德与业务规范"科目可分为五部分内容，一是基金行业概览（本教材第一章至第三章），二是基金监管与职业道德（本教材第四章至第五章），三是基金运作管理（本教材第六章至第七章），四是基金销售管理（本教材第八章至第十章），五是基金管理人的内部控制与合规管理（本教材第十一章至第十二章），各部分的考核情况如下表所示。

"基金法律法规、职业道德与业务规范"科目的考核要点

章节	最新版考试大纲要求	各章考分占比（%）	内容重要程度（星级表示）
第一章 金融、资产管理与投资基金	了解金融与居民理财的关系，理解金融市场的分类和构成要素，理解金融资产的概念，理解资产管理的特征与资产管理行业的功能，了解我国资产管理行业的现状，掌握投资基金的定义和主要类别	3	★
第二章 证券投资基金概述	了解证券投资基金在各地不同的名称和概念，掌握证券投资基金的基本特点，理解证券投资基金与其他金融工具的比较，理解证券投资基金运作具有三大部分，理解基金行业的主要参与者及其功能和运作关系，了解基金行业的运作环节包括募集和市场营销、投资管理、托管、登记、估值和会计核算、信息披露，理解公司型基金和契约型基金的区别，理解开放式基金和封闭式基金的区别，了解证券投资基金的起源，了解证券投资基金的发展历程，了解全球基金业发展的趋势与特点，了解我国证券投资基金发展的六个阶段以及每个阶段的特点和标志产品，理解基金对中小投资者的作用，了解基金对金融结构和经济的作用，了解基金对证券市场的作用	8	★★
第三章 证券投资基金的类型	了解基金分类的意义和困难，掌握基金的不同分类标准和基本分类，掌握基本基金类型（股票基金、债券基金、货币市场基金和混合基金）及其特点，了解市场上各类特殊类别基金（保本基金，ETF，QDII，分级基金）的特点	10	★★★

续表

章节	最新版考试大纲要求	各章考分占比（%）	内容重要程度（星级表示）
第四章 证券投资基金的监管	掌握基金监管的概念、体系、原则和目标，掌握中国证监会对基金行业的监管职责及监管措施，掌握行业自律组织对基金行业的自律管理，掌握对基金管理人的监管内容，掌握对基金托管人的监管内容，掌握对基金服务机构的监管内容，掌握对基金募集和销售活动的监管，掌握对基金运作的监管（包括投资与交易行为、信息披露、持有人大会等），掌握非公开募集基金管理人登记事宜，掌握对非公开募集基金募集以及运作的监管	15	★★★
第五章 基金职业道德	了解道德、职业道德以及基金职业道德的含义和区别，理解道德与法律的联系和区别，理解基金从业人员职业道德的含义，掌握基金职业道德规范的内容，掌握守法合规的含义和基本要求，掌握诚实守信的含义及基本要求，掌握专业审慎的含义及基本要求，掌握客户至上的含义及基本要求，掌握忠诚尽责的含义及基本要求，掌握保守秘密的含义及基本要求	8	★★
第六章 基金的募集、交易与登记	掌握基金募集的概念与程序，掌握基金成立的条件，了解基金产品注册制度改革，掌握基金认购的概念，了解各类基金（开放式、LOF、ETF、QFII、封闭式）的认购方式和程序，掌握开放式基金申购与赎回的概念，掌握开放式基金申购与赎回的费用结构，了解开放式基金转换和非交易过户、份额和金额计算等，理解巨额赎回处理等，了解不同产品的交易方式与流程（ETF、LOF、封闭式、QDII及市场创新产品的特殊方式），掌握基金份额登记的概念，了解现行登记模式，掌握登记机构职责，理解登记业务流程	12	★★★
第七章 基金的信息披露	掌握基金信息披露的作用与原则，了解我国基金信息披露体系及XBRL的应用，理解基金管理人信息披露的主要内容，理解基金托管人信息披露的主要内容，理解基金合同、托管协议等法律文件应包含的重要内容，理解招募说明书的重要内容，掌握基金净值公告的种类及披露时效性要求，理解货币市场基金信息披露的特殊规定，理解基金定期公告的相关规定，理解基金上市交易公告书和临时信息披露的相关规定，了解QDII信息披露的特殊规定及要求，了解ETF信息披露的特殊规定及要求	10	★★★
第八章 基金客户和销售机构	理解基金投资人类型，了解基金客户构成现状，理解目标客户选择，掌握基金销售机构的主要类型，了解各类机构的现状和发展趋势，掌握基金销售机构准入条件，掌握基金销售机构职责规范，了解基金管理人及代销机构销售方式，掌握基金市场营销的特殊性	8	★★

续表

章节	最新版考试大纲要求	各章考分占比（%）	内容重要程度（星级表示）
第九章 基金销售行为规范及信息管理	理解基金销售人员的资格管理、人员管理和培训，理解基金销售人员行为规范，理解宣传推介材料的范围和报备流程，掌握宣传推介材料的原则性要求和禁止性规定，理解宣传推介材料、业绩登载规范和其他规范，掌握销售费用内容（原则性规范、费用结构和费率水平），掌握销售费用原则性规范和其他规范，掌握基金销售适用性的指导原则，理解基金销售适用性渠道审慎调查的要求，掌握基金销售适用性产品风险评价的要求，了解基金销售业务信息、客户信息和渠道信息管理	8	★★
第十章 基金客户服务	掌握基金客户服务的特点，掌握基金客户服务的原则，了解基金客户服务的内容，了解客户服务流程，了解投资者教育工作的概念和意义，掌握投资者教育工作的基本原则，理解投资者教育工作的内容	4	★
第十一章 基金管理人的内部控制	理解基金公司内部控制的重要性，理解基金公司内部控制的基本概念，掌握基金公司内部控制的目标，掌握基金公司内部控制的原则，掌握基金公司内控机制的四个层次，掌握基金公司内部控制的基本要素，理解内部控制制度的组成内容，理解基金公司前、中、后台控制的主要内容，理解基金公司信息披露控制的主要内容，理解基金公司信息技术控制的主要内容	7	★★
第十二章 基金管理人的合规管理	了解合规管理的基本概念，了解合规管理的目标，理解合规管理的基本原则，了解合规管理涉及的相关部门设置，理解合规管理相关部门的合规责任，了解合规管理的主要活动，理解合规风险的含义、种类和主要管理措施	7	★★

能力等级是对考生专业知识掌握程度的最低要求，分为以下三个级别。

掌握（★★★）：考生须在考试和实际工作中理解并熟练运用的内容。

理解（★★）：考生须对该考点的概念、理念、原则、意义、应用范围等有清晰的认识。

了解（★）：作为泛读内容，考生对其有一个基础的认识。

从上表可以看出，"基金法律法规、职业道德与业务规范"科目的考试具有考核全面、试题灵活、结合实际等特点。

二、命题趋势分析

总结历次考试情况，其命题趋势可以总结为以下几点。

1. 考核全面

历次试题的命题范围以最新发布的考试大纲为依据，基本覆盖了考试大纲所规定的考试内容。考生要在规定的考试时间内，完成大量的试题，不仅要求考生牢固掌握专业知识，而且要对教材内容达到相当熟悉的程度。这么多题目分布在这12章内容中，教材中的每一章都有考题，因此考生一定要按大纲规定范围全面学习，放弃盲目猜题、押题的侥幸心理。

2．理论联系实际，重点突出

"基金法律法规、职业道德与业务规范"科目从基金行业概览、基金监管与职业道德、基金运作管理、基金销售管理、基金管理人的内部控制与合规管理五个方面进行讲解。试题分布较均匀，重点分布在第三章至第七章，且越来越显示出与实际应用相结合的命题趋势。考生应当根据本科目考试内容与能力等级的要求，在工作中掌握或运用下列相关的法律法规、职业道德标准和业务规范，坚守职业价值观、遵循职业道德、坚持职业态度。

第三节　应试经验与技巧

"基金法律法规、职业道德与业务规范"科目采用的是机考系统。考虑到机考会对考生的答题速度有一定的影响，因而试题难度会有所下降。因此，考生在牢固和熟练掌握教材内容的同时，要善于归纳，加强练习，以适应机考的答题模式。

一、直接挑选法

这类试题一般属于大纲要求的"应知应会"内容，考生在能够准确掌握知识点的情况下适合采用此方式。下面举例说明。

【例题】在我国，大众投资群体仍以（　　）为主要金融资产。

A．股票投资　　B．银行储蓄
C．基金　　　　D．债券

【解析】本题考查金融与居民理财的内容。当前，居民理财主要方式是货币储蓄与投资两类，货币储蓄是我国居民的主要理财方式，因此，本题可以从四个选项中直接选出正确答案选项B。

【答案】B

二、排除法

排除法的主要做法是：将备选答案中不正确或不符题意的选项排除，从剩余选项中选出正确答案。

【例题】证券市场监管的主要手段是（　　）。

A．经济手段
B．法律手段
C．行政手段
D．自律方式

【解析】本题考查证券市场监管的主要手段。经济手段、法律手段和行政手段是证券市场监管的常见手段。可以排除D选项，虽然A、C两项也属于监管手段，但不是主要的监管手段，也可以排除，因此，本题正确答案为B选项。

【答案】B

三、比较法

选项组合法是就以组合选项形式出现的特殊单选题（组合型选择题）而言的。由于此类题目给出了固定搭配的选项，因此，在做题时可以选出一项或几项能够准确判断的选项，从而根据给定的组合，选出最佳答案，提高准确率。

【例题】基金合同的主要内容包括（　　）。

Ⅰ．基金管理人、基金持有人的名称和住所

Ⅱ．基金资产净值的计算方法和公告方式

Ⅲ．基金份额持有人大会召集、议事及表决的程序和规则

Ⅳ．基金资产组合的具体方式和投资比例

A．Ⅰ、Ⅱ、Ⅲ

B. Ⅰ、Ⅲ、Ⅳ
C. Ⅲ、Ⅳ
D. Ⅱ、Ⅲ、Ⅳ

【解析】本题考查基金合同的主要内容。按照规定,其内容需要包括,基金管理人、基金托管人的名称和住所,而非基金持有人的名称和住所,Ⅰ项叙述错误,因此,正确答案应该在C、D选项中,根据所学知识,基金合同的主要内容应当包括基金资产净值的计算方法和公告方式,所以正确答案应该是选项D。

【答案】D

第四节 学习方法与建议

本教材属于应试教材,紧扣考试大纲,考试的范围、命题依据一般不会超出教材。同样,万变不离其宗,无论试题如何变化,也不会脱离教材。因而,教材是复习考试的基础,建议考生对本教材进行通读、精读,全面掌握相关知识点,精准掌握本教材提供的所有例题。

一般情况下,复习会经过以下"三部曲"。

第一,看懂。通过看教材进行系统学习,对不懂的重要知识点可反复研读,并通过教材上串讲的例题进行深入理解,以透彻掌握该知识点。

第二,总结。在熟悉所有的知识点之后,要注意梳理教材中的知识点,根据各章节所提供的考情分析和学习建议,最后归纳与总结解题要点。

第三,练习。多练习可以加深对知识点的理解和认识。本教材每章均提供适量的高质量的过关测试题。同时,本教材的配套学习系统中也提供大量历年真题与模拟题。通过边学边练的学习方法便可轻松熟练掌握所学知识点,以及熟悉出题方式和解答技巧,从而轻松过关。

对于学习方法,具体建议如下。

1. 做好学习计划,合理分配学习时间

考生一定要清楚考试时间,并计算自己的学习时间。在此基础上,根据考试重点、难点合理分配学习时间。

就"基金法律法规、职业道德与业务规范"科目而言,证券投资基金的类型、证券投资基金的监管,基金职业道德,基金的募集、交易与登记,基金的信息披露等相关内容的考试分值较多,难度较大,学习时间应该在60%以上。

2. "学"要系统,"练"要精细

在学习时,首先要系统地研读教材,全面掌握知识点,做到融会贯通,只有这样才能应对"基金法律法规、职业道德与业务规范"科目在各章均会出题的命题规律。

同时要学练结合。练习时,不要搞题海战术,尤其是不能一开始就做大量习题,这样就容易迷失在"题海"里。请注意,题不是越多越好,也不是越难越好。做题时,需要重视的是本教材的经典例题、历年真题。这些试题才是最接近无纸化考试题库真题的,也最能反映命题者的命题特点。因此,练习在于精,不在于多。在做题过程中,要注意收集错题,反复重做,直到掌握,本教材配套学习系统就设置了"错题重做"功能。

3. 书与学习系统结合使用,讲求学习效率

对教材熟悉后,考前最后一个阶段就是通过大量做题来检验学习效果。本教材配套学习系统提供了全面系统的题库功能以供读者享用。"同步练习"模块可与教材各章知识考点相结合进行练习;"真题演练"模块提供历年考试真题,便可熟悉本教材各知识点、各种题型的命题点、常考点;"模拟考场"模块模拟了真实的考试环境,带你"提前"进考场,适应无纸化考试环境。

第一章

金融、资产管理与投资基金

本章介绍证券投资基金的行业定位，金融、金融市场、金融资产、资产管理、中国资产管理业的现状和投资基金的基本概念和相关内容。本章属于证券投资基金的基础章节，理解相对简单、所占篇幅也较少，是后续学习的基础，从业人员应该熟练掌握。在历次考试中平均分值为3分左右。

本章考点预览

金融、资产管理与投资基金	第一节 金融市场与资产管理行业	1. 金融与居民理财	★
		2. 金融市场及其分类	★★
		3. 金融市场的构成要素	★★
		4. 金融资产与资产管理行业	★★
		5. 我国资产管理行业的现状	★
	第二节 投资基金	1. 投资基金的定义	★★★
		2. 投资基金的主要类别	★★★

第一节 金融市场与资产管理行业

考情分析：本节主要涉及基础的金融及资产管理概念，理解难度不大。在考试中本节属于非重点内容，近年考试分值在1分左右，得分相对容易。

学习建议：本节知识点较为分散但内容简单，在理解的基础上分重点进行记忆即可。注意金融市场的分类、资产管理行业的功能等。

一、金融与居民理财（★）

（一）金融

金融即货币资金的融通。货币资金来源于居民（包括个人和企业）从事的生产活动。

（1）现代居民的日常收入、支出活动和储蓄、投资等理财活动构成了现代金融供求的重要组成部分。

 居民是社会最古老、最基本的经济主体。

（2）居民通过从事生产经营活动，提供劳务、经营性资产等各种渠道获得收入。

（3）在现代经济中，居民收入绝大部分是货币性收入。个人居民收入多用于个人和家庭的生活消费支出，企业居民的收入多用于生产或者扩大再生产的支出。当货币收入大于支出就会产生盈余；反之，则产生赤字。居民利用货币盈余获得更多的回报，由此产生了理财需求。

（二）理财

理财即是对财务进行管理，以实现财产的保值、增值。当前，居民理财主要方式是货币储蓄与投资两类，其含义与特征如表1-1所示。

表1-1 储蓄与投资的含义与特征

理财种类	含义	特征
货币储蓄	是指居民将暂时不用或结余的货币收入存入银行或其他金融机构的一种存款活动	保值性。即接受储蓄的银行或其他金融机构需要首先保证储蓄的本金安全，并带来一定的利息收益
投资	是指投资者当期投入一定数额的资金而期望在未来获得回报	收益具有不确定性。即所得回报应该能补偿投资资金被占用的时间，预期的通货膨胀率以及期望更多的未来收益，未来收益具有不确定性

股票、债券、基金等金融工具是最常见和普遍的投资产品。

货币储蓄是我国居民的主要理财方式，但随着居民财富的增加，金融市场特别是资本市场的发展，人民通过各类金融工具投资获取收益，实现理财目标。

二、金融市场及其分类（★★）

（一）金融市场定义

金融市场即货币资金融通市场，是资金供应者和需求者通过金融工具进行交易而融通资金的市场。金融服务机构和金融市场是现代金融体系的两大运作载体。金融服务机构在金融市场中，以各种金融工具将资金的供应者和资金的需求者连接起来，从而达到货币资金的有效配置。

（二）金融市场分类

按照不同的分类标准可将金融市场进行不同的分类，其具体分类如图1-1所示。

1. 货币市场和资本市场

按照交易工具的期限进行分类，可分为货币市场和资本市场。货币市场又称为短期金融市场，是融通1年以内短期资金的场所。资本市场又称为长期金融市场，是指以期限在1年以上的有价证券为交易工具进行长期资金交易的市场。

狭义的资本市场是指中长期债券市场和股票市场。广义的资本市场除了狭义资本市场还包括银行中长期存贷款市场。

【例题】货币市场工具一般是指短期的、具有高流动性的、低风险的资金市场，其中短期通常指（　　）以内。
A. 1个月
B. 6个月
C. 12个月
D. 3个月
【解析】本题考查货币市场的内涵。货币市场又称为短期金融市场，即融资期限在1年（即12个月）以内的金融市场。
【答案】C

2. 票据市场、证券市场、衍生工具市场、外汇市场、黄金市场

按照交易标的物进行分类，可分为票据市场、证券市场、衍生工具市场、外汇市场、黄金市场等，其具体含义如表1-2所示。

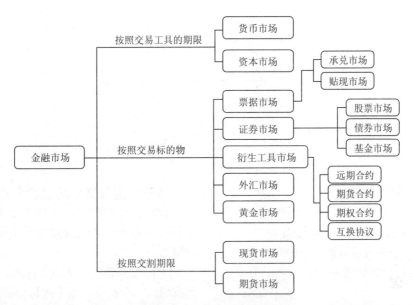

图 1-1 金融市场的分类

表 1-2 票据市场、证券市场、衍生工具市场、外汇市场、黄金市场的含义

类型	含义
票据市场	指各种票据进行交易的市场，按交易方式主要分为票据承兑市场和贴现市场。票据市场是货币市场的重要组成部分
证券市场	主要是股票、债券、基金等有价证券发行和转让流通的市场 （1）股票市场是股份有限公司的股票发行和转让交易的市场 （2）债券市场包括政府债券、公司（企业）债券、金融债券等的发行和流通市场 （3）基金市场
衍生工具市场	各种衍生金融工具进行交易的市场。衍生金融工具包括远期合约、期货合约、期权合约、互换协议等
外汇市场	指各国中央银行、外汇银行、外汇经纪人及客户组成的外汇买卖、经营活动的总和，包括外汇批发市场以及银行同企业、个人之间进行外汇买卖的零售市场
黄金市场	专门集中从事黄金买卖的交易中心或场所

衍生金融工具在金融交易中具有套期保值、防范风险的作用。

黄金仍是国际储备资产之一，在国际支付中占据一定的地位。

3. 现货市场和期货市场

按照交割期限进行分类，可分为现货市场和期货市场，其各自特点如下。

（1）现货市场的成交与交割几乎没有时间间隔，故交易双方很少考虑利率和汇率风险。

（2）期货市场的交易在协议达成后并不立刻交割，而是约定在未来的某一特定时间后进行交割，协议成交与标的交割分离。买方和卖方只能依靠对市场未来的判断进行交易。

三、金融市场的构成要素（★★）

金融市场的几个主要构成要素，如图 1-2 所示。

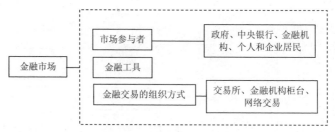

图 1-2 金融市场的构成要素

（一）市场参与者

金融市场的参与者主要包括政府、中央银行、金融机构、个人和企业居民。

（1）金融机构是最重要的中介机构。金融机构作为机构投资者在金融市场具有支配性的作用。

（2）居民是金融市场上主要的资金供给者。居民将收入的一部分用于储蓄。居民也可以动用储蓄资金投资金融市场的各类工具，实现风险和收益的优化匹配。居民投资者是金融市场供求均衡的重要力量。

（二）金融工具

金融工具是金融市场上进行交易的载体。

（1）金融工具最初被称为信用工具，它是证明债权债务关系并据以进行货币资金交易的合法凭证。

（2）金融工具是法律契约，交易双方的权利义务受法律保护。

（3）金融工具一般具有广泛的社会可接受性，随时可以流通转让。

【例题】（　　）是金融市场上进行交易的载体。

A. 金融机构　　B. 金额工具
C. 中央银行　　D. 投资平平台

【解析】本题考查金融工具的含义。金融工具是金融市场上进行交易的载体，它具有法律契约、广泛的社会可接受性和流通转让等特征。

【答案】B

（三）金融交易的组织方式

金融交易的组织方式是指组织金融工具交易时采用的方式。金融交易主要有以下三种组织方式。

（1）交易所交易方式。有固定场所交易，即有组织、有制度、集中进行交易的方式。

（2）柜台交易方式。在各金融机构柜台上买卖双方进行面议的、分散交易的方式。

（3）网络交易。交易双方也不直接接触，主要借助电子通信或互联网技术手段来完成交易的方式。

四、金融资产与资产管理行业（★★）

（一）金融资产

金融资产是代表未来收益或资产合法要求权的凭证，标示了明确的价值，表明了交易双方的所有权关系和债权关系。资金的供给者通过投资金融工具获得各种类型的金融资产。

金融资产通常分为债权类金融资产和股权类金融资产两类。

（1）债权类金融资产以票据、债券等契约型投资工具为主；

（2）股权类金融资产以各类股票为主。

（二）资产管理与资产管理行业

由经营资产管理业务的金融机构构成资产管理行业。资产管理业务及其行业的内容如下。

1. 资产管理的概念

资产管理一般是指金融机构受投资者委托，为实现特定目标和利益，进行证券和其他金融产品的投资、提供金融资产管理服务，并收取相关的费用。

2．资产管理的特征

（1）就参与者而言，资产管理包括委托方和受托方。委托方为投资者，受托方为资产管理人。资产管理人根据投资者授权，进行资产投资管理，承担受托人义务。

（2）受托资产的形式，主要为货币等金融资产，一般不包括固定资产等实物资产。

（3）根据资产管理方式，主要通过投资于银行存款、证券、期货、基金、保险或实体企业股权等资产实现增值。

资产管理业务的种类：①为单一客户办理定向资产管理业务；②为多个客户办理集合资产管理业务；③为客户特定目的办理专项资产管理业务。

3．资产管理行业的功能

（1）资产管理行业能够为市场经济体系有效配置资源，提高整个社会经济的效率和生产服务水平。

（2）通过资产管理行业专业的管理活动，能够帮助投资者进行投资决策，并提供决策的最佳执行服务，使投资融资更加便利。

（3）资产管理行业创造出十分广泛的投资产品和服务，满足投资者的各种投资需求，使资金的需求方和提供方便利地连接起来。

（4）资产管理行业能对金融资产合理定价，提供流动性、降低交易成本，使金融市场更加健康有效，最终有利于经济的发展。

资产管理广泛涉及银行、证券、保险、基金、信托、期货等行业，但是具体范围无明确界定。从公司层面来看，美国资产管理机构包括银行、保险公司和专业资产管理公司三类。多数专业资产管理公司在美国证券交易委员会（SEC）注册为投资顾问，并接受监管。在SEC注册的投资公司主要包括共同基金、交易型开放式指数基金（ETF）、封闭式基金和单位投资信托。

专业资产管理公司有两个特征：①公司主业是资产管理；②不隶属于其他金融部门。

五、我国资产管理行业的现状（★）

我国传统的资产管理行业主要包括基金管理公司和信托公司。它们为资产管理机构提供各类公募基金、私募基金、信托计划等资产管理产品。随后出现了券商资管、保险资管、期货资管、银行理财等各种资产管理产品。各类机构广泛参与、各类资产管理业务交叉融合、分处不同监管体系所形成的既相似又不同的混业局面，是我国目前大资产管理的现状。

中国证券投资基金业协会从我国金融业实践出发，结合资金来源、投资范围、管理方式和权利义务四方面特点，将资产管理行业的范围进行了界定，如表1-3所示。

表1-3　资产管理机构及业务

机构	资产管理业务
基金管理公司及子公司	公募基金和各类非公募资产管理计划
私募机构	私募证券投资基金、私募股权投资基金、私募风险/创业投资基金等
信托机构	集合资金信托
证券公司及资产管理子公司	集合资产管理计划、定向资产管理计划
期货公司	期货资产管理业务
保险资产管理公司	企业年金、保险资产管理计划、第三方保险资产管理计划、投资连结保险账户管理
商业银行	银行理财产品（除资金池业务和贷款通道业务）

知识拓展 截至2016年年底，全国已发公募产品的基金管理公司达113家，公募基金数量3820只，资产规模总计9.18万亿元。2016年发行成立新公募基金1150只，发行规模1.08万亿元。

第二节 投资基金

考情分析：本节主要介绍投资基金的概念和分类，内容较为简单，在本章中属于常见考点。在考试中本节属于非重点内容，近年考试分值在2分左右。

学习建议：本节的相关概念和内容理解并不困难，记忆时重点把握投资基金的各种分类，注意区分细节。

一、投资基金的定义（★★★）

投资基金是资产管理的主要方式之一，它是一种组合投资、专业管理、利益共享、风险共担的集合投资方式。

投资基金主要通过向投资者发行受益凭证（基金份额），集中社会上的资金，交由专业的基金管理机构投资于各种资产，实现保值、增值。

投资基金所投资的资产既可以是金融资产如股票、债券、外汇、股权、期货、期权等，也可以是房地产、大宗能源、林权、艺术品等其他资产。

名师点拨 投资基金主要是一种间接投资工具，基金投资者、基金管理人和托管人是基金运作中的主要当事人。

二、投资基金的主要类别（★★★）

投资基金按照资金募集方式，可以分为公募基金和私募基金两类；按照法律形式，可以分为契约型、公司型、有限合伙型等形式；按照运作方式，可以分为开放式、封闭式基金。常见的投资基金，按照不同的投资对象可分为：证券投资基金、私募股权基金、风险投资基金、对冲基金和另类投资基金五类，其各类投资基金的主要内容如表1-4所示。

表1-4 投资基金主要类别的内容

类别	内容
证券投资基金	（1）证券投资基金的原则：利益共享、风险共担 （2）证券投资基金的操作方式：将分散在投资者手中的资金集中起来委托专业投资机构进行证券投资管理的投资工具 （3）证券投资基金的投资内容：主要是在证券交易所或银行间市场上公开交易的证券，包括股票、债券、货币、金融衍生工具等有价证券 【知识拓展】证券投资基金是投资基金中最主要的一种类别，可分为公募证券投资基金和私募证券投资基金等种类
私募股权基金	私募股权基金（Private Equity）指通过私募形式对私有企业，即非上市企业进行的权益性投资，即通过上市、并购或管理层回购等方式，出售持股获利
风险投资基金	风险投资基金（Venture Capital），又叫创业基金，它以一定的方式吸收机构和个人的资金，投资于那些不具备上市资格的初创期的或者小型的新型企业，尤其是高新技术企业。通过投资帮助企业尽快成熟，取得上市资格，获得资本增值。一旦公司的股票上市，风险投资基金通过证券市场转让股权而收回资金，继续投向其他风险企业
对冲基金	对冲基金（Hedge Fund）即"风险对冲过的基金"，是基于投资理论和极其复杂的金融市场操作技巧，充分利用各种金融衍生产品的杠杆效用，承担高风险、追求高收益的投资模式 【知识拓展】对冲基金起源于20世纪50年代初的美国。广泛投资于金融衍生产品
另类投资基金	另类投资基金是指投资于传统的股票、债券之外的金融和实物资产的基金，如房地产、证券化资产、对冲基金、大宗商品、黄金、艺术品等

名师点拨 风险投资基金、对冲基金、另类投资基金一般采用私募方式。公募基金向不特定投资者公开发行，监管严格；私募基金向特定投资者非公开发行募集，监管要求低。证券投资基金是投资基金中最主要的类别。

过关测试题

1. 资本市场是融资期限在（　　）的金融市场。
   A. 半年以内
   B. 1年以内
   C. 1年以上
   D. 3年以上

2. 以下选项中，不属于资产管理具有的特征的是（　　）。
   A. 从参与方来看，资产管理包括委托方和受托方，委托方为投资者
   B. 从受托资产来看，主要为货币等金融资产
   C. 从管理方式来看，资产管理主要通过投资于银行存款、证券、期货、基金、保险或实体企业股权等资产实现增值
   D. 从效果来看，可以增加居民的财富

3. 以下选项中，不属于金融交易组织方式的是（　　）。
   A. 股票交易方式
   B. 交易所交易方式
   C. 柜台交易方式
   D. 电信网络交易方式

4. 目前，居民理财的主要方式是货币储蓄和（　　）。
   A. 融资
   B. 筹资
   C. 投资
   D. 基金

5. （　　）是金融市场上进行交易的载体。
   A. 政府
   B. 中央银行
   C. 金融机构
   D. 金融工具

6. 金融市场的构成要素包括（　　）。
   A. 证券市场
   B. 股票市场
   C. 金融服务机构
   D. 金融工具

7. 金融资产一般分为（　　）。
   A. 股权类和基金类金融资产
   B. 股权类和债权类资产
   C. 基金类和债权类金融资产
   D. 证券类和股票类金融资产

8. 金融市场参与者中，（　　）的作用比较特殊。
   A. 政府
   B. 中央银行
   C. 金融机构
   D. 个人和企业居民

9. 投资基金主要是一种（　　）投资工具。
   A. 直接
   B. 间接
   C. 综合
   D. 分散

10. （　　）在金融交易中具有套期保值、防范风险的作用。
    A. 股票
    B. 债券
    C. 基金
    D. 衍生金融工具

第二章

证券投资基金概述

本章是证券投资基金的基础性内容，分为六节。主要介绍证券投资基金的基本概念、基金的运作与参与主体、基金的法律形式和运作方式、证券投资基金的起源发展和在我国的发展历史，并简单介绍了基金行业在整个金融体系中的作用。

本章内容知识点比较分散，理解难度不大，备考的重点是记忆。重点是基金的特点、基金与其他金融工具的比较、基金自律组织、契约型基金和公司型基金的区别、封闭式与开放式基金的区别等。部分小节记住重点标记的知识点和小标题即可。在历次考试中，本章属于次重要内容，平均考题分值为7分左右。

本章考点预览

证券投资基金概述	第一节 证券投资基金的概念和特点	1. 证券投资基金的概念	★
		2. 证券投资基金的特点	★★★
		3. 证券投资基金与其他金融工具的比较	★★
	第二节 证券投资基金的运作与参与主体	1. 证券投资基金的运作	★★
		2. 证券投资基金的参与主体	★★
		3. 证券投资基金运作关系	★
	第三节 证券投资基金的法律形式和运作方式	1. 契约型基金与公司型基金	★★
		2. 封闭式基金与开放式基金	★★
	第四节 证券投资基金的起源与发展	1. 证券投资基金的起源与早期发展	★
		2. 证券投资基金在美国及全球的普及型发展	★
		3. 全球基金业发展的趋势与特点	★
	第五节 我国证券投资基金业的发展历程	1. 我国证券市场发展的四条线索	★
		2. 萌芽和早期发展时期（1985—1997年）	★
		3. 证券投资基金试点发展阶段（1998—2002年）	★
		4. 行业快速发展阶段（2003—2008年）	★
		5. 行业平稳发展及创新探索阶段（2008年至今）	★
	第六节 证券投资基金业在金融体系中的地位和作用	1. 为中小投资者拓宽投资渠道	★★
		2. 优化金融结构，促进经济增长	★
		3. 有利于证券市场的稳定和健康发展	★
		4. 完善金融体系和社会保障体系	★

第一节 证券投资基金的概念和特点

考情分析：本节涉及基金的定义、五大特点，基金与股票、债券的差异，基金与储蓄存款的差异等。重点是熟记基金的特点，理解基金与其他金融工具在性质、资金流向、风险等方面的差异。在近年的考试中，本节会出 1~2 题。

学习建议：本节的考点不多，对于重点内容需要反复记忆。在学习中，通过对比的方式有助于理解基金的相关内容。

一、证券投资基金的概念（★）

（一）概念

证券投资基金是通过发售基金份额，汇集众多不特定投资者的资金，形成独立财产，并委托基金管理人进行投资管理、基金托管人进行财产托管，由基金投资人共享投资收益，共担投资风险的集合投资方式。

名师点拨：证券投资基金是一种实行组合投资、专业管理、利益共享、风险共担的集合投资方式。除非特别说明，本书所论述的证券投资基金均指公募基金，即公开募集的证券投资基金。

（二）运作方式

基金管理机构作为基金管理人，托管机构作为基金托管人。这两个机构一般按照基金的资产规模收取一定比例的管理费和托管费。其运作方式如图 2-1 所示。

（三）证券投资基金的本质

购买证券投资基金是一种间接通过基金管理人代理投资的方式。通过基金管理人的专业资产管理，投资人可能得到比自行管理更高的报酬。

（四）证券投资基金的称谓

不同国家或地区对证券投资基金的称谓有所不同，其具体称谓如表 2-1 所示。

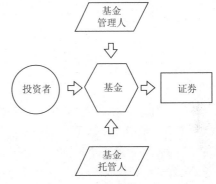

图 2-1 基金的运作

表 2-1 证券投资基金的称谓

国家或地区	称谓
美国	共同基金
英国和中国香港特别行政区	单位信托基金
欧洲一些国家	集合投资基金或集合投资计划
日本和中国台湾地区	证券投资信托基金

二、证券投资基金的特点（★★★）

证券投资基金具有以下五个方面的特点。其具体内容如表 2-2 所示。

表 2-2 证券投资基金特点的具体内容

特点	内容阐述
集合理财、专业管理	(1) 基金可将众多投资者的资金集中起来，利于发挥资金的规模优势 (2) 委托基金管理人进行共同投资，表现出一种集合理财的特点 (3) 基金管理人通常拥有专业投资研究人员和信息优势 (4) 通过购买基金，中小投资者也可以享受到专业级别的投资理财服务

续表

特点	内容阐述
组合投资、分散风险	基金通常以组合投资的方式进行运作,以降低投资风险。基金管理人通常会通过优化配置,购买几十种证券。投资者购买基金就相当于购买了一篮子股票,大大地降低了投资风险
利益共享、风险共担	基金投资者是基金的所有者,投资基金实行利益共享、风险共担的原则。除分级基金外都是按照基金的投资比例分享收益 【知识拓展】除基金合同另有规定外,基金托管人、基金管理人只按固定比例收取托管费、管理费,并不参与基金收益的分配
严格监管、信息透明	为保护投资者的利益,金融监督管理机构对证券投资基金业实行严格的管控,强制基金管理人及时、准确、充分地披露信息
独立托管、保障安全	基金管理人只负责基金的投资操作,而基金财产的保管交由独立的托管人负责。通过管理人与托管人相互制约、监督的方式有利于保护基金投资者的权益

【名师点拨】对于证券投资基的特点记住5个小标题即可,也可简记为:专(专业管理)、分(分散风险)、共(利益共享)、管(严格监管)、安(保障安全)。

三、证券投资基金与其他金融工具的比较(★★)

(一)基金与股票、债券的比较

基金与股票、债券的差异主要表现在经济关系、资金投向、收益与风险大小等方面,具体比较内容如表2-3所示。

表2-3 基金与股票、债券的差异

类别	经济关系	凭证类别	资金的投向	收益与风险
股票	反映所有权关系。购买股票后投资者就成为公司的股东	有权凭证	作为直接投资工具,资金主要投向实业领域	价格的波动性较大,具有高风险、高收益的特点
债券	反映债权债务关系。购买债券后投资者就成为公司的债权人	债权凭证	作为直接投资工具,资金主要投向实业领域	有确定的利息收入,具有低风险、低收益的特点
基金	反映信托关系。购买基金份额后投资者就成为基金的受益人	受益凭证	作为间接投资工具,资金主要投向有价证券等金融工具	具有风险相对适中、收益相对稳健的特点

【名师点拨】证券投资基金的风险与基金种类和投资对象有关,由于专业化的投资管理、资金实力较为雄厚、可选择的金融工具和产品较多,基金投资能有效分散风险。

【例题】股票反映的是一种( )关系。
A. 所有权
B. 债权债务
C. 信托
D. 担保

【解析】本题考查证券投资基金的概念与特点。股票反映的是一种所有权关系，是一种所有权凭证；债券反映的是债权债务关系，是一种债权凭证；基金反映的是一种信托关系，是一种受益凭证。

【答案】A

（二）基金与银行储蓄存款的比较

基金与银行储蓄存款有本质区别，主要表现在性质、风险与收益、信息披露等方面，具体比较内容如表2-4所示。

表2-4 基金与银行储蓄存款的差异

类别	性质	风险与收益	信息披露
储蓄存款	表现为银行的负债，是一种信用凭证	利率相对固定，损失本金的可能性也很小	不需要向存款人披露资金的运用
基金	是一种受益凭证。管理人只是受托管理投资者资金	收益具有一定的波动性，存在投资风险	基金管理人必须定期公布基金的运作情况

名师点拨 开放式基金主要通过银行代销，容易被误认为是银行发行的金融产品。银行对储蓄存款负有法定的保本付息责任。

第二节 证券投资基金的运作与参与主体

考情分析：学会从基金管理人的角度看待基金运作，分析并理解各个基金当事人、服务机构和监管自律的组成、性质和作用。了解基金当事人间的关系。牢记基金协会成立的时间。本节属于次要内容，考点也比较少，在历次考试中本节会出现1题左右。

学习建议：了解本节的知识框架，理解各基金参与主体的职能，抓住重要考点，通过课后的过关测试题反复加强记忆。

一、证券投资基金的运作（★★）

基金的运作主要包括基金的募集、基金的投资管理、基金资产的托管、基金份额的登记交易、基金的估值与会计核算、基金的信息披露以及其他所有相关环节。

站在基金管理人的角度，基金的运作分为以下三大部分。

（1）基金的市场营销：基金份额的募集与客户服务。

（2）基金的投资管理：基金管理人的服务价值。

（3）基金的后台管理：基金份额的注册登记、基金资产的估值、会计核算、信息披露等。

二、证券投资基金的参与主体（★★）

在基金市场，依据不同的职责与作用，参与主体分为基金当事人、基金市场服务机构、基金监管机构和自律组织三个大类，如图2-2所示。

（一）基金当事人

依据基金合同设立证券投资基金，基金份额持有人、管理人与托管人是基金合同的当事人。其性质和职能如表2-5所示。

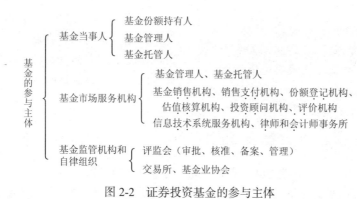

图 2-2 证券投资基金的参与主体

表 2-5 基金当事人

当事人	性质	职能
基金份额持有人	基金投资者、出资人、资产的所有者和基金投资回报的受益人	分享收益，分配清算财产，转让份额，召开基金持有人大会，有表决权、查阅资料、诉讼，其他权利
基金管理人	基金产品的募集者和管理者	投资运作基金，在有效控制风险的基础上争取最大的收益
基金托管人	基金资产的保管者	基金资产保管、基金资金清算、会计复核以及对基金投资运作的监督

基金管理人在基金运作方面具有核心作用。基金管理人或基金管理人选定的其他服务机构需要负责基金产品的设计、份额的销售与注册登记、基金资产的管理等。在我国，只能由依法设立的基金管理公司担任基金管理人。

根据《证券投资基金法》的规定，基金托管人必须由独立于基金管理人之外的机构担任。在我国，只能由依法设立并取得基金托管资格的商业银行或其他金融机构担任基金托管人。

（二）基金市场服务机构

基金管理人、基金托管人是基金的当事人，又是基金的主要服务机构。除此之外，服务机构主要包括基金销售机构、销售支付机构、份额登记机构、估值核算机构、投资顾问机构、评价机构、信息技术系统服务机构以及律师事务所、会计师事务所等，各机构的主要活动与资格如表 2-6 所示。

表 2-6 基金市场服务机构

机构	主要活动	资格
基金销售机构	宣传推介、基金份额发售或者基金份额的申购、赎回，并收取以基金交易（含开户）为基础的相关佣金的活动	商业银行、证券公司、保险公司、证券投资咨询机构、独立基金销售机构
基金销售支付机构	基金销售活动中基金销售机构、基金投资人之间的货币资金转移活动	除商业银行外，须取得央行颁发的《支付业务许可证》。公开募集基金销售支付业务的，应当备案
基金份额登记机构	基金份额的登记过户、存管和结算等业务活动	建立并管理基金账户；登记基金份额；确认交易；代放红利；建立金持有人名册；其他职责

续表

机构	主要活动	资格
基金估值核算机构	基金会计核算、估值及相关信息披露等业务活动	从事公开募集基金估值核算业务的，应当向中国证监会申请注册
基金投资顾问机构	提供投资建议，辅助投资决策，直接或者间接获取利益的业务活动	提供公募基金投资顾问业务，应当向注册地的中国证监会派出机构申请注册
基金评价机构	对投资收益和风险或者基金管理人管理能力进行的评级、评奖、单一指标排名或其他合规的评价活动	从事公开募集基金评价业务并以公开形式发布基金评价结果的，应当向基金业协会申请注册
基金信息技术系统服务机构	为基金管理人、托管人和服务机构提供核心应用软件、信息系统运营维护、安全保障和基金交易电子商务平台等的业务活动	具备国家有关部门规定的资质条件或者取得相关资质认证。信息技术系统服务应当符合法律法规、中国证监会以及行业自律组织等的业务规范要求
律师事务所和会计师事务所	作为专业、独立的中介服务机构，为基金提供法律、会计服务	具有相关资格，符合相关法律、法规

基金管理人可以自行办理基金估值核算业务，也可以委托基金估值核算机构代为办理基金估值核算业务。

（三）基金监管机构和自律组织

1. 基金监管机构

基金监管机构依法行使审批或核准权、办理基金备案，对基金管理人、基金托管人以及其他从事基金市场服务机构进行监督管理，查处违法违规行为。在基金的运作过程中发挥重要的作用。

2. 基金自律组织

基金自律组织包括证券交易所和中国证券投资基金业协会。

（1）证券交易所。我国的证券交易所不以营利为目的，为证券的集中和有组织的交易提供场所和设施，履行法律法规、政策规定的职责，实行自律性管理。

封闭式基金、上市开放式基金和交易型开放式指数基金等通过证券交易所募集和交易，必须遵守证券交易所的相关规定；经中国证监会授权，证券交易所需要对基金的投资交易行为承担一线监控职责。

（2）中国证券投资基金业协会。2012年6月7日成立的行业自律组织是由基金管理人、基金托管人及基金市场服务机构等共同组建的同业协会。旨在促进同业交流、提高从业人员素质、加强行业自律管理、促进行业规范发展，在业内有着重要的作用。

2012年6月7日中国证券投资基金业协会成立之前，基金行业的自律组织隶属于中国证券业协会。基金业协会的权力机构为全体会员组成的会员大会。基金业协会设理事会。

三、证券投资基金运作关系（★）

国内证券投资基金运作关系如图2-3所示。

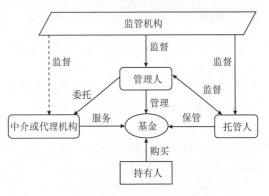

图2-3 证券投资基金运作关系

（1）基金投资者、基金管理人与基金托管人是基金的当事人。

（2）基金市场上的各类中介服务机构通过自己的专业服务参与基金市场。

（3）监管机构则对基金市场上的各种参与主体实施全面监管。

基金份额持有人与基金管理人之间是委托人、受益人与受委托人的关系；基金份额持有人与基金托管人之间是委托人与受委托人的关系；基金管理人与基金托管人之间是相互制衡的关系，并依据基金合同对基金份额持有人负责。

【例题】基金持有人与基金管理人之间是（　　）关系。
A. 投资
B. 中介服务
C. 信托
D. 控股
【解析】本题考查基金当事人之间的关系。基金持有人与基金管理人之间是信托关系，基金管理人和基金托管人应该按照基金法和基金合同中的约定，履行受托职责。
【答案】C

第三节　证券投资基金的法律形式和运作方式

考情分析：基金的分类方式可以有很多，本节是按照法律形式和运作的方式介绍基金的类型、性质与区别。重点是理解契约型基金与公司型基金的差异，开放式基金与封闭式基金在期限、份额、交易、价格、激励约束方面的具体差别。本节内容在本章中相对重要，历年出现的考题在1～2道。

学习建议：可以通过对比的方式理解相关内容，根据基金的名称和表格列举的内容能方便进行记忆。

一、契约型基金与公司型基金（★★）

依据法律形式的不同，证券投资基金可分为契约型基金和公司型基金。国内的证券投资基金均为契约型基金，而公司型基金以美国的投资公司为代表。契约型基金与公司型基金的主要区别如表2-7所示。

表2-7　契约型与公司型基金的区别

类别	法律主体资格	投资者的地位	营运依据
契约型基金	非法人	权利相对较小	依据基金合同
公司型基金	法人	权利相对较大	依据投资公司章程

基金合同是基金当事人之间权利义务的基本法律文件。契约型基金是依据基金合同设立。在国内，契约型基金由基金管理人、基金托管人所签署的基金合同设立。基金投资者在取得基金份额后即成为基金份额持有人、基金合同的当事人，依法享受权利并承担义务。契约型基金投资者可以通过持有人大会发表意见。

在法律上，公司型基金有独立法人资格。作为股份投资公司，公司型基金依据基金公司章程设立。基金投资者是基金公司的股东，按所持有的股份承担有限责任、获取收益。公司型基金公司设有董事会，代表投资者行使职权。一般委托基金管理公司经营、管理基金资产。基金投资者可以通过股东大会行使权利。

契约型基金在设立上更为简便。公司型基金具有法律关系明确清晰，监督约束机制较为完善等优点。两者的区别主要是法律形式的不同，并无优劣之分。

【例题】公司型基金的最高权力机构是（　　）。
A. 会员大会
B. 股东大会
C. 投资决策机构
D. 监察稽核机构

【解析】本题考查证券投资基金的法律形式和运作方式。公司型基金在法律上是具有独立法人地位的股份投资公司。公司型基金的最高权力机构是股东大会。

【答案】B

封闭式基金的份额在基金合同期限内固定不变，基金份额只能委托证券公司在证券交易所按市价买卖。交易在投资者之间进行，基金份额持有人不得申请赎回。

开放式基金是指基金份额不固定，基金份额可以在基金合同约定的时间和场所进行申购或赎回。基金份额交易在投资者与基金管理人之间完成。

名师点拨 这里所指的开放式基金专指传统的开放式基金，不包括交易型开放式指数基金（ETF）和上市开放式基金（LOF）等新型开放式基金。

封闭式基金与开放式基金的区别表现在存续期限、份额规模、交易场所、价格形成方式、信息披露、激励约束机制和投资策略等方面，如表2-8所示。

二、封闭式基金与开放式基金（★★）

依据基金的不同运作方式，可分为封闭式基金与开放式基金。

表2-8　封闭式基金与开放式基金的主要区别

事项	封闭式基金	开放式基金
存续期限	确定	不确定
份额规模	固定	不固定
交易场所	交易所上市交易	一般不上市，通过向基金管理公司或代销机构进行申购、赎回
价格形成方式	根据市场行情变化，可能出现折价或溢价	按照单位净值交易，不受市场供求关系影响
信息披露	每周公布基金单位资产净值，每季度公布资产组合	每日公布基金单位资产净值，每季度公布资产组合，每6个月公布变更的招募说明书
激励约束机制	相对较差	相对较好
投资策略	全部资产可进行长期投资	强调流动性管理，基金资产中要保持一定现金及流动性资产

（1）封闭式基金一般有一个固定的存续期；开放式基金一般没有特定存续期。

（2）封闭式基金份额固定，在封闭期内未经法定程序不得增减份额；开放式基金规模不固定，投资者可随时提出申购、赎回申请，基金份额相应增减。

（3）封闭式基金募集完成后，基金份额在交易所上市交易；开放式基金可以按照基金管理人确定的时间、地点向基金管理公司或代销机构进行申购、赎回。

（4）封闭式基金的价格受到二级市场供求关系的影响，市场价格超过基金份额净值时，会出现溢价交易。反之，市场需求低迷，交易价格低于额净值时，会出现折价交易；开放式基金的价格以基金份额净值为基础，不受市场供求的影响。

（5）封闭式基金份额固定，基金业绩表现再好，其规模扩展能力也受到较大的限制。

如果业绩不佳，由于投资者无法赎回投资，基金管理者也不会直接面临经营与流动性方面的的压力，还可以根据投资计划进行长期投资、全额投资。

开放式基金的业绩表现与投资吸引力成正比。优秀的基金业绩会吸引更多的投资者，一旦基金表现变差，投资者的赎回也会相应增加。基金管理人的管理费收入也与业绩直接挂钩。因此，开放式基金对基金管理人的激励约束相对更好。

开放式基金的份额不固定，投资操作受到投资者资金流动的影响与干扰。资金的流动具有不确定性，因此需要配置一定的现金资产。在一定程度上不利于长期业绩的经营。封闭式基金份额固定，没有赎回压力，可以实施长期的、全额性的投资计划，进行一些流动性相对较弱的证券投资，有助于提高长期业绩。

封闭式基金合同中必须规定封闭期，封闭期届满后可按法定程序延期或者转为开放式基金继续运作。

第四节 证券投资基金的起源与发展

考情分析：本节内容只有阐述证券投资基金的发展历史，需要掌握的程度很浅，属于非重点部分。考生需要对基金的历史和世界范围的发展现状有一个大致的了解即可，历次考题在1题左右。

学习建议：重点掌握标有重点的考点，进行有针对性的记忆，避免在本节花费太多的时间和精力。

一、证券投资基金的起源与早期发展（★）

基金起源于英国的投资信托公司。世界上第一只公认的证券投资基金——1868年诞生于英国的"海外殖民地政府信托基金"（The Foreign And Colonial Government Trust）。

投资基金在美国得到大力发展。1924年，哈佛大学的教授们出资5万美元，在波士顿成立"马萨诸塞投资信托基金"被公认为美国第一只开放式公司型共同基金。

1929年金融危机中，美国基金业遭到重创。从1933—1940年相继推出多部重要法律，加强监管。例如，1933年《证券法》规定基金在募集时必须发布招募说明书；1934年《证券交易法》要求共同基金的销售商接受证券交易委员会（SEC）的监管；1940年《投资公司法》和《投资顾问法》加强了对投资公司和基金业务相关人员的监管。

第二次世界大战以后，各国提高了对投资基金业的重视程度，相继制定了一系列的法律、法规，加强了对投资基金业的监管力度。

> 【例题】一般认为，世界上最早的证券投资基金是（　　）。
> A. 英格兰投资信托
> B. 海外殖民地政府信托基金
> C. 马赛诸塞投资信托基金
> D. 苏格兰联合信托基金
> 【解析】本题考查基金的历史。世界上最早的证券投资基金是1868年诞生于英国的"海外殖民地政府信托基金"。
> 【答案】B

二、证券投资基金在美国及全球的普及型发展（★）

20世纪六七十年代，美国共同基金趋于多样化，共同基金业的规模出现巨大变化。与此同时，美国退休保障体系的变革为共同基金业的发展起到了重大影响。

1990年，美国共同基金业资产净值首次达到1万亿美元。2006年美国基金业资产净值总值突破 10 万亿美元。

进入 21 世纪，全球基金业的规模不断扩大。投资基金的资产主要集中在北美和欧洲。在各类基金中，股票基金的规模和数目都具有优势。随着近年全球股市低迷，股票基金的比重有所下降，债券基金的资产规模明显上升。

三、全球基金业发展的趋势与特点（★）

全球基金业发展的趋势与特点主要表现在以下几个方面。

（1）美国占据主导地位，其他国家和地区发展迅猛。

（2）开放式基金成为证券投资基金的主流产品。

（3）基金市场竞争加剧，行业集中趋势突出。

（4）基金资产的资金来源发生了重大变化。

美国的证券投资基金资产总值占世界半数以上，对全球基金业的发展有着示范性的影响。除欧美发达国家外，拉美、亚洲新兴国家和地区的基金业发展速度也很快。

过去个人投资者是基金投资的主力军，但已经有越来越多的资金来源于机构投资者，特别是退休养老金。美国养老金计划的投资表现较为突出。

第五节 我国证券投资基金业的发展历程

考情分析：本节介绍了基金业在国内发展的四条主线和历史，文字内容较多但只需要了解即可。对于具有代表性的基金，特别是首次发行的基金需要重点关注。对于相关法律、机构的作用也需要多加留意。本节属于考试的非重点部分，一般会出 1～2 题。

学习建议：对国内基金的历史和发展现状进行大致了解即可，针对常考的几个知识点反复记忆。避免在本节花费过多的时间和精力。

一、我国证券市场发展的四条线索（★）

国内证券投资基金业在不断的发展过程中可以梳理出四条主线。

（1）基金业的主管机构从中国人民银行过渡为中国证监会。

（2）基金的监管法律法规不断规范、完善。从地方行政法规起步，到国务院证券委员会出台行政条例，再到全国人大通过并修订《证券投资基金法》，以及中国证监会制定一系列配套规则。

（3）基金市场的主流品种不断规范、推陈出新。从不规范的"老基金"，到封闭式基金，再到开放式基金，以及各类创新基金纷纷出现。

（4）投资基金逐渐成为家庭金融理财的主要对象。随着居民财产收入的增加和理财意识的觉醒，证券投资基金的地位以及受到的关注稳步提升。

根据时间先后顺序，可将基金业分为萌芽和早期、试点发展、快速发展和平稳创新四个发展阶段。

1992 年成立国务院证券委员会和中国证券监督管理委员会，分别作为证券市场的主管机构和监管执行机构。1998 年 4 月，国务院证券委与中国证监会合并，中国证监会的监管职能得到增强。

二、萌芽和早期发展时期（1985—1997年）（★）

20 世纪 80 年代末期，国内基金逐渐兴起。

1992年6月，深圳率先发布了《深圳市投资信托基金管理暂行规定》。同年11月经深圳市人民银行批准，深圳市投资基金管理公司正式成立，并发起设立当时规模最大的封闭式基金——天骥基金。

1992年11月，经中国人民银行总行批准，正式设立国内第一家投资基金——淄博乡镇企业投资基金（以下简称淄博基金），并于1993年8月在上海证券交易所挂牌上市，成为首只在证券交易所上市交易的投资基金。该基金为公司型封闭式基金，募集规模1亿元。

中国人民银行在这段时期作为基金主管机关，进行基金的设立审批和运作监管。在1992年前后，成立79只基金，总资产90多亿元。

业内常将1997年《证券投资基金管理暂行办法》实施以前设立的这批基金称为"老基金"。

"老基金"存在的问题主要表现以下三个方面。

（1）缺乏基本的法律规范，基金的发起运作普遍不规范。由于没有完整、统一的证券和基金法律法规，基金普遍存在法律关系不清、无法可依、监管不力等问题。

（2）非严格意义上的证券投资基金。"老基金"将大量资产投向房地产、企业法人股权等领域，实际上更偏向于产业投资基金。

（3）资产质量普遍不高。受到当时国内房地产市场降温、实业投资变现困难和贷款资产无法及时回收等影响，"老基金"投向的资产质量不高。

在这一时期，基金业具有较大的探索性、自发性与不规范性。

三、证券投资基金试点发展阶段（1998—2002年）（★）

1997年11月国务院证券委员会发布了《证券投资基金管理暂行办法》，为基金业的规范发展提供了法律基础。1998年3月27日，经过中国证监会的批准，新成立的南方基金管理公司和国泰基金管理公司分别发起设立了封闭式基金——"基金开元"和"基金金泰"，为证券投资基金试点拉开了序幕。

1998年与1999年先后成立的10家基金管理公司，作为我国的第一批基金管理公司，被称为"老十家"。

中国证监会通过资产置换、合并扩募、创立新的基金管理公司等手段清理、规范"老基金"。2000年10月8日，《开放式证券投资基金试点办法》的发布、实施，开启了国内开放式基金的序幕。2001年9月，我国第一只开放式基金——华安创新诞生。截至2003年年底，开放式基金在数量上已经超过封闭式基金，成为证券投资基金的主要形式。此后，开放式基金的数目和资产规模都远远超过封闭式基金。2002年12月，国联安基金管理有限公司成为首家获准筹建的中外合资基金公司。基金业成为我国率先履行入世承诺的证券服务业。

【例题】2001年9月，我国成立的第一只开放式基金是（　　）。

A．天骥基金
B．基金开元
C．淄博基金
D．华安创新

【解析】本题考查我国基金发展的历程。2000年10月8日，中国证监会发布并实施《开放式证券投资基金试点办法》。2001年9月，我国第一只开放式基金——华安创新诞生。

【答案】D

四、行业快速发展阶段（2003—2008年）（★）

2003年10月28日，全国人大常委会通过了《中华人民共和国证券投资基金法》，并于次年6月1日起施行。该法律的出台为基金业的发展奠定了坚实的法律基础。国内证券投资基金业进入快速发展阶段，出现了生命周期基金、QDII基金、结构分级基金等多个新品种。2007年7月，中国证监会发布的《合格境内机构投资者境外证券投资管理试行办法》，华安、南方、华夏、嘉实、上投摩根等基金公司先后获得了QDII业务的试点资格。2007年11月，中国证监会发布《基金管理公司特定客户资产管理业务试点办法》，私募基金管理业务可以通过基金公司专户形式进行。证监会先后出台六项行政规章及相关文件，逐步形成"一法六规"的监管法规体系。这一时期基金业的发展主要表现为以下几点。

（1）基金业绩表现异常出色，创历史新高。

（2）基金业资产规模急速增长，基金投资者队伍迅速壮大。

（3）基金产品和业务创新继续发展。

（4）基金管理公司分化加剧、业务呈现多元化发展趋势。

（5）强化基金监管，规范行业发展。

五、行业平稳发展及创新探索阶段（2008年至今）（★）

2008年全球金融危机后，国内的基金行业出现了管理资产规模停滞、股票型基金持续净流出的态势。面对不利的环境，基金业正在进行新的改革和探索，主要表现为如下几点。

（一）放松管制、加强监管

监管机构始终坚持市场化改革方向，贯彻"放松管制、加强监管"的思路，逐步放松基金产品的审批，取消产品数量方面的限制，简化审核程序。与此同时，加强行为监管，打击违法活动，坚守"不能搞利用非公开信息获利、不能进行非公平交易、不能搞各种形式的利益输送"三条底线。

（二）基金管理公司业务和产品创新，不断向多元化发展

随着行业管制的放松和市场化改革，基金业务和产品创新热情得到释放。除了传统的公募基金业务外，企业年金业务、社保基金、特定客户资产管理等业务有了较快发展。

（三）互联网金融与基金业有效结合

互联网金融与货币市场基金成功融合，呈现出投资回报和资金运用便捷性方面的综合竞争优势，在公募基金行业成长快速，成为新生力量的代表。2013年6月，与天弘增利宝货币基金联合的余额宝产品一经推出，就成为市场关注的新热点。

（四）股权与公司治理创新得到突破

《证券投资基金法》修改后，放宽了基金管理公司股东的资格条件。2013年经过国务院的批复，证监会明确了自然人成为股东的规定。

（五）专业化分工推动行业服务体系创新

《证券投资基金法》修订后，加速了基金服务外包市场的发展。一批城市商业银行和农村商业银行取得了基金代销资格，网络销售和支付机构逐步壮大。

（六）混业化与大资产管理的局面初步显现

经过《证券投资基金法》的修订，配套政策的颁布实施，搭建了大资产管理的基本制度框架。私募基金纳入监管，基金管理公司可以通过成立子公司从事专项资产管理业务。证券、保险资产管理公司以及其他资产管理机构可以申请开展公募基金业务。各类金融机构交叉持股的现象更加普遍。互联网企业的逐渐进入金融领域。资产管理出现更

加开放、竞争的局面。

名师点拨　对于本节内容，只要记住6个小标题即可。

第六节　证券投资基金业在金融体系中的地位和作用

考情分析：本节主要就证券投资基金在金融市场体系中的作用和地位进行简单描述。从投资者、金融结构、证券市场发展、金融和社保体系完整等方面加以阐述。内容看似复杂，但在考试中相当简单。在考试中，本节大约会出1道考题。

学习建议：理解相关内容，进行有针对性的记忆。本节内容不要用太多的时间和精力。

一、为中小投资者拓宽投资渠道（★★）

作为集中资金、专业理财、组合投资、分散风险的集合投资，证券投资基金通过发行基金份额向投资者募集资金，同时又将募集来的资金通过专业理财、组合投资、分散投资的方式投向资本市场。不断发展壮大的证券投资基金，在金融体系中的地位和作用也不断上升。

对于中小投资者，储蓄或债券的风险最小，但收益率较低。股票投资虽然可以获得较高收益但风险也较大。对于资金有限、投资经验不足的中小投资者，很难达到组合投资、分散风险的目的。股票市场变幻莫测，信息交流受限，中小投资者很难获得良好的投资收益。投资基金作为间接投资工具，可将投资者的小额资金汇集起来，交由专业投资机构进行组合投资管理和运作，帮助投资者更加有效地参与证券市场的投资。证券投资基金已经成为大众普遍接受的理财方式。

二、优化金融结构，促进经济增长（★）

证券投资基金通过汇集闲散的资金投向证券市场，扩大了直接融资的比例，为企业在证券市场筹集资金创造了良好的条件。在一定程度上起到了将储蓄资金转化为生产资金的作用。以基金和股票为代表的融资工具能够有效分流一部分储蓄资金，在一定程度上降低金融行业系统性风险，同时也为产业发展和经济增长提供了资金来源，有利于生产力的提高和经济的发展。

三、有利于证券市场的稳定和健康发展（★）

证券投资基金通过深入研究与分析证券投资组合，有利于传播和有效利用市场信息，有利于市场合理定价和资源的合理配置。

通过专业化的理财，推动理性的市场价值形成，有助于防止过度投机。证券投资基金改善了以个人投资者为主的不合理投资结构，充分发挥了机构投资者对上市公司的监督和制约作用，促使上市公司完善治理结构。

证券投资基金的不同类型、不同风险、不同投资对象与收益特性为投资者提供了广泛的选择机会，也为资本市场变革和金融产品创新提供了动力。

四、完善金融体系和社会保障体系（★）

通过投资和服务货币、保险市场，证券投资基金行业的发展可以促进货币市场和保险市场的发展壮大，加强证券市场与保险市场、货币市场之间的协同，使宏观经济政策和金融政策的传导机制得到改善，从而完善金融体系。

证券投资基金的专业化服务，还可以为社会保障基金、企业年金、养老金等各类社会保障型资金提供长期投资,实现保值、增值,不断完善、充实社会保障体系。

 对于本节内容,只需要记住4个标题即可。

过关测试题

1. 证券投资基金是一种组合投资、专业管理、利益共享、风险共担的( )投资。
   A. 集资　　　　　B. 集合
   C. 合作　　　　　D. 联合投资

2. ( )对证券基金业实行严格的监管,对各种有损于投资者利益的行为进行严厉的打击。
   A. 基金份额持有人
   B. 基金监管机构
   C. 基金托管人
   D. 基金注册登记机构

3. 下列说法中,不正确的是( )。
   A. 保险公司可申请从事基金代理销售
   B. 基金销售支付机构从事公开募集基金销售支付业务的,应当按照中国证监会的规定进行备案
   C. 基金评价机构是指从事基金会计核算、估值及相关信息披露等业务活动的机构
   D. 基金投资顾问机构应当向注册地的中国证监会派出机构申请注册

4. 一般来说,开放式基金的申购赎回价是以( )为基础计算的。
   A. 基金单位资产净值
   B. 基金市场供求关系
   C. 基金发行时的面值
   D. 基金发行时的价格

5. ( )年10月28日,第十届全国人大常委会第五次会议审议通过了《中华人民共和国证券投资基金法》。
   A. 2003　　　　　B. 2004
   C. 2002　　　　　D. 2013

6. 下列关于证券投资基金的说法正确的是( )。
   Ⅰ. 反映的是债权债务关系,是一种债权凭证
   Ⅱ. 是一种风险相对适中、收益相对稳健的投资品种
   Ⅲ. 是一种间接的投资工具,资金主要投向有价证券等金融工具或产品
   Ⅳ. 可以投资于众多金融工具或产品,能有效分散风险
   A. Ⅰ、Ⅱ、Ⅲ
   B. Ⅱ、Ⅲ、Ⅳ
   C. Ⅲ、Ⅳ
   D. Ⅰ、Ⅱ、Ⅲ、Ⅳ

7. 我国证券投资基金业伴随着证券市场的发展而诞生,其发展线索主要包括( )。
   Ⅰ. 基金业的主管机构从中国人民银行过渡为中国证监会
   Ⅱ. 基金的监管法规从地方行政法规起步,到国务院证券委员会出台行政条例,再到全国人民代表大会通过并修订《证券投资基金法》,中国证监会根据基金法制定一系列配套规则
   Ⅲ. 随着居民财产收入的增加和理财意识的觉醒,中国百姓对证券投资基金从不熟悉到熟悉,投资基金逐渐成为人们选择家庭金融理财工具时的主要对象
   Ⅳ. 基金市场的主流品种从开放式基金,再到封闭式基金,乃至各类基金创新产品纷纷出现
   A. Ⅰ、Ⅱ
   B. Ⅱ、Ⅲ、Ⅳ
   C. Ⅰ、Ⅱ、Ⅲ、Ⅳ
   D. Ⅰ、Ⅱ、Ⅲ

8. 证券投资基金具有优化金融机构、促进经济增长的作用,是通过( )来实现的。
   A. 扩大直接融资比例
   B. 完善社保体系
   C. 稳定证券市场

D. 为中小投资者拓宽投资渠道

9. 基金市场的参与主体分为基金当事人、基金市场服务机构、（　　）三大类。
A. 证监局
B. 基金监管机构
C. 自律组织
D. 基金监管机构和自律组织

10. 封闭式基金的交易价格主要受（　　）的影响。
A. 投资基金规模大小
B. 上市公司质量
C. 二级市场供求关系
D. 投资时间长短

11. 公司型基金以（　　）的投资公司为代表。
A. 美国　　　　B. 英国
C. 中国　　　　D. 西欧

12. 证券投资基金在英国和我国香港特别行政区被称为（　　）。
A. 共同基金
B. 证券投资信托基金
C. 集合投资计划
D. 单位信托基金

13. 基金当事人不包括（　　）。
A. 基金份额持有人
B. 基金管理人
C. 基金托管人
D. 基金市场服务机构

14. 下列选项中，既是基金当事人，又是基金市场的主要服务机构的是（　　）。
A. 基金管理人、基金投资人
B. 基金管理人、基金托管人
C. 基金托管人、基金投资人
D. 基金投资者、基金监管者

15. 以下选项中，（　　）不是证券投资基金的特点。
A. 集合理财、专业管理
B. 个人自愿、风险自担
C. 利益共享、风险共担
D. 组合投资、分散风险

16. 作为我国的基金自律组织，中国证券投资基金业协会成立于（　　）。
A. 2012年6月7日
B. 2012年9月6日
C. 2013年6月7日
D. 2013年9月6日

17. 下列各项，不属于封闭式基金内容的是（　　）。
A. 基金份额在基金合同期限内固定不变
B. 一般有一个固定的存续期
C. 基金份额不固定
D. 在证券市场的投资者之间进行转让

18. 下列关于证券投资基金特点说法不正确的是（　　）。
A. 基金管理人负责基金的投资操作，本身并不参与基金财产的保管
B. 为基金提供服务的基金托管人、基金管理人参与基金收益的分配
C. 公募证券投资基金的一个显著特点是严格监管与信息透明
D. 基金将众多投资者的资金集中起来，委托基金管理人进行共同投资

19. 依据（　　）的不同，可以将基金分为封闭式和开放式基金。
A. 运作方式
B. 法律形式
C. 销售方式
D. 交易形式

20. 对于契约型基金的投资者说法正确的是（　　）。
A. 投资者既是基金持有人又是公司的股东
B. 投资者通过购买基金份额获取基金公司控制权
C. 投资者对基金的重要投资决策通常不具有发言权
D. 投资者以股息形式获取投资收益

第三章

证券投资基金的类型

本章介绍证券投资基金的不同分类标准、基本分类及其意义,第二节至第五节分别介绍了股票基金、债券基金、货币市场基金、混合基金的相关含义、特点和作用等,这是本章需要重点掌握的部分,第六节至第九节分析并介绍了保本基金、交易型开放式指数基金(ETF)、QDII基金、分级基金。本章涉及的知识点和考点较多,相关内容和题目容易发生混淆,在历次考试中一般会占4~10分。

对于本章的学习,需要熟练掌握基金分类,基本基金的类型及特点,针对常考的内容进行深入的理解,对大纲要求了解的部分只需分重点学习。

本章考点预览

证券投资基金的类型	第一节 证券投资基金分类概述	1. 基金分类的意义	★
		2. 基金分类的困难	★
		3. 基金的不同分类标准和基本分类	★★★
	第二节 股票基金	1. 股票基金在投资组合中的作用	★
		2. 股票基金与股票的区别	★★
		3. 股票基金的类型	★★★
	第三节 债券基金	1. 债券基金在投资组合中的作用	★
		2. 债券基金与债券的区别	★★
		3. 债券基金的类型	★★★
		4. 债券基金的特点	★★★
	第四节 货币市场基金	1. 货币市场基金在投资组合中的作用	★
		2. 货币市场工具	★★
		3. 货币市场基金的投资对象	★★★
		4. 货币市场基金的功能拓展	★
	第五节 混合基金	1. 混合基金在投资组合中的作用	★
		2. 混合基金的类型	★★★
	第六节 保本基金	1. 保本基金的特点	★★★
		2. 保本基金的保本策略	★★
		3. 保本基金的类型	★★

续表

第七节 交易型开放式指数基金（ETF）	1. ETF的特点	★★★
	2. ETF的套利交易	★
	3. ETF与LOF的区别	★★
	4. ETF的类型	★
	5. ETF联接基金	★★★
第八节 QDII基金	1. QDII基金概述	★★
	2. QDII基金在投资组合中的作用	★
	3. QDII基金的投资对象	★★★
第九节 分级基金	1. 分级基金的基本概念	★
	2. 分级基金的特点	★★★
	3. 分级基金的分类	★★★

第一节 证券投资基金分类概述

考情分析：本节主要介绍基金的分类及其意义。重点是掌握不同分类标准下的各种基金。分类方式较多，且容易发生混淆，需要认真加以理解、区分。在近年的考试中，本节内容会出现2~3道题目。

学习建议：逐个理解基金的内含、特点，然后通过对比的方式加以区别、记忆。

一、基金分类的意义（★）

基金的种类、数量繁多，投资者可以根据自己的风险收益偏好进行选择。科学合理的基金分类有利于投资者加深对各种基金的认识以及对风险收益的把握，有助于投资者做出正确的投资选择与比较。对于基金管理公司而言，应该在同一类别中进行基金业绩的比较，这样才公平合理。对于基金的研究评价机构，基金的分类是进行基金评级的基础。对于监管机构，明确基金的类别特征，有利于针对不同基金的特点实施更为有效的分类监管。

二、基金分类的困难（★）

基金业需要不断满足投资者的需求，产品创新从未停止。科学合理的基金分类至关重要，但对基金进行统一的分类并非易事。没有任何一种分类方法能够满足所有的需要，不同分类方法之间还存在重合与交叉。美国投资公司协会将基金分为33类。

国内曾简单地将基金划分为封闭式基金与开放式基金。随着基金品种的丰富，2014年8月8日起生效的《公开募集证券投资基金运作管理办法》将公募证券投资基金划分为股票基金、债券基金、货币市场基金、混合基金以及基金中的基金等类别。

三、基金的不同分类标准和基本分类（★★★）

（一）根据法律形式分类

根据法律形式可以将基金分为契约型基金、公司型基金等。

目前国内的公募证券投资基金全都是契约型基金，而美国的绝大部分证券投资基金是公司型基金。由于组织形式的不同，基金具有不同的法律地位，基金投资者所受到的法律保护也有所区别。

（二）根据运作方式分类

根据运作方式可以将基金分为封闭式基金和开放式基金。

封闭式基金的份额在基金合同期限内固定不变,可以在依法设立的证券交易所交易,但基金份额持有人不得申请赎回。开放式基金的份额不固定,可以在基金合同约定的时间和场所进行申购或者赎回。

（三）根据投资对象分类

根据投资对象可以将基金分为股票基金、债券基金、货币市场基金和混合基金等,如表3-1所示。

表3-1　按照不同投资对象的基金分类

类别	内容
股票基金	主要以股票为投资对象。股票基金的历史最为悠久,采用也较为广泛。根据中国证监会的分类标准,基金资产80%以上投资于股票的为股票基金
债券基金	主要以债券为投资对象。根据中国证监会的分类标准,基金资产80%以上投资于债券的为债券基金
货币市场基金	以货币市场工具为投资对象。根据中国证监会的分类标准,仅投资于货币市场工具的为货币市场基金
混合基金	同时以股票、债券等为投资对象,通过投资不同资产实现收益与风险的平衡。根据中国证监会的分类标准,投资于股票、债券和货币市场工具,但投资比例不符合股票基金、债券基金规定的为混合基金
基金中的基金	80%以上的基金资产投资于其他基金份额的基金

【例题】下列不属于根据投资对象不同,对基金进行分类的是（　　）。

A．基金中的基金
B．债券基金
C．混合基金
D．保本基金

【解析】本题考查根据投资对象的基金分类。具体分为股票基金、债券基金、货币市场基金、混合基金和基金中的基金。保本基金属于特殊类型的基金。

【答案】D

（四）根据投资目标分类

根据投资目标可以将基金分为增长型基金、收入型基金和平衡型基金,如表3-2所示。

名师点拨　增长型基金的风险大、收益高;收入型基金的风险小、收益较低;平衡型基金的风险、收益则介于增长型基金与收入型基金之间。

表3-2　按照投资目标分类

类别	内容
增长型基金	以追求资本增值为基本目标,较少考虑当期收入的基金。主要以具有良好增长潜力的股票为主要投资对象
收入型基金	以追求稳定的经常性收入为基本目标的基金。主要以大盘蓝筹股、公司债、政府债券等稳定收益证券为投资对象
平衡型基金	注重资本增值又注重当期收入的基金

（五）根据投资理念分类

根据投资理念可以将基金分为主动型基金与被动（指数）型基金。

主动型基金是一类力图取得超越基准组合表现的基金。被动型基金并不主动超越市场表现,而是试图复制指数的表现。被动型基金一般会选取特定的指数作为跟踪的目标,因此又被称为指数型基金。

（六）根据募集方式分类

根据募集方式可以将基金分为公募基金

和私募基金。

公募基金是可以面向社会公众公开发售的一类基金。私募基金是只能采取非公开方式，面向特定投资者募集发售的基金。

公募基金的募集对象不固定，可以直接面向社会公众公开发售及宣传推广；投资金额要求低，适宜中小投资者参与；必须遵守基金法律和法规的约束，并接受监管部门的严格监管。

（七）根据基金的资金来源和用途分类

根据基金的资金来源和用途可以将基金分为在岸基金和离岸基金。

在岸基金是在本国募集资金并投资于本国证券市场的证券投资基金。由于基金组织、基金当事人和投资市场均在本国境内，所以容易运用本国的法律法规及技术手段进行监管。

离岸基金是指一国（地区）的证券投资基金组织在他国（地区）发售证券投资基金份额，并将募集的资金投资于本国（地区）或第三国证券市场的证券投资基金。

（八）特殊类型基金

随着基金产品的不断创新，出现了不少特殊类型基金，如表3-3所示。

表3-3　特殊类型基金

类别	内容
系列基金	又称为伞形基金，是指多个基金共用一个基金合同。子基金独立运作，子基金之间可以进行相互转换的一种基金结构形式。系列基金采取伞形结构比单一结构具有优势，主要表现在：（1）简化管理、降低成本；（2）强大的扩张功能
基金中的基金	是以其他证券投资基金为投资对象的基金，其投资组合由其他基金组成。我国公募证券投资基金允许投资于公募基金本身
保本基金	是通过一定的保本投资策略进行运作，同时引入保本保障机制，以保证基金份额持有人在保本周期到期时，可以获得投资本金保证的基金
上市交易型开放式指数基金（ETF）	又称为交易所交易基金，是一种在交易所上市交易的、基金份额可变的一种开放式基金。ETF一般采用被动式投资策略跟踪某一标的市场指数，因此具有指数基金的特点
上市开放式基金（LOF）	既可以在场外市场进行基金份额申购、赎回，又可以在交易所内进行基金份额交易和基金份额申购或赎回的开放式基金。它是我国对证券投资基金的一种本土化创新。LOF具有的转托管机制与可以在交易所进行申购、赎回的制度安排，使其不会出现封闭式基金的大幅折价交易情况
QDII基金	是指在一国境内设立，经国有关部门批准从事境外证券市场的股票、债券等有价证券投资的基金。它可以为国内投资者参与国际市场投资提供便利。QDII是合格境内机构投资者的缩写
分级基金	是通过事先约定基金的风险收益分配，将基础份额分为预期风险收益不同的子份额，并可将其中部分或全部份额上市交易的结构化证券投资基金

1990年加拿大多伦多证券交易所推出世界上第一只ETF基金。

第二节　股票基金

考情分析：本节主要介绍股票基金的作用、分类，股票基金与股票的区别。其中，股票基金的分类方法较多，需要在厘清相关分类标准的基础上进行理解、记忆。本节属于重点内容，相关知识点经常出现在考试之中，历年考题在3道左右，需要加以重视。

学习建议：通过对比的方法理解股票基金与股票的差异，抓住要点进行记忆。配合过关测试题，反复熟练掌握股票基金的各种类型。

一、股票基金在投资组合中的作用（★）

股票基金追求长期的资本增值，适合作长期投资。与其他基金相比，股票基金的风险较高、预期收益也较高。股票基金提供了一种长期的投资增值性，可用于教育支出、退休支出等远期支出的投资需要。与房地产类似，股票基金也是对抗通货膨胀最有效的手段之一。

二、股票基金与股票的区别（★★）

作为一篮子股票组合的股票基金，与单一股票的区别如表3-4所示。

表3-4 股票基金与股票的区别

项目	股票基金	股票
买卖价格	股票基金每天只进行1次净值计算，因此每一交易日股票基金只有1个价格	股票价格在每一交易日内始终处于变动之中
交易数量和强弱的影响	股票基金份额净值不会由于交易数量或申购、赎回数量的多少而受到影响	股票价格受到投资交易数量和强弱的影响
买卖依据	股票基金份额净值不能进行合理与否的评判。基金份额净值是根据持有的证券价格复合而成，对其净值高低进行合理与否的判断没有意义	股票投资时，一般会依据上市公司的基本面，如财务状况、市场竞争力、盈利预期等信息对股票的合理价格做出判断
投资风险	股票基金由于进行了分散投资，投资风险低于单一股票	单一股票的投资风险较为集中，因此风险较大

三、股票基金的类型（★★★）

（一）按投资市场分类

按投资市场进行分类，股票基金可分为国内股票基金、国外股票基金与全球股票基金三大类，如表3-5所示。

表3-5 股票基金按投资市场分类

类别	内容
国内股票基金	投资本国股票市场，投资风险主要受国内市场的影响
国外股票基金	投资非本国的股票市场，由于币制不同，存在一定的汇率风险。可细分为单一国家型股票基金、区域型股票基金、国际股票基金三种类型
全球股票基金	投资包括国内股票市场在内的全球股票市场，进行全球化分散投资，能有效克服单一国家或区域投资风险，但投资跨度大，费用相对较高

【例题1】下列各项不属于国外基金的是（　　）。
A. 单一国家型股票基金
B. 区域型股票基金
C. 国际股票基金
D. QDII基金

【解析】本题考查按投资市场分类的股票基金。国外股票基金又可进一步分为单一国家型股票基金、区域型股票基金、国际股票基金三种类型。
【答案】D

（二）按股票规模分类

按照股票的市值可分为小盘股、中盘股与大盘股。与此相对应，股票基金也可分为小盘股票基金、中盘股票基金与大盘股票基金。

对于股票规模有两种常见的划分方法。一种是依据市值的绝对值划分，如将市值小于5亿元的归为小盘股，将市值超过20亿元的归为大盘股。另一种方法是依据相对规模划分，如将一个市场的全部上市公司按市值大小进行排名，对于市值较小、累计市值占市场总市值20%以下的归为小盘股；市值排名靠前，累计市值占市场总市值50%以上归为大盘股。

（三）按股票性质分类

根据股票性质的不同，通常可以将股票分为价值型股票与成长型股票。与此相对应，根据所投股票的不同类型，基金可以分为价值型股票基金、成长型股票基金和平衡型基金，如表3-6所示。

表3-6 股票基金按所投股票性质分类

类别	内容	细分	风险与收益
价值型股票基金	专注于投资价值型股票的基金	蓝筹股基金、收益型基金、防御型基金等	价值型股票基金≤平衡型基金≤成长型股票基金
成长型股票基金	专注于投资成长型股票的基金	持续成长型基金、趋势增长型基金、周期型基金等	
平衡型基金	同时投资于价值型股票和成长型股票的基金		

【名师点拨】价值型股票通常是指收益稳定、价值被低估、安全性较高的股票，其市盈率、市净率通常较低；成长型股票通常是指收益增长速度快、未来发展潜力大的股票，其市盈率、市净率通常较高。

价值型股票可以被细分为低市盈率股、蓝筹股、收益型股票、防御型股票、逆势型股票等。据此，基金可分为蓝筹股基金、收益型基金等。

【知识拓展】蓝筹股是指规模大、发展成熟、高质量公司的股票，如包括在上证50指数、上证180指数中的成分股；收益型股票是指高分红的一类股票；防御型股票是指利润不随经济衰退而下降，能有效抵御经济衰退影响的一类股票；逆势型股票是指价值被低估或非市场热点的一类股票，往往是典型的周期性衰退公司的股票。

成长型股票可以细分为持续成长型股票、趋势增长型股票、周期型股票等。据此，基金可分为持续成长型基金、趋势增长型基金等。

【名师点拨】持续成长型股票是指业绩能够持续稳定增长的一类股票；趋势增长型股票是指波动大、业绩有望加速增长的一类股票；周期型股票是指利润随经济周期波动变化比较大的一类股票。

【例题2】下列选项不属于成长型股票基金的是（　　）。
A．收益型股票基金
B．持续成长型股票基金
C．趋势增长型股票基金
D．周期型股票基金
【解析】本题考查成长型股票基金。按照相关股票的细分，成长型股票基金可分为持续成长型股票基金、趋势增长型股票基金和周期型股票基金。收益型基金属于价值型股票基金。
【答案】A

（四）按基金投资风格分类

一只小盘股既可能是成长型股票，也可能是平衡型或价值型股票。为有效分析股票基金，常常需要根据基金所持有的全部股票市值的平均规模与性质的特性，而将基金分为不同投资风格的基金,如大盘价值型基金、中盘平衡型基金、小盘成长型基金等。按照投资风格股票基金可分为九种类型,如表3-7所示。

表3-7 股票基金按投资风格分类

	小盘	中盘	大盘
成长型	小盘成长	中盘成长	大盘成长
平衡型	小盘平衡	中盘平衡	大盘平衡
价值型	小盘价值	中盘价值	大盘价值

名师点拨 很多基金会根据市场环境对投资风格不断进行调整,以获得更高的投资回报,并非始终坚持一种风格,这也就是常说的风格轮换。

(五)按行业分类

以某一特定行业或板块的股票为投资对象的基金就是行业股票基金,如基础行业基金、资源类股票基金、金融服务基金、房地产基金、科技股基金等。同一行业的股票往往表现出相似的特性与价格走势。不同行业在不同经济周期中的表现迥异,为追求较高的回报,出现了行业轮换型基金。行业轮换型基金集中于行业投资,投资风险也相对较高。

名师点拨 由于所投资的股票可能具有两种以上的属性,因此该股票基金也能被归为不同的类型。

第三节 债券基金

考情分析:本节主要介绍债券基金的作用、类型、特点,债券基金与债券的区别。内容不多,理解起来也相对简单,是考试中容易拿分的部分。近年出现的考题在1道左右。

学习建议:通过对比、记忆各类债券的性质、类型,并结合证券基金分类的特点更容易掌握本节内容。

一、债券基金在投资组合中的作用(★)

债券基金以债券为主要投资对象,因此适合于追求稳定收入的投资者。债券基金的波动性通常小于股票基金,因此被认为是收益、风险适中的投资工具。对债券基金与股票基金进行适当的组合投资时,通常能较好地分散投资风险。

二、债券基金与债券的区别(★★)

作为投资于一篮子债券的组合投资工具,债券基金与单一债券的区别如表3-8所示。

表3-8 债券基金与债券的区别

项目	债券基金	债券
收益	作为不同债券组合的债券基金,会定期给投资者分配收益,但债券基金分配的收益有升有降,不如债券利息固定	对于固定利率性质的债券,在购买后可以定期取得固定的利息收入,并可在债券到期时收回全部本金
到期日	债券基金是由一组到期日不同的债券组成,债券基金没有确定的到期日。通过分析债券基金的特性,仍然可以对债券基金所持有的所有债券计算出平均到期日	债券一般会有一个确定的到期日
收益率	债券基金是由一组不同的债券组成,其收益率的计算和预测较难	单个债券的收益率可以根据购买价格、现金流和本金计算出收益率
投资风险	债券基金由于没有固定到期日,其利率风险取决于所持债券的平均到期日。债券基金的平均到期日会相对固定,因此所承受的利率风险也通常会保持在一定的水平	单个债券随着到期日的临近,承担的利率风险会下降。 【名师点拨】单个债券的信用风险比较集中,但债券基金通过分散投资可以有效避免单个债券可能出现的较高信用风险

三、债券基金的类型（★★★）

债券可以根据不同的发行者、到期日、信用等级进行分类。与此类似，可以按照相应的债券投资对象划分债券基金的类型，如表3-9所示。

表3-9 债券基金的类型

依据	债券类型	基金类型
发行者	政府债券、企业债券、金融债券	政府债基金、企业债基金、金融债券基金
到期日	短期债券、长期债券	短期债券基金、长期债券基金
信用等级	低等级债券、高等级债券	低等级债券基金、高等级债券基金

根据债券基金的自身特点，可划分为标准债券型基金、普通债券型基金和其他策略型债券基金三种。

（1）标准债券型基金。仅投资于固定收益类的金融工具，不能投资于股票市场，被称为"纯债基金"。它又可细分为短债基金、信用债基金等类型。

（2）普通债券型基金。主要进行债券投资（基金资产的80%以上），但也投资于股票市场。在我国市场上这类基金占主要部分。又可再细分为"一级债基"和"二级债基"两类。

【名师点拨】"一级债基"可参与一级市场新股申购、增发等但不参与二级市场买卖；"二级债基"既可参与一级市场又可在二级市场买卖股票。

（3）其他策略型债券基金，如可转债基金等。

【例题】债券市场不包括（　　）。
A．政府债券的发行市场
B．公司债券的流通市场
C．企业债券的发行市场
D．一级市场

【解析】本题考查债券市场的类型。债券市场包括政府债券的发行市场、公司债券的流通市场、企业债券的发行市场。
【答案】D

四、债券基金的特点（★★★）

（1）低风险、低收益。由于债券收益稳定、风险小，相对于股票基金而言，债券基金风险低、回报率也不高。

（2）费用低。债券投资管理的复杂程度不及股票投资管理，因而债券投资基金的管理费用也相对较低。

（3）收益相对稳定。债券定期会有利息回报，到期后还本付息。投资这样的金融工具，收益较为稳定。

（4）注重当期收益。当期较为固定收益是债券基金追求的目标。适合于谋求稳定回报的投资者。

与直接投资证券相比，投资债券基金的优点有：专业人士经营、风险较低、流动性强等。

第四节 货币市场基金

考情分析：本节主要介绍货币市场基金在投资组合中的作用、货币市场工具、货币基金的投资规范以及基金的功能拓展。整节内容不多，但都很重要。特别是区分并掌握货币基金的投资对象。在近年的考试中，涉及本节考题为1~2道。

学习建议：充分认识货币市场基金具有的短期投资、高流动、易变现特点。在此基础上只需重点记忆货币基金不能投资的金融工具，采用排除法就可解答相关题目。

一、货币市场基金在投资组合中的作用（★）

与其他类型基金相比，货币市场基金具

有风险低、流动性好等特点。厌恶风险、对资产安全性和流动性要求较高的投资者适合在货币市场基金进行短期投资，或是暂时存放现金。但是，货币市场基金的长期收益率较低，并不适合长期投资。

二、货币市场工具（★★）

货币市场工具通常是到期日不足1年的短期金融工具，也称为现金投资工具。货币市场工具流动性好、安全性高，但收益率非常低。货币市场与股票市场的主要区别在于：货币市场进入门槛通常很高，属于场外交易市场，一般投资者很难进入。但是，货币市场基金的投资门槛极低，为普通投资者进入货币市场提供了通道。

 货币市场工具通常由政府、金融机构以及高等级信誉的大型工商企业发行。

三、货币市场基金的投资对象（★★★）

按照《货币市场基金管理暂行规定》和其他有关规定，目前国内货币市场基金的投资有一定的范围，具体情况如表3-10所示。

表3-10 货币市场基金的投资对象

类别	内容
货币市场基金能够投资的金融工具	（1）现金 （2）1年以内（含1年）的银行定期存款、大额存单 （3）剩余期限在397天以内（含397天）的债券 （4）期限在1年以内（含1年）的债券回购 （5）期限在1年以内（含1年）的中央银行票据 （6）剩余期限在397天以内（含397天）的资产支持证券
货币市场基金不得投资的金融工具	（1）股票 （2）可转换债券 （3）剩余期限超过397天的债券 （4）信用等级在AAA级以下的企业债券 （5）国内信用评级机构评定的A-1级或相当于A-1级的短期信用级别及该标准以下的短期融资券 （6）流通受限的证券

四、货币市场基金的功能拓展（★）

国外货币市场基金账户可以开出支票，因此其基金具有货币的支付功能。比如在美国，根据货币市场基金账户余额，投资者可以开出支票，并能在自动取款机（ATM）上从货币市场基金账户提取现金。近年国内货币市场基金也具有了一定的支付功能和流动性管理功能，主要体现在银行借记卡资金与货币市场基金的自动申购、赎回。通过流动性管理，可以提高客户的资金收益率。

 2013年支付宝开通"余额宝"业务，实质就是用支付宝内的余额购买天弘货币基金。

第五节 混合基金

考情分析：本节主要介绍混合基金在投资组合中的作用、混合基金的类型。内容较少，掌握也相对容易，在考试中出现的题目在1道左右。

学习建议：对混合基金的分类和标出重点的部分加强记忆即可。

一、混合基金在投资组合中的作用（★）

混合基金的风险低于股票基金，预期收益高于债券基金。混合基金提供了一种在不同资产类别之间进行分散投资的工具，适合于较为保守的投资者。

根据基金的性质和投资对象的不同，在风险方面从高到低依次为：股票基金≥混合基金≥债券基金≥货币基金。

二、混合基金的类型（★★★）

混合基金会同时投资于股票、债券等金融工具，也会依据不同的投资目标进行股票与债券的配比。因此，可以将混合基金分为偏股型基金、偏债型基金、股债平衡型基金、灵活配置型基金等。

（1）偏股型基金中股票的配置比例较高，在50%～70%；而债券的配置比例相对较低，在20%～40%。

（2）偏债型基金与偏股型基金正好相反，债券的配置比例较高，而股票的配置比例则相对较低。

（3）股债平衡型基金中，股票与债券的配置比例较为均衡，两者比例通常为40%～60%。

（4）灵活配置型基金在股票、债券上的配置比例会依据市场状况进行调整。

【例题】股债平衡型混合基金股票与债券的配置比例较为均衡，比例在（　　）。
A. 40%～60%
B. 30%～40%
C. 20%～30%
D. 10%～20%
【解析】本题考查混合基金的类型特征。股债平衡型混合基金股票与债券的配置比例较为均衡，比例在40%～60%。
【答案】A

第六节　保本基金

考情分析：本节主要介绍保本基金的特点、保本策略和分类。整节内容不多，理解上有一定的难度，但只需了解即可，属于非重点内容。在近年的考试中，涉及本节考题在1道左右。

学习建议：通过理解加深对保本基金特点和策略的认识，在此基础上适当进行记忆。

一、保本基金的特点（★★★）

保本基金最大特点是其招募说明书中明确引入保本保障机制，保证基金份额持有人在保本周期到期时，可以获得投资本金。根据证监会2010年10月26日发布《关于保本基金的指导意见》，目前的保本保障机制有如下几种。

（1）基金管理人对基金份额持有人承担保本清偿义务；通过基金管理人与符合条件的担保人签订保证合同，由担保人和基金管理人对投资人承担连带责任。

（2）基金管理人与符合条件的保本义务人签订风险买断合同，并由基金管理人向保本义务人支付费用；保本义务人在保本基金到期出现亏损时，负责向基金份额持有人偿付相应损失。保本义务人在偿付损失以后，放弃向基金管理人追偿的权利。

（3）经中国证监会认可的其他保本保障机制。

保本基金的投资目标是在锁定风险的同时力争获得潜在的高回报。为能够保证本金安全，保本基金会将大部分资金投资于与基金到期日一致的债券；为提高收益水平，保本基金会将其余部分投资于股票、衍生工具等高风险资产。这样不论市场上涨或者下跌，基金在投资期限到期时，都能保障其本金不受损失。

保本基金从本质上讲是一种混合基金。此类基金锁定了投资亏损的风险，且不放弃追求超额收益的空间,适合于不能忍受亏损,比较稳健和保守的投资者。

> 【例题】保本基金本质上是一种（　　）基金。
> A. 分级
> B. 伞型
> C. 上市
> D. 混合
> 【解析】本题考查保本基金的特点。保本基金本质上是一种混合基金。
> 【答案】D

二、保本基金的保本策略（★★）

保本基金20世纪80年代中期起源于美国,核心是运用投资组合保险策略进行基金的操作。国际上比较流行的投资组合保险策略主要有对冲保险策略与固定比例投资组合保险策略（Constant Proportion Portfolio Insurance, CPPI）。

对冲保险策略主要依靠金融衍生产品,如股票期权、股指期货等,实现投资组合价值的保本与增值。目前,成熟的国际市场多采用对冲保险策略。国内由于缺乏这类金融工具,主要选择固定比例投资组合保险策略（CPPI）。

CPPI通过比较投资组合现时净值与投资组合价值底线,从而动态调整投资组合中风险资产与保本资产的比例,兼顾保本与增值的目标。CPPI可分为三个步骤,具体如下。

（1）确定投资组合价值底线。根据投资组合期末最低目标价值（基金的本金）和合理的折现率设定当前应持有的保本资产的价值,即投资组合的价值底线。

（2）计算安全垫。计算投资组合现时净值超过价值底线的数额,称为安全垫,是风险投资可承受的最高损失限额。

（3）确定风险资产投资比例。按安全垫的一定倍数确定风险资产的投资比例,并将其余资产投资于保本资产。在确保实现保本目标的同时,又实现投资组合的增值。确定风险资产投资额的常用公式为:

风险资产投资额＝放大倍数×（投资组合现时净值－价值底线）＝放大倍数×安全垫

风险资产投资比例＝风险资产投资额÷基金净值×100%

不放大安全垫,将投资组合现时净值高于价值底线的资产完全用于风险投资,即使风险资产（股票）完全亏损,基金也能实现到期保本。

保本资产和风险资产的比例并不会经常发生变动,在一段时间内会维持恒定比例,以避免过激投资行为。在市场可能发生剧烈变化时,才对基金安全垫的中长期放大倍数进行调整。

> 【例题】我国国内保本基金为实现保本的目的,主要选择的投资策略是（　　）。
> A. 对冲保险策略
> B. 动态比例投资组合保险策略
> C. 衍生金融工具组合保险策略
> D. CPPI
> 【解析】本题考查保本基金的投资策略。固定比例投资保险策略英文简称CPPI。
> 【答案】D

三、保本基金的类型（★★）

境外的保本基金形式较多。基金提供的保证有本金保证、收益保证和红利保证,具体的保证比例由基金公司自行决定。

（1）本金保证：一般100%保证本金,但也有低于100%或高于100%的情况。

（2）收益保证：保证到期有一定收益,

目前我国没有。

（3）红利保证：保证每期投资有固定的红利。

知识拓展　2003年5月发行了国内第一只保本基金——南方避险增值基金。

第七节　交易型开放式指数基金（ETF）

考情分析：本节主要介绍ETF基金的特点、套利交易、类型。ETF与LOF和联接基金的区别等。整节内容较多，理解上较为困难，但考试的要求并不高，属于非重点部分。在近年考试中，本节的题目有1~2道。

学习建议：记住ETF的特点和分类，适当了解基金套利交易，通过列表对比了解ETF与相关基金的区别。

一、ETF的特点（★★★）

（一）被动操作的指数基金

ETF以某一选定的指数所包含的成分证券为投资对象，依据构成指数的股票种类和比例，采取完全复制或抽样复制，进行被动投资的指数基金。ETF具备传统指数基金的全部特色，而且是更为纯粹的指数基金。

（二）独特的实物申购、赎回机制

实物申购、赎回机制是指投资者向基金管理公司申购ETF时，需要用该ETF指定的一篮子股票来换取；赎回时也不会得到现金，而是相应的一篮子股票。如果想变现，需要再卖出这些股票。实物申购、赎回机制是ETF最大的特色，使ETF省却了用现金购买股票以及为应付赎回卖出股票的环节。另外，ETF有"最小申购、赎回份额"的规定，只有资金达到一定规模的投资者才能参与ETF一级市场的实物申购、赎回。

（三）实行一级市场与二级市场并存的交易制度

（1）在一级市场上资金达到一定规模的投资者（基金份额在30万份以上）才可以随时在交易时间内进行以股票换份额（申购）、以份额换股票（赎回）的交易，而中小投资者被排斥在一级市场之外。

（2）在二级市场上，ETF与普通股票一样挂牌交易。中小投资者或者资金在一定规模以上的投资者，均可按市场价格交易ETF份额。

（3）如果二级市场交易价格偏离基金份额净值很多，会引发套利交易。一般情况下，ETF二级市场交易价格与基金份额净值总是比较接近。

（4）ETF本质上是一种指数基金，因此对ETF的需求主要体现在对指数产品的需求上。由一级、二级市场的差价所引致的套利交易是一种派生需求。

（5）ETF的复制效果更好、成本更低、买卖更方便，并能进行套利交易，具有独特的吸引力。

ETF交易模式如图3-1所示。

【例题】对于申购、赎回来说，（　　）要求的数额较大，在30万份以上。
A．LOF
B．股票基金
C．ETF
D．QDII基金
【解析】本题考查ETF的特征。ETF实行一级、二级市场并存的交易，在一级市场投资需要一定的资金规模，购买的基金份额在30万份以上。
【答案】C

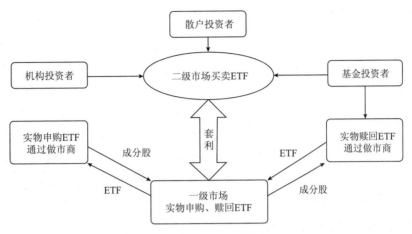

图 3-1 ETF 交易模式

二、ETF 的套利交易（★）

ETF 实行一级市场与二级市场交易同步进行的独特制度安排，使投资者可以利用两级市场之间存在差价进行套利交易。

（1）折价套利：当二级市场 ETF 交易价格低于其份额净值，即出现折价交易时，大的投资者可在二级市场低价买进 ETF，然后在一级市场赎回（高价卖出）份额，再于二级市场上卖掉股票而实现套利交易。

（2）溢价套利：当二级市场 ETF 交易价格高于其份额净值，即出现溢价交易时，大的投资者可以在二级市场买进一篮子股票，在一级市场按份额净值转换为 ETF（相当于低价买入 ETF）份额，再于二级市场上高价卖掉 ETF 而实现套利交易。

折价套利会导致 ETF 总份额的减少，溢价套利会导致 ETF 总份额的扩大。正常情况下，套利机会并不多，所引致的 ETF 规模的变动也不大。ETF 规模的变动最终取决于真正的市场需求。

三、ETF 与 LOF 的区别（★★）

LOF 与 ETF 都具备开放式基金申购、赎回和场内交易的特点。两者的区别如表 3-11 所示。

表 3-11 LOF 与 ETF 的区别

项目	ETF	LOF
申购、赎回的标的	基金份额与一篮子股票	基金份额与现金
申购、赎回的场所	交易所	代销网点、交易所
申购、赎回的限制	达到一定资金规模	没有特别要求
基金投资策略	完全被动式管理	被动、主动
在二级市场的净值报价	每 15 秒参考净值（IOPV）报价	1 天 1 次或几次报价

名师点拨 LOF 普通的开放式基金增加了交易所的交易方式，可以是指数型基金或者主动型基金。

四、ETF 的类型（★）

根据 ETF 跟踪某一标的市场指数的不同，可分为股票型 ETF 和债券型 ETF 等。股票型 ETF 可以细分为全球指数 ETF、行业指数 ETF、综合指数 ETF、风格指数 ETF（如成长型、价值型）等。

根据复制方法，可分为完全复制型 ETF 与抽样复制型 ETF。

 2004 年发行的我国首只 ETF——上证 50ETF 就采用完全复制方法。

五、ETF 联接基金（★★★）

ETF 联接基金的绝大部分基金财产投资于某一 ETF，密切跟踪标的指数表现，并可以在场外（银行渠道等）申购、赎回的基金。证监会规定，ETF 联接基金投资于目标 ETF 的资产不得低于联接基金资产净值的 90%，其余部分则应投资于标的指数成分股和备选成分股。并且，ETF 联接基金的管理人不得向 ETF 联接基金财产中的 ETF 部分计提管理费。

ETF 联接基金的主要特征如下。

（1）联接基金依附于主基金。如果主基金不存在，联接基金也不存在。联接基金和 ETF 其实是同一法律实体的两个不同部分，联接基金处于从属地位。

（2）联接基金提供了银行渠道申购 ETF 的渠道，吸引大量的银行客户直接通过联接基金介入 ETF 的投资，为中小投资者申购 ETF 提供了渠道，增强了 ETF 市场的交易活跃度。

直接申购 ETF 需要的资金量较大，一般不少于 30 万份。普通的中小投资者无法投资 ETF，其申购以机构投资者为主。

（3）联接基金可以提供目前 ETF 不具备的定期定额等方式来介入 ETF 的运作。

（4）联接基金不能参与 ETF 套利，发展联接基金主要是为了做大指数基金的规模。

（5）联接基金不是基金中的基金（FOF），联接基金完全依附主基金，将所有投资通过主基金进行。而基金中的基金常将资金投资于不同基金管理人管理的多只基金。

ETF 联接基金与 ETF 的比较如表 3-12 所示。

表 3-12 ETF 联接基金与 ETF

	ETF 联接基金	ETF
业绩	紧密跟踪标的指数表现	
运作方式	开放式	
申购门槛	低（1000 份起）	高（至少 30 万份、50 万份等）
投资标的	1. 跟踪同一标的指数的组合证券 2. 标的指数的成分股和备选成分股 3. 中国证监会规定的其他证券品种 4. ETF 联接基金财产中，目标 ETF 不得低于基金资产净值的 90%。更类似于增强指数基金。90% 的基金资产用来投资跟踪指数，10% 的基金资产通过主动管理来强化收益	一篮子股票或债券组合。该组合中的股票或债券种类与某一特定指数构成完全一致；ETF 的投资组合通常完全复制标的指数，其净值表现与盯住的特定指数高度一致
申购、赎回渠道	银行、券商	券商
费用	管理费：《交易型开放式指数证券投资基金联接基金审核指引》仅规定了 90% 的 ETF 资产不得收取管理费 托管费：ETF 联接基金的基金托管人不得对 ETF 联接基金财产中的 ETF 部分计提托管费 费率：认购、申购、赎回的费率可以参照开放式基金的相关费率水平	ETF 在交易所交易的费用与封闭式基金的交易费用相同，远比开放式基金申购、赎回费低

2009年9月，我国成立了最早的两只联接基金——华安上证180ETF联接基金和交银180治理ETF联接基金。

【例题】根据证监会的有关规定，ETF联接基金投资于目标ETF的资产不得低于联接基金资产净值的（　　）。
A. 60%　　　　B. 70%
C. 80%　　　　D. 90%
【解析】本题考查ETF联接基金的基本内容。根据证监会的有关规定，ETF联接基金投资于目标ETF的资产不得低于联接基金资产净值的90%。
【答案】D

第八节　QDII基金

考情分析：本节主要介绍QDII基金的概念、在投资组合中的作用、投资对象以及禁止行为。理解上较为容易，考试的要求也较低，只需要了解即可。在近年的考试中，属于非重点内容，出现的考题在1道左右。

学习建议：结合之前公募基金的性质、运营方式，通过理解QDII的概念、投资方向和作用，就能方便记忆相关知识点。

一、QDII基金概述（★★）

2007年6月18日发布的《合格境内机构投资者境外证券投资管理试行办法》规定，经中国证监会批准，符合条件的境内基金管理公司和证券公司，可在境内募集资金从事境外证券投资管理。这样的证券投资机构被称为合格境内机构投资者（Qualified Domestic Institutional Investor，QDII）。

在人民币不可自由兑换、资本项目尚未开放的情况下，QDII是有限度地允许境内投资者投资海外证券市场的制度安排。由基金管理公司发行的QDII产品，就是QDII基金。QDII基金的计价募集可以使用人民币、美元或其他主要外汇货币。

【例题】下列关于公募基金与QDII基金的说法中，正确的是（　　）。
A. 公募基金和QDII基金只能投资于国内市场
B. 公募基金和QDII基金只能投资于国际市场
C. 公募基金可以投资于国内和国际市场
D. QDII基金可以投资于国际市场
【解析】本题考查QDII基金概念。不同于只能投资于国内市场的公募基金，QDII基金可以进行国际市场投资。通过QDII基金进行国际市场投资，不但为投资者提供了新的投资机会，而且由于国际证券市场常常与国内证券市场具有较低的相关性，也为投资者降低组合投资风险提供了新的途径。
【答案】D

二、QDII基金在投资组合中的作用（★）

QDII基金通过进行国际市场投资，可以为投资者提供新的投资机会。由于国内与国际证券市场的相关性较低，投资QDII可以降低组合投资风险。

> **名师点拨** 投资QDII基金会面临汇率风险、市场风险，申购、赎回的时间长于其他公募基金。

三、QDII基金的投资对象（★★★）

QDII基金可投资的金融产品和禁止行为如表3-13所示。

表 3-13　QDII 基金可投资对象和禁止行为

项目	内容
QDII 基金可投资的金融产品或工具	除证监会另有规定外，QDII 基金可投资的金融产品或工具： （1）银行存款、可转让存单、银行票据、银行承兑汇票、商业票据、回购协议、短期政府债券等货币市场工具 （2）政府债券、公司债券、可转换债券、住房按揭支持证券、资产支持证券等，以及证监会认可的国际金融组织发行的证券 （3）与中国证监会签署双边监管合作谅解备忘录的国家或地区证券市场挂牌交易的普通股、优先股、全球存托凭证和美国存托凭证、房地产信托凭证 （4）在已与中国证监会签署双边监管合作谅解备忘录的国家或地区证券监管机构登记注册的公募基金 （5）与固定收益、股权、信用、商品指数、基金等标的物挂钩的结构性投资产品 （6）远期合约、互换及经中国证监会认可的境外交易所上市交易的权证、期权、期货等金融衍生产品
QDII 基金禁止行为	除证监会另有规定外，QDII 基金不得： （1）购买不动产 （2）购买房地产抵押按揭 （3）购买贵重金属或代表贵重金属的凭证 （4）购买实物商品 （5）除应付赎回、交易清算等临时用途以外，借入现金。该临时用途借入现金的比例不得超过基金、集合计划资产净值的 10% （6）利用融资购买证券，但投资金融衍生产品除外 （7）参与未持有基础资产的卖空交易 （8）从事证券承销业务 （9）中国证监会禁止的其他行为

第九节　分级基金

考情分析：本节主要介绍分级基金的概念、特点和分类。分级基金是一种相对复杂的基金，新概念较多、特点突出、分类方式也较为独特，理解上有一定的难度，但本节属于非重点考查部分，历年的考题在 1 道左右。

学习建议：结合分级基金的五大特点理解相关内容，针对组合型选择题进行重点记忆。

一、分级基金的基本概念（★）

分级基金是通过事先约定基金的风险收益分配，将基础份额分为预期风险收益不同的子份额，并将部分或全部类别份额进行上市交易的结构化证券投资基金。

一般将分级基金的基础份额又称为母基金份额，预期风险收益较低的子份额称为 A 类份额，预期风险收益较高的子份额称为 B 类份额。

二、分级基金的特点（★★★）

（一）一只基金，多类份额，多种投资工具

不同于普通基金只适合于某类特定风险收益偏好的投资者，分级基金通过结构化设计将同一基金资产划分为预期风险收益特征不同的份额类别，以同时满足不同的风险收益需求。

目前，分级基金一般为融资类分级基金。由 B 份额以一定的成本向 A 份额融资，B 份额需要承担扣除融资成本以外的母基金全部的收益或亏损。一般股票型分级基金可分为母基金份额和 A、B 两类子份额，三类份额及风险收益，如表 3-14 所示。

表3-14 股票型分级基金

类别	份额特性	风险与收益
母基金份额	普通股票指数基金份额	风险较高、预期收益较高
A类份额	体现类固定收益产品的特性。通过B类份额不定期折算保证本金安全及约定收益	低风险、收益相对稳定。基于基准利率，收益有所上浮
B类份额	获取约定收益以外的全部收益或亏损，有杠杆性	风险高、预期收益高

名师点拨 通过结构化分级机制和收益分配，母基金份额适合于风险承受能力较高的投资者；A类份额适合于保守型、偏好固定收益品种的投资者；B类份额，适合于杠杆投资的激进类投资者。

（二）A类、B类份额分级，资产合并运作

在分级基金中，将母基金份额拆分为具有不同风险收益的子份额，但基金资产仍作为整体进行运作。各子份额的估值与收益分配取决于事先约定的分配条件，同时也受制于基金投资的整体业绩。

（三）基金份额可在交易所上市交易

与LOF相似，股票型分级基金的母基金可以通过场外、场内两种方式募集，所得到的份额分别被注册登记到场外系统与场内系统。通过跨系统转托管，基金份额可实现场外市场与场内市场的转换。

证券交易所场内存在三类份额：母基金份额、A类份额和B类份额。母基金份额通常只能够被申购和赎回，而A类份额和B类份额则只可上市交易，如图3-2所示。

场内母基金 { 认购：自动分离为A类、B类份额，上市交易
申购 { 拆分为A类、B类份额，上市交易
保留母基金，不拆分

图3-2 场内三种基金份额的认购和申购

投资者认购或申购母基金份额后，根据风险偏好可以选择持有母基金份额，或者在分离或分拆后选择卖出某一类份额，持有另一类份额。根据需要，投资者也可以在二级市场上单独买入子份额，或者同时买入两类子份额合并为母基金份额。

名师点拨 目前，股票型分级基金的母基金份额不可上市交易；债券型分级基金的A类份额一般也不可上市交易。

（四）内含衍生工具与杠杆特性

由于分级基金存在收益分配权的分割与收益保障等结构性条款的设置，因而具有杠杆化、内含衍生工具的特性。分级基金由于运作方式、结构设计、定价和杠杆的不同，往往表现出较大的差异性，复杂程度也超过普通基金。

（五）多种收益实现方式、投资策略丰富

普通基金通过净值的增长或二级市场的价格变动获得收益。分级基金由于份额分类和结构化设计，内含了杠杆、期权等特性，投资者可以通过A类份额持有策略、B类份额波段操作策略、折溢价套利、定期折算与不定期折算投资等多种策略，实现多种形式的收益。

【例题】下列关于分级基金的特点，描述错误的是（ ）。

A．一只基金，多类份额，多种投资工具

B．投资策略多样，收益实现方式单一

C．A类、B类份额分级，资产合并运作

D．内含衍生工具与杠杆特性

【解析】本题考查分级基金的特点，具体包含：（1）一只基金，多类份额，多种投资工具；（2）A类、B类份额分级，资产合并运作；（3）基金份额可在交易所上市交易；（4）内含衍生工具与杠杆特性；（5）多种收益实现方式、投资策略丰富。

【答案】B

三、分级基金的分类（★★★）

可以按运作方式、投资对象与风格、募集方式、子份额之间收益分配规则、母基金的存在和折算条款等进行分类，如表3-15所示。

表3-15　分级基金的分类

分类标准	内容
按运作方式	分为封闭式分级基金与开放式分级基金 封闭式分级基金的母基金份额只能在发行时购买。发行后不能申购、赎回母基金份额，只能通过二级市场买卖分级份额（A类或B类份额）。开放式运作能在日常申购、赎回基础份额，同时通过配对转换的功能实现母基金份额与分级份额之间的联通。封闭式分级基金一般有3—5年的续存期，到期后通常转为普通LOF基金运作。开放式的分级基金在正常情况下长期有效、永久存续。封闭式运作有助于实施某些债券投资策略，开放式运作提供基金份额流动性，结合配对转换功能还有利于平抑分级基金份额之间的总体折（溢）价率
按投资对象	股票型分级基金、债券型分级基金（包括转债分级基金）和QDII分级基金等
按投资风格	分为主动投资型分级基金与被动投资（指数化）型分级基金
按募集方式	分为合并募集和分开募集 合并募集是以统一的母基金代码进行募集，募集完成后，将基金份额按比例分拆为两类子份额；分开募集是指基金以子份额的代码进行分开募集，通过比例配售实现子份额的配比。分开募集的分级基金通常为债券型分级基金
按子份额之间收益分配规则	分为简单融资型分级基金与复杂型分级基金 简单融资分级相当于B级份额以一定的约定成本向A级份额融资而获得杠杆；复杂分级的子份额通常暗含多个期权，估值与定价更复杂。我国大多是简单融资型分级基金
按是否存在母基金份额	分为存在母基金份额的分级基金和不存在母基金份额的分级基金 全部股票型分级基金和少量债券型分级基金都属于存在母基金份额的分级基金。大部分债券型分级基金都属于不存在母基金份额的分级基金。这类基金的特点：（1）必然不采取份额配对转换机制；（2）其披露的基础份额份额净值并不代表基金整体的投资收益情况，存在一定的失真
按是否具有折算条款	分为有折算条款的分级基金和不具有折算条款的分级基金 折算条款分为定期折算条款和不定期折算两类。定期折算条款一般是将约定收益以母基金的形式折算给A类份额持有人；不定期折算是B类份额净值触发下阈值时下折算，或者当母基金份额或B类份额的份额净值触发上阈值时上折算

过关测试题

1. 伞形基金的优点不包括（　　）。
A. 简化管理
B. 降低成本
C. 风险较小
D. 强大的扩张功能

2. 货币市场基金不得投资于（　　）。
A. 现金
B. 期限在1年以内的大额存单
C. 可转换债券
D. 剩余期限在397天以内的债券

3. （　　）是指以追求资本增值为基本目标的基金，主要以具有良好增长潜力的股票为投资对象。
A. 增长型基金　　B. 收入型基金
C. 稳定型基金　　D. 平衡型基金

4. 下列关于保本基金风险投资额的表述，不正确的是（　　）。
A. 风险资产投资额＝放大倍数×安全垫
B. 风险资产投资额＝放大倍数×（投资组合现时净值－价值底线）
C. 风险资产投资比例＝风险资产投资额÷基金净值

D. 风险资产投资比例＝风险资产投资额÷保本资产投资额

5. 积极型的投资者一般会选择（　　）。
A. 保本型基金
B. 股票型基金
C. 货币市场基金
D. 债券型基金

6. 关于货币市场基金的说法，正确的是（　　）。
A. 没有投资风险
B. 只适合长期投资
C. 只适合短期投资
D. 既适合短期投资，也适合长期投资

7. 货币市场与股票市场的一个主要区别是（　　）。
A. 货币市场进入门槛很低
B. 货币市场进入门槛很高
C. 货币市场属于场外交易市场
D. 货币市场属于场内交易市场

8. 股票规模的划分并不严格，依据相对规模进行划分，将全部上市公司按市值大小排名并累加。市值较小、累计市值占市场总市值20%以下的为小盘股；市值排名靠前，累计市值占市场总市值（　　）以上的为大盘股。
A. 20%　　　　B. 30%
C. 50%　　　　D. 80%

9. 关于交易型开放式指数基金（ETF），以下说法不正确的是（　　）。
A. 以某一选定的指数所包含的成分证券为投资对象
B. 本质上是一种指数基金
C. 不可以进行套利交易
D. 会出现折价或溢价交易

10. 2014年8月生效的《公开募集证券投资基金运作管理办法》中规定，（　　）以上的基金资产投资于其他基金份额的，为基金中的基金。
A. 50%　　　　B. 60%

C. 80%　　　　D. 100%

11. ETF有（　　）的规定，只有资金达到一定规模的投资者才能参与ETF一级市场的实物申购、赎回。
A. 最大申购、最大赎回
B. 最大申购、最小赎回
C. 最小申购、赎回份额
D. 最大申购、赎回份额

12. 以下关于货币市场基金和货币市场工具的说法错误的是（　　）。
A. 货币市场基金是厌恶风险、对资产流动性和安全性要求较高的投资者进行短期投资的理想工具，或是暂时存放现金的理想场所
B. 货币市场基金长期收益率低，不适合长期投资
C. 货币市场工具流动性好、安全性高、但收益率低
D. 资本市场进入门槛高，一般投资者无法进入，属于场外交易；但资本市场基金门槛低，投资者通过资本市场基金进入资本市场

13. 对冲保险策略主要是依赖金融衍生产品，如（　　），实现投资组合价值的保本与增值。
A. 股票　　　　B. 债券
C. 股指期货　　D. 货币市场基金

14. 不主动寻求取得超越市场的表现，而是试图复制某指数表现的基金是（　　）。
A. 开放式基金　B. 封闭式基金
C. 主动型基金　D. 指数型基金

15. 以下关于债券分类的说法错误的是（　　）。
A. 根据债券发行者分为政府债券、企业债券、金融债券等
B. 根据投资者的不同将债券分为高风险债券和低风险债券等
C. 根据债券信用等级分为低等级债券、高等级债券等
D. 根据债券到期日分为短期债券、长

期债券等

16. 下列关于证券投资基金分类的表述中，正确的有（　　）。

Ⅰ．根据法律形式，分为增长型基金、收入型基金和平衡型基金

Ⅱ．根据基金的资金来源和用途，分为在岸基金和离岸基金

Ⅲ．根据投资理念，分为主动型基金与被动（指数）型基金

Ⅳ．根据募集方式，分为公募基金和私募基金

A．Ⅰ、Ⅱ
B．Ⅰ、Ⅲ、Ⅳ
C．Ⅱ、Ⅲ、Ⅳ
D．Ⅰ、Ⅱ、Ⅲ、Ⅳ

17. （　　）既可以在场外市场进行基金份额申购、赎回，又可以在交易所（场内市场）进行基金份额交易和基金份额申购或赎回。

A．主动型基金
B．上市开放式基金
C．在岸基金
D．QDII 基金

18. （　　）具有风险低、流动性好的特点。

A．股票基金
B．债券基金
C．货币市场基金
D．混合型基金

19. 以下关于 ETF 联接基金特征的描述不正确的是（　　）。

A．联接基金依附于主基金
B．增强了 ETF 市场的交易活跃度
C．不是基金中的基金
D．能参与 ETF 套利

20. 保本基金的投资目标是（　　）。

A．保证获得与银行同期存款相当的收益水平
B．在锁定风险的同时，力争获得潜在的高回报

C．追求超额投资收益
D．保证本金不受损失

21. 关于基金分类的意义，以下表述不正确的是（　　）。

A．对基金投资者而言，科学合理的基金分类将有助于投资者加深对各种基金的认识及对风险收益特征的把握，有助于投资者做出正确的投资选择与比较

B．对基金管理公司而言，有利于针对不同基金的特点实施更有效的分类监督

C．对基金研究评价机构而言，基金的分类是进行基金评级的基础

D．对监管部门而言，明确基金的类别特征将有利于针对不同基金的特点实施更有效的分类监管

22. 采取多个基金共用一个基金合同、子基金独立运作的结构形式的基金被称为（　　）。

A．系列基金　　B．基金中的基金
C．保本基金　　D．混合基金

23. 经中国证监会批准可以在境内募集资金进行境外证券投资的机构被称为（　　）。

A．合格境内机构投资者
B．合格境外机构投资者
C．合格境内、外机构投资者
D．合格机构投资者

24. 关于货币市场基金的说法，正确的是（　　）。

A．货币市场基金适合进行长期投资
B．货币市场基金不得投资股票
C．货币市场基金可以投资于可转换债券
D．货币市场基金可以投资于剩余期限超过 397 天的债券

25. （　　）导致 ETF 总份额的减少，（　　）导致 ETF 总份额的扩大。

A．溢价套利、折价套利
B．折价套利、溢价套利
C．无风险套利、风险套利
D．风险套利、无风险套利

第四章

证券投资基金的监管

为保护投资人的合法权益、规范证券投资基金活动、发展基金和资本市场，基金监管的作用和意义重大。证监会、基金业协会和证券交易所在《证券投资基金法》、相关部门规章和规范性文件的指引下，依法开展各项监管和自律活动。对公开募集基金参与、活动的监管以及对非公开募集基金的登记、限制是基金监管的重点。

本章内容知识点较多，各自能成为独立的体系，但理解难度不大，可能会出现组合型选择题。虽然在大纲中都被标注为应掌握内容，但根据以往考题的风格，重点部分在于对基金管理人的要求，对公开募集基金募集、销售、信息披露的监管，对非公开募集基金管理人登记、宣传的监管。在历次考试中，本章平均考题分值在 8 ~ 15 分。

本章考点预览

证券投资基金的监管	第一节 基金监管概述	1. 基金监管的概念及特征	★★★
		2. 基金监管体系	★★
		3. 基金监管的目标	★★★
		4. 基金监管的基本原则	★★★
	第二节 基金监管机构和自律组织	1. 政府基金监管机构：中国证监会	★★★
		2. 基金行业的自律组织：基金业协会	★★★
		3. 证券市场的自律管理者：证券交易所	★★★
	第三节 对基金机构的监管	1. 对基金管理人的监管	★★★
		2. 对基金托管人的监管	★★★
		3. 对基金服务机构的监管	★★★
	第四节 对基金活动的监管	1. 对基金公开募集的监管	★★★
		2. 对公开募集基金销售活动的监管	★★★
		3. 对公开募集基金投资与交易的监管	★★★
		4. 对公开募集基金信息披露的监管	★★★
		5. 基金份额持有人及持有人大会	★★★
	第五节 对非公开募集基金的监管	1. 非公开募集基金管理人登记事宜	★★★
		2. 对非公开募集基金募集的监管	★★★
		3. 对非公开募集基金运作的监管	★★★

第一节 基金监管概述

考情分析：本节介绍了基金监管的概念和特征，基金监管体系、目标和基本原则，属于基础性的内容，理解上不存在太大的困难。重点是掌握并梳理相关的概念、要点。在近年的考试中，涉及本节考题有 1～2 道。

学习建议：认识到本节知识点的基础性，在充分理解相关内容后抓住重点进行归纳、提炼和记忆。避免在本节花费过多的时间和精力。

一、基金监管的概念及特征（★★★）

（一）基金监管的概念

根据监管主体的范围不同，基金监管分为狭义和广义两种。本书采用狭义的概念，即基金监管专指政府基金监管。

广义的基金监管是指具有法定监管权的政府机构、基金行业自律组织、基金机构内部监督部门以及社会力量对基金市场、基金市场主体及其活动的监督或管理。

狭义的基金监管一般专指政府基金监管机构依法对基金市场、市场主体及其活动的监督和管理。

基金市场主体即各种基金机构及其从业人员，主要是指基金管理人、托管人及其从业人员，基金销售机构、销售支付机构、份额登记机构、投资顾问机构、评价机构等服务机构及其从业人员。

（二）基金监管的特征

相对于基金行业自律、基金机构内控以及社会力量监督，政府基金监管的特征如表 4-1 所示。

表 4-1 政府基金监管的特征

特征	内容
监管内容具有<u>全面性</u>	不仅涉及各种基金机构的设立、变更和终止，基金机构的活动规则，基金机构从业人员的资格和行为，而且监管还涉及基金市场其他诸多方面
监管对象具有<u>广泛性</u>	对所有的基金机构及其从业人员、基金行业自律组织均有权实施监管
监管时间具有<u>连续性</u>	监管活动贯穿基金机构活动的全过程，包括市场进入、市场活动和市场退出的各方面制度，体现出事前监管、事中监管和事后监管的连续性活动
监管主体及其权限具有<u>法定性</u>	政府基金监管机构应依法行使基金行业相关的法律法规规定的权限和职责
监管活动具有<u>强制性</u>	政府基金监管机构依法行使审批权、检查权、禁止权、撤销权、行政处罚权和行政处分权等监管权，均具有法律效力，具有强制性。这是政府对基金行业有效监管的保证

同基金行业自律、基金机构内控以及社会力量监督相比，政府基金监管最为<u>广泛</u>、<u>最具权威</u>、<u>最为有效</u>。

二、基金监管体系（★★）

基金监管体系是基金监管活动各要素及其相互间的关系。基金监管活动的要素主要包括<u>目标</u>、<u>体制</u>、<u>内容</u>和<u>方式</u>等。

（1）基金监管目标是监管活动所要达到的目的和效果。

（2）基金监管体制是监管活动主体及其职权的制度体系。

（3）基金监管内容是监管具体对象的范围，包括基金市场活动的主体，也包括基金市场主体的活动。

（4）基金监管方式是监管所采用的方法和形式，即基金监管的手段和措施。

基金监管是为实现监管目标，由监管主体行使法定职权，采取必要的监管手段和措施，对监管对象进行的监督和管理活动。

监管方式有广义和狭义之分。

（一）广义的监管方式

既包括对基金机构的市场准入、市场行为的监管，也包括对各种违法违规行为或出现某些法定情形后的处置措施，即对基金机构的审核注册、对基金机构行为的检查以及检查后对存在问题的机构进行各种行政处置措施，做到事前监管、事中监管和事后监管。

（二）狭义的监管方式

也称监管措施，通常不包括市场准入监管，仅进行检查及其后续的处置措施。

三、基金监管的目标（★★★）

基金监管目标是基金监管活动的出发点和价值归宿。我国基金监管具有以下三个方面的目标，具体表现如表4-2所示。

表4-2　基金监管的目标

目标	内容阐述
保护投资人及相关当事人的合法权益	（1）基金监管的首要目标是保护投资人利益 （2）基金监管也应依法保护基金市场相关当事人的合法权益 【知识拓展】投资人即基金份额的持有人，是基金的出资人、基金资产的实际所有人和基金投资回报的受益人。相关当事人包括基金管理人、托管人、基金销售机构、出具审计报告的会计师事务所、出具法律意见书的律师事务所以及提供资产评估或者验证服务的其他中介机构等
规范证券投资基金活动	规范证券投资基金活动既是基金监管的直接目标，又是促进证券投资基金和资本市场健康发展的前提条件
促进证券投资基金和资本市场的健康发展	创造良好的环境，鼓励创新，推动市场公平、有序竞争，促进证券投资基金和资本市场的健康发展，也是基金监管的重要目标

保护投资人的合法权益，避免误导、欺诈、虚假陈述、内幕交易、操纵市场等行为给投资者的损害，避免遭受不公平对待，有助于提振市场的信心和投资动机，是基金市场的原动力和价值归宿。规范证券投资基金活动，是保护合法权益的主要手段和制度保障。

四、基金监管的基本原则（★★★）

基金监管的基本原则是基金监管活动中必须遵守的基本准则。这些原则包括以下几个方面。

（一）保障投资人利益原则

保障投资人利益原则是基金监管目的和宗旨的集中体现。能否有效保障投资人的合法权益，是投资基金行业能否持续健康发展的关键。

（二）适度监管原则

现代市场经济需要政府适度监管，政府的监管不应直接干预基金机构内部的经营管理，监管范围应严格限制在基金市场失灵的领域。形成以政府监管为核心、行业自律为纽带、机构内控为基础、社会监督为补充的"四位一体"监管格局。

（三）高效监管原则

高效监管是指基金监管活动要以价值最大化的方式实现基金监管的根本目标，而且还要通过监管活动促进基金行业的高效发展。

高效监管原则不仅要求基金监管机构具

有权威性，还要求确定合理的监管内容体系，做到有所管有所不管，要管得有效。提高市场的监管效率，保护投资人的根本利益。

（四）依法监管原则

政府基金监管应该依法行政、依法监管。并且监管活动要适时适度，符合目的要求、与目的相称、对行政对象权益限制或损害最小。

我国基金监管活动的主要依据是《证券投资基金法》以及中国证监会、基金业协会、证券交易所发布的一系列相关的部门规章、规范性文件和自律规则，具体内容如表4-3所示。

表4-3 基金监管的主要依据

性质	内容
法律	《中华人民共和国证券投资基金法》
部门规章和规范性文件	《证券投资基金管理公司管理办法》《证券投资基金管理公司子公司管理暂行规定》《证券投资基金行业高级管理人员任职管理办法》《证券投资基金托管业务管理办法》《公开募集证券投资基金风险准备金监督管理暂行办法》《公开募集证券投资基金运作管理办法》《证券投资基金销售管理办法》《证券投资基金信息披露管理办法》《证券投资基金评价业务管理暂行办法》等
自律规则	《私募投资基金管理人登记和基金备案办法（试行）》《基金经理注册登记规则》《基金从业人员证券投资管理指引（试行）》《公开募集证券投资基金销售公平竞争行为规范》等

（五）审慎监管原则

审慎监管是指监管机构应尽可能赶在金融机构完全亏损之前采取有效措施，让金融机构股东之外的其他人不受损失，这也是审慎监管的精髓。

审慎监管原则体现在监管机构对基金机构内部治理结构、内部稽核监控制度、风险控制制度以及资本充足率、资产流动性等方面的监管规制。

审慎监管又称为"结构性的早期干预和解决方案"，是通过监管偿付能力和风险防控制度体系，维护投资人或者存款人的信心。

（六）公开、公平、公正监管原则

公开原则，要求基金市场具有充分的透明度，实现市场信息的公开化，还要求监管规则、处罚公开，这也体现了政务公开的原则。

公平原则，要求基金市场主体平等，监管机构依照相同的标准衡量同类行为。

公正原则，要求公正对待监管对象，一视同仁。公正监管、公正执法，是依法监管原则的具体化体现。

【例题】下列各项，不属于基金监管基本原则的是（ ）。
A. 审慎监管原则
B. 及时惩戒原则
C. 适度监管原则
D. 高效监管原则

【解析】本题考查基金监管基本原则。在基金监管活动中，监管原则起着统帅和指导作用，其内容包括：①保障投资人利益原则；②适度监管原则；③高效监管原则；④依法监管原则；⑤审慎监管原则；⑥公开、公平、公正监管原则。其中，并没有及时惩戒这一项。

【答案】B

第二节 基金监管机构和自律组织

考情分析：本节主要介绍政府基金监管机构的监管职责和措施，基金行业自律组织的发展、性质、组成和职责，证券市场自律管理者的法律地位和监管。本部分属于重要章节，是考试必考的部分。出现组合选择题的可能性比较大。历年考题在3～4道，需要加以重视。

学习建议：本节的知识点较多，但理解难度不大、重点相对突出，可以系统化地进行归纳学习。通过比较各机构的性质地位、职能权限有助于理解和区分容混的考点。

一、政府基金监管机构：中国证监会（★★★）

（一）中国证监会对基金市场的监管职责

依据《证券法》和《证券投资基金法》，国务院证券监督管理机构——中国证监会是我国基金市场的监管主体，依法对基金市场主体及其活动实施监督管理。

1. 中国证监会的职责

依法承担对证券市场集中统一监管。

2. 证监会内设证券基金机构监管部的职责

承担具体的基金监管。

3. 中国证监会派出机构的职责

对于经营所在地在本辖区的基金管理公司，各证监局负责进行日常监管。

中国证监会及其各监管单位的监管职责如表4-4所示。

表4-4 各监管单位及其监管职责

单位	职责
中国证监会	（1）制定有关证券投资基金活动监督管理的规章、规则，并行使审批、核准或者注册权 （2）办理基金备案 （3）对基金管理人、基金托管人及其他机构从事证券投资基金活动进行监督管理，对违法行为进行查处，并予以公告 （4）制定基金从业人员的资格标准和行为准则，并监督实施 （5）监督检查基金信息的披露情况 （6）指导和监督基金业协会的活动 （7）法律、行政法规规定的其他职责
证券基金机构监管部	（1）负责涉及证券投资基金行业的重大政策研究 （2）草拟或制定证券投资基金行业的监管规则 （3）对有关证券投资基金的行政许可项目进行审核 （4）全面负责对基金管理公司、基金托管银行及基金代销机构的监管 （5）指导、组织和协调证监局、证券交易所等部门对证券投资基金的日常监管 （6）对证监局的基金监管工作进行督促检查 （7）对日常监管中发现的重大问题进行处置
各证监局	（1）公司治理和内部控制、高级管理人员、基金销售行为、开放式基金信息披露的日常监管 （2）负责对辖区内异地基金管理公司的分支机构及基金代销机构进行日常监管

名师点拨 基金监管职责分工的总体要求是：职责清晰、分工明确、反应快速、协调有序。

（二）中国证监会对基金市场的监管措施

1. 基金市场的违法犯罪行为的特点

基金市场的违法犯罪行为的特点：智商高、电子化、手段多样、行为隐蔽、涉案金额高、社会危害大等。

2. 中国证监会对基金市场的监管措施

中国证监会依据《证券投资基金法》履行职责，具体的监管措施如表4-5所示。

表4-5 中国证监会的监管措施

监管措施	具体内容
检查	（1）检查属于事中监管方式，是基金监管的重要措施之一 （2）检查可分为日常和年度检查，也可分为现场和非现场检查 （3）中国证监会定期或不定期地对基金机构的合规监控、风险管理、行为规范、内部稽核等方面进行检查 （4）中国证监会对基金管理人、托管人、服务机构进行现场检查，并要求报送相关的业务资料
调查取证	《证券投资基金法》赋予证监会的职权有： （1）进入涉嫌违法行为发生场所调查取证 （2）询问当事人和与被调查事件有关的单位和个人，要求其对与被调查事件有关的事项做出说明 （3）查阅、复制与被调查事件有关的财产权登记、通信记录等资料 （4）查阅、复制当事人和与被调查事件有关的单位和个人的证券交易记录、登记过户记录、财务会计资料及其他相关文件和资料 （5）对可能被转移、隐匿或者毁损的文件和资料，可以予以封存 （6）查询当事人和与被调查事件有关的单位和个人的资金账户、证券账户和银行账户 （7）对有证据证明已经或者可能转移或者隐匿违法资金、证券等涉案财产或者隐匿、伪造、毁损重要证据的，经中国证监会主要负责人批准，可以冻结或者查封
限制交易	（1）在调查操纵证券市场、内幕交易等重大证券违法行为时，经中国证监会主要负责人批准，可以对被调查事件当事人的证券买卖实施限制 （2）限制期限不得超过15个交易日，复杂的案情可以延长15个交易日
行政处罚	（1）基金机构以及基金机构的董事、监事、高级管理人员和其他从业人员、基金机构的股东和实际控制人等在基金活动中存在违法违规行为的，中国证监会应当对相关机构和人员或者相关机构对违法违规行为直接负责的主管人员和其他责任人员依法进行行政处罚 （2）中国证监会可以采取的主要行政处罚措施有：没收违法所得、责令改正、警告、罚款、暂停或者撤销基金从业资格、暂停或者撤销相关业务许可、责令停业等

知识拓展　2009年通过的刑法修正案，增设"利用未公开信息交易罪"。基金从业人员背信利用未公开信息的交易行为会受到刑事制裁。中国证监会发现违法行为涉嫌犯罪的，应移送司法机关处理。

【例题】下列选项不属于中国证监会对基金市场行政处罚措施的是（　　）。
A．责令改正
B．查封账户
C．责令停业
D．没收违法所得

【解析】本题考查中国证监会对基金市场的监管措施。按照有关规定，中国证监会可以采取的主要行政处罚措施有：没收违法所得、责令改正、警告、罚款、暂停或者撤销基金从业资格、暂停或者撤销相关业务许可、责令停业等。
【答案】B

（三）中国证监会工作人员的责任、义务

中国证监会工作人员应履行的责任和义务如下。

（1）中国证监会工作人员依法履行职

责，在进行调查或者检查时不得少于2人，并应出示合法证件，并对在调查或者检查中得知的商业秘密负有保密义务。

（2）中国证监会工作人员因为玩忽职守、徇私舞弊、滥用职权或者利用职务上的便利牟取私利，应当承担相应的法律责任。

（3）中国证监会工作人员在任职期间或者离职后，在《公务员法》规定的期限内，不得到被监管的机构中任职。依据相关规定，证监会的领导干部在离职后3年内，一般工作人员离职后的2年内，不得在与原工作业务直接相关的机构任职。但经过中国证监会批准，可以到基金管理公司、证券公司或期货公司等单位担任督察长、合规总监、首席风险官等职务。

二、基金行业的自律组织：基金业协会（★★★）

基金业协会作为行业自律性组织，对基金业实施行业自律管理。我国证券投资基金业协会的发展、性质、组成和法定职责的相关内容如表4-6所示。

表4-6 中国基金业协会

项目	内容
我国基金业协会的发展	2001年8月，中国证券业协会基金公会成立 2004年12月，中国证券业协会证券投资基金业委员会成立 2007年，中国证券业协会设立基金公司会员部 2012年6月，中国证券投资基金业协会成立 2013年通过的《证券投资基金法》增设"基金行业协会"内容，规定了基金业协会的性质、组成和主要职责等，为明确基金业协会的地位和规范基金业协会的职责权限提供了基本的法律依据
基金业协会的性质和组成	（1）基金业协会是证券投资基金行业的自律性组织，是社会团体法人 （2）基金管理人、基金托管人应当加入基金业协会，基金服务机构可以加入基金业协会 （3）基金业协会的权力机构为全体会员组成的会员大会，协会章程由会员大会制定 （4）基金业协会设立的理事会是基金业协会的执行机构，负责组织和开展日常工作 【知识拓展】基金业协会的会员分为三类：普通会员、联席会员、特别会员
基金业协会的职责	（1）教育和组织会员遵守有关证券投资的法律、行政法规，维护投资人合法权益 （2）依法维护会员的合法权益，反映会员的建议和要求 （3）制定和实施行业自律规则，监督、检查会员及其从业人员的执业行为，对违反自律规则和协会章程的，按照规定给予纪律处分 （4）制定行业执业标准和业务规范，组织基金从业人员的从业考试、资质管理和业务培训 （5）提供会员服务，组织行业交流，推动行业创新，开展行业宣传和投资人教育活动 （6）对会员之间、会员与客户之间发生的基金业务纠纷进行调解 （7）依法办理非公开募集基金的登记、备案 （8）协会章程规定的其他职责

 基金管理人和基金托管人加入协会，为普通会员；基金服务机构加入协会，为联席会员；证券期货交易所、登记结算机构、指数公司、地方基金业协会和其他资产管理相关机构加入协会，为特别会员。

三、证券市场的自律管理者：证券交易所（★★★）

（一）证券交易所的法律地位

（1）证券交易所是实行自律管理的法人，它为证券集中交易提供场所和设施，组织和监督证券交易。

（2）证券交易所具有监管者和被监管者的双重属性。一方面，交易所是市场的管理者，组织证券交易、实行自律管理，具有法定的监管权限；另一方面，交易所作为特殊的市场主体，需要接受中国证监会的监管。

（3）证券交易所依据《证券法》的规定，可以制定上市规则、交易规则、会员管理规则等。

（4）证券交易所依据《证券投资基金监管职责分工协作指引》的规定，证券交易所负责对基金在交易所内的投资交易活动进行监管；负责交易所上市基金的信息披露监管工作。

（二）对基金份额上市交易的监管

在证券交易所上市交易的基金份额，应当严格遵守交易所的业务规则，接受证券交易所的自律性监管。

上海证券交易所和深圳证券交易所都制定了《证券投资基金上市规则》（2013年修订）和其他类型基金的业务指引，对于在交易所挂牌上市的封闭式基金、交易型开放式指数基金、上市开放式基金的上市条件和程序、信息披露的要求等均做出了具体规定。

（三）对基金投资行为的监管

证券交易所内设基金交易监控系统，对投资者的基金交易行为、基金在证券市场的合法合规投资运作行为进行日常监控。

证券交易所重点监控涉嫌违法违规的交易，并对基金财产买卖高风险股票等行为进行监控。

证券交易所在监控中如果发现异常的基金交易，对于涉嫌违法违规的行为，可以根据具体情况，采取电话提示、警告、约见谈话、公开谴责等措施，同时报告中国证监会。

【例题】证券交易所属于基金的（　　）。
A．监管机构
B．份额登记机构
C．自律管理机构
D．评价机构
【解析】本题考查证券交易所性质。按照规定，证券交易所为证券集中交易提供场所和设施，组织和监督证券交易。它是自律管理机构之一。
【答案】C

第三节 对基金机构的监管

考情分析：基金机构是基金市场主体，包括基金管理人、基金托管人以及基金销售机构、基金注册登记机构等基金服务机构。对基金机构的监管，包括基金机构的市场准入监管、基金机构从业人员的资格和行为的监管等。本节属于考试的重点部分，历年考题在3~4道，可能会出现组合型选择题。

学习建议：本节的知识点很多，容易出现混淆，但理解难度不大，可以系统化地进行学习。对于重点标注的内容，需要加深记忆。

一、对基金管理人的监管（★★★）

（一）基金管理人的市场准入监管

1. 基金管理人的法定组织形式

（1）基金管理人是按照法律法规的规定和基金合同的约定，为保护基金份额持有人的利益，对基金财产进行管理、运用的机构。基金管理人需要具有相对完善的治理结构和相应的责任承担能力。

（2）基金管理人应由依法设立的公司或者合伙企业担任。公开募集基金的基金管理人的主体只能由基金管理公司或者经中国证监会按照规定核准的其他机构担任。

这里的"中国证监会按照规定核准的其他机构"是依据2013年2月18日公布的《资产管理机构开展公募证券投资基金管理暂行规定》，在股东、高级管理人员、经营期限、管理的基金财产规模等方面符合规定条件的证券公司、保险资产管理公司以及专门从事非公开募集基金管理业务的资产管理机构，向中国证监会申请开展公开募集资金管理业务，经依法核准，取得公开募集基金的基金管理人业务资格。

(3) 对从事公募基金管理业务的公司和机构有严格要求。

为保护投资人合法权益，在业务独立、公平交易、风险隔离、利益冲突防范、从业人员资格条件等方面，对证券公司、保险资产管理公司和专门从事非公开募集基金管理业务的资产管理机构从事公募基金管理业务还提出了特殊的要求。

公开募集基金属于公共理财产品，主要面向普通大众投资人，其社会影响面较广。证券公司、保险资产管理公司和专门从事非公开募集基金管理业务的资产管理机构由于业务范围、风险控制等方面与基金管理公司有较大差异，为了贯彻基金法功能监管的理念和目标，证监会相关法规明确规定，对于上述机构从事公募基金管理业务在制度和监管层面与基金管理公司同等对待。

2. 管理公开募集基金的基金管理公司的审批

中国证监会依法对基金管理公司的设立申请进行严格审批。

公募基金公司设立应具备的条件如下。

(1) 有符合《证券投资基金法》和《中华人民共和国公司法》规定的章程。

基金管理公司的章程须符合《公司法》对必要记载事项的相关规定，还要体现出《证券投资基金法》对基金管理公司从业人员、内部治理结构、风险控制制度、内部稽核监控制度以及行为规范等方面的特殊要求。

(2) 注册资本不低于1亿元人民币，且必须为实缴货币资本。

为保护基金份额持有人的利益，基金管理公司必须具备必要的责任承担能力。能够赔偿因违法违规行为给基金份额持有人造成损失。

【例题1】在我国设立基金管理公司，注册资本不低于人民币（　　）元。
A. 5000万
B. 1亿
C. 1.5亿
D. 2亿
【解析】本题考查基金管理公司的审批。按照相关规定，中国证监会依法对基金管理公司的设立申请进行严格审批。注册资本不低于1亿元人民币，且必须为实缴货币资本。
【答案】B

(3) 主要股东应当具有经营金融业务或者管理金融机构的良好业绩、良好的财务状况和社会信誉，资产规模达到国务院规定的标准，最近3年没有违法记录。

基金管理公司的主要股东是指持有基金管理公司股权比例最高且不低于25%的股东。基金公司主要股东为法人或者其他组织的，净资产不低于2亿元人民币；主要股东为自然人的，个人金融资产不低于3000万元人民币，在境内外资产管理行业从业10年以上。

(4) 对基金管理公司持有5%以上股权的非主要股东，非主要股东为法人或者其他组织的，净资产不低于5000万元人民币，资产质量良好，内部监控制度完善；非主要股东为自然人的，个人金融资产不低于1000万元，在境内外资产管理行业从业5年以上。

（5）取得基金从业资格的人员达到法定人数。

基金从业人员的专业知识、信誉状况与基金运作、业绩有着密切的关系。依据《证券投资基金管理公司管理办法》，基金管理公司在设立时，应当具有符合法律、行政法规和证监会规定的拟任高级管理人员以及从事研究、投资、估值、营销等业务的人员。

名师点拨 设立基金公司拟任高级管理人员、业务人员不少于15人，并应当取得基金从业资格。

（6）董事、监事、高级管理人员具备相应的任职条件。

担任公开募集基金的基金管理人的董事、监事、高级管理人员应当符合《证券投资基金法》的相关任职资格。

（7）有符合要求的营业场所、安全防范设施和与基金管理业务有关的其他设施。

（8）有良好的内部治理结构、完善的内部稽核监控制度、风险控制制度。

中国证监会公布的《证券投资基金管理公司治理准则（试行）》《证券投资基金管理公司内部控制指导意见》《证券投资基金管理公司监察稽核报告内容与格式指引（试行）》等文件对基金管理公司的内部治理结构、风险控制制度、内部稽核监控制度等提出了具体的要求。在设立基金管理公司时，应当符合相关的要求。

（9）法律、行政法规规定的和经国务院批准的中国证监会规定的其他条件。

关于法律、行政法规规定的和经国务院批准的中国证监会规定的其他条件的相关规定如表4-7所示。

表4-7 法律、行政法规规定的和经国务院批准的中国证监会规定的其他条件

项目	内容
审批	中国证监会应当自受理基金管理公司设立申请之日起6个月内依照上述条件和审慎监管原则进行审查，做出批准或者不予批准的决定，并通知相关申请人；对于不予批准的，应当说明理由
股权变更	基金管理公司变更持有5%以上股权的股东，变更公司的实际控制人，或者变更其他重大事项，应当报经国务院证券监督管理机构批准。国务院证券监督管理机构应当自受理申请之日起60日内做出批准或者不予批准的决定，并通知申请人；对于不予批准的，应当说明理由
设立子公司	依据《证券投资基金管理公司子公司管理暂行规定》，经过证监会批准，基金管理公司可以设立全资子公司，也可以与其他投资者共同出资设立子公司。该子公司是依照《公司法》设立，由基金管理公司控股，经营特定客户资产管理、基金销售以及证监会许可的其他业务的有限责任公司。未经中国证监会批准，基金管理公司不得设立或者变相设立子公司

（二）对基金管理人的从业人员资格的监管

基金管理人的从业人员是指基金管理人的董事、监事、高级管理人员、投资管理人员以及其他从业人员。基金管理人在法律关系上属于信托关系中的受托人。监管时要防范道德风险，保护基金份额持有人的利益。

1. 基金管理人的从业人员的资格

（1）基金管理人的董事、监事和高级管理人员应当熟悉证券投资方面的法律、行政法规，具有3年以上与其所任职务相关的工作经历。

（2）高级管理人员还应当具备基金从业资格。

（3）担任督察长的人员，应当具有法律、

会计、监察、稽核等工作经历。

相关的工作经历是指从事基金、证券、银行等金融相关领域的工作经历及与拟任职务相适应的管理工作经历。

（4）基金管理公司投资管理人员，是在公司负责基金投资、研究、交易的人员以及实际履行相应职责的人员。具体包括：公司投资决策委员会成员，公司分管投资、研究、交易业务的高级管理人员，公司投资、研究、交易部门的负责人，基金经理、基金经理助理以及中国证监会规定的其他人员。

（5）基金经理任职应该具备如下所示的条件：

① 取得基金从业资格；

② 通过中国证监会或者其授权机构组织的高级管理人员证券投资法律知识考试；

③ 具有3年以上证券投资管理经历；

④ 没有《公司法》《证券投资基金法》等法律、行政法规规定的不得担任公司董事、监事、经理和基金从业人员的情形；

⑤ 最近3年没有受到证券、银行、工商和税务等行政管理部门的行政处罚。

（6）不得担任基金管理人的董事、监事、高级管理人员和其他从业人员的情形如下。

① 因犯有贪污贿赂、渎职、侵犯财产罪或者破坏社会主义市场经济秩序罪，被判处刑罚的；

② 对所任职的公司、企业因经营不善破产清算或者因违法被吊销营业执照负有个人责任的董事、监事、厂长、高级管理人员，自该公司、企业破产清算终结或者被吊销营业执照之日起未逾5年的；

③ 个人所负债务数额较大，到期未清偿的；

④ 因违法行为被开除的基金管理人、基金托管人、证券交易所、证券公司、证券登记结算机构、期货交易所、期货公司及其他机构的从业人员和国家机关工作人员；

⑤ 因违法行为被吊销执业证书或者被取消资格的律师、注册会计师和资产评估机构、验证机构的从业人员、投资咨询从业人员；

⑥ 法律、行政法规规定不得从事基金业务的其他人员。

（7）基金管理人的从业人员应当遵守法律、法规，恪守职业道德和行为规范。在从业活动中有违法违规、违背诚信行为的人员，禁止进入公开募集基金行业担任基金管理人的从业人员。

2. 基金管理人从业人员的兼任和竞业禁止

（1）基于基金从业人员不得兼任不相容职务、竞业禁止和防止利益冲突的规则。公开募集基金的基金管理人的董事、监事、高级管理人员和其他从业人员，不得担任基金托管人或者其他基金管理人的任何职务，不得从事损害基金财产和基金份额持有人利益的证券交易及其他活动。

高级管理人员、基金管理公司基金经理应当维护所管理基金的合法利益，在基金份额持有人的利益与基金管理公司、基金托管银行的利益发生冲突时，应当坚持基金份额持有人利益优先的原则；不得从事或者配合他人从事损害基金份额持有人利益的活动。

（2）基金管理人的法定代表人、经营管理主要负责人和从事合规监管的负责人的选任或者改任，应当报经中国证监会进行审核。

（三）对基金管理人及其从业人员执业行为的监管

1. 基金管理人的法定职责和禁止行为

《证券投资基金法》既规定了公开募集基金的基金管理人应当履行相应的职责，同时又规定了基金管理人及其董事、监事、高级管理人员和其他从业人员禁止的行为，其具体内容如表4-8所示。

表 4-8 基金管理人的法定职责和禁止行为

项目	内容
职责	（1）依法募集资金，办理基金份额的发售和登记事宜 （2）办理基金备案手续 （3）对所管理的不同基金财产分别管理、分别记账，进行证券投资 （4）按照基金合同的约定确定基金收益分配方案，及时向基金份额持有人分配收益 （5）进行基金会计核算并编制基金财务会计报告 （6）编制中期和年度基金报告 （7）计算并公告基金资产净值，确定基金份额申购、赎回价格 （8）办理与基金财产管理业务活动有关的信息披露事项 （9）按照规定召集基金份额持有人大会 （10）保存基金财产管理业务活动的记录、账册、报表和其他相关资料 （11）以基金管理人名义，代表基金份额持有人利益行使诉讼权利或者实施其他法律行为 （12）中国证监会规定的其他职责
禁止行为	（1）将其固有财产或者他人财产混同于基金财产从事证券投资 （2）不公平地对待其管理的不同基金财产 （3）利用基金财产或者职务之便为基金份额持有人以外的人牟取利益 （4）向基金份额持有人违规承诺收益或者承担损失 （5）侵占、挪用基金财产 （6）泄露因职务便利获取的未公开信息，利用该信息从事或者明示、暗示他人从事相关的交易活动 （7）玩忽职守，不按照规定履行职责 （8）法律、行政法规和中国证监会规定禁止的其他行为

2. 基金管理人的从业人员证券投资的限制

为了防止基金管理人的从业人员与基金份额持有人产生利益冲突，法律法规限制了某些行为。允许基金从业人员投资股票、债权、封闭式基金、可转债等证券；同时又要求相关人员进行事先申报，披露其投资行为，接受各方面的监督。公开募集基金的基金管理人应当建立董事、监事、高级管理人员和其他从业人员进行证券投资的申报、登记、审查、处置等管理制度，报证监会备案。

名师点拨 依据法律的规定，基金管理人的董事、监事、高级管理人员和其他从业人员，其本人、配偶、利害关系人进行证券投资时，应当事先向基金管理人申报，并不得与基金份额持有人发生利益冲突。

（四）对基金管理人内部治理的监管

1. 基金份额持有人利益优先原则

基金份额持有人利益优先原则是基金管理人内部治理的法定基本原则。当基金管理人及其从业人员的利益与基金份额持有人利益发生冲突时，应以基金份额持有人利益优先。

2. 对基金管理人内部治理结构的监管

（1）良好的内部治理结构是保证公开募集基金稳健运行，保护基金份额持有人利益的必要条件。

（2）《证券投资基金法》的规定，公开募集基金的基金管理人应当建立良好的内部治理结构。明确股东会、董事会、监事会和高级管理人员的职责权限，确保基金管理人独立运作。

（3）建立良好的内部治理结构的基本途径是明确股东会、董事会、监事会和高级管理人员的职责权限，建立长效的激励和约束机制，完善监督和内控机制，确保基金管理人合法合规地行使职权，审慎高效地运作基金，维护基金份额持有人的利益。

3. 对基金管理人的股东、实际控制人的监管

基金管理人的股东、实际控制人应当按照中国证监会的规定及时履行重大事项报告义务，且不得有如下行为。

（1）虚假出资或者抽逃出资。

（2）未依法经股东会或者董事会决议擅自干预基金管理人的基金经营活动。

（3）要求基金管理人利用基金财产为自己或者他人牟取利益，损害基金份额持有人利益。

（4）中国证监会规定禁止的其他行为。

基金管理人的股东、实际控制人有上述行为或者股东不再符合法定条件的，中国证监会应当责令其限期改正，并可视情节责令其转让所持有或者控制的基金管理人的股权。上述股东、实际控制人按照要求改正违法行为、转让所持有或者控制的基金管理人的股权前，中国证监会可以限制有关股东行使股东权利。

根据《国务院关于管理公开募集基金的基金管理公司有关问题的批复》，不得成为基金管理公司实际控制人的情形有如下几种。

（1）因故意犯罪被判处刑罚，刑罚执行完毕未逾3年。

（2）净资产低于实收资本的50%，或者或有负债达到净资产的50%。

（3）不能清偿到期债务。

【例题2】基金管理人的股东、实际控制人有不合规定的行为或者股东不再符合法定条件的，中国证监会不可以采取的措施是（　　）。

A．令其限期改正

B．可视情节责令其转让所持有或者控制的基金管理人的股权

C．没收其持有或者控制的基金管理人的股权

D．限制有关股东行使股东权利

【解析】本题考查基金管理人的内部治理。按照规定，出现上述情况，基金管理人的股东、实际控制人可能被令其限期改正、责令转让股权。在此之前，证监会还可以限制有关股东行使股东权利。依照法律证监会并没有权力没收其股权。

【答案】C

4. 风险准备金制度

根据《证券投资基金法》，公开募集基金的基金管理人应当从管理基金的报酬中计提风险准备金。公开募集基金的基金管理人因违法违规、违反基金合同等原因给基金财产或者基金份额持有人合法权益造成损失，应当依法承担赔偿责任的，可以优先使用风险准备金进行赔偿。

知识拓展　2013年证监会发布的《公开募集证券投资基金风险准备金监督管理暂行办法》对于风险准备金的提取、管理、使用、投资运作以及监督管理有更为具体的规定。

（五）中国证监会对基金管理人的监管措施

1. 对基金管理人违法违规行为的监管措施

对于公募基金管理人的内部治理结构、稽核监控和风险控制管理不符合规定的情形，尚未造成重大风险的，中国证监会主要采取责令限期改正、限制令、责令更换有关人员等强令整改的监管措施。

根据《证券投资基金法》，公开募集基金的基金管理人违法违规，或者其内部治理结构、稽核监控和风险控制管理不符合规定的，中国证监会应当责令其限期改正；逾期未改正，或者其行为严重危及该基金管理人的稳健运行、损害基金份额持有人合法权益的，中国证监会可以视具体情形，可对其采取的措施有：

（1）限制业务活动，责令暂停部分或者全部业务；

（2）限制分配红利，限制向董事、监事、高级管理人员支付报酬、提供福利；

（3）限制转让固有财产或者在固有财产上设定其他权利；

（4）责令更换董事、监事、高级管理人员或者限制其权利；

（5）责令有关股东转让股权或者限制有关股东行使股东权利。

> **名师点拨** 基金管理人在整改后，应当向证监会提交报告。经中国证监会验收，符合相关要求的，应当自验收完毕之日起3日内解除对其采取的有关措施。

2. 对基金管理人出现重大风险的监管措施

公募基金管理人的重大违法违规行为可能导致重大风险或者已经出现重大风险的，中国证监会可以采取更严厉的监管措施，如限制令、整顿、托管、接管等，处置风险，以防止危害进一步扩大，并依法处罚相关机构和人员。

依据《证券投资基金法》的规定，公开募集基金的基金管理人的董事、监事、高级管理人员未能勤勉尽责，导致基金管理人存在重大违法违规行为或者重大风险的，证监会可以责令更换。

公开募集基金的基金管理人违法经营或者出现重大风险，严重危害证券市场秩序、损害基金份额持有人利益的，中国证监会可以对该基金管理人采取责令停业整顿、指定其他机构托管、接管、取消基金管理资格或者撤销等监管措施。

在公开募集基金的基金管理人被责令停业整顿、被依法指定托管、接管或者清算期间，或者出现重大风险时，经中国证监会批准，可以对该基金管理人直接负责的董事、监事、高级管理人员和其他直接责任人员采取下列措施：（1）通知出境管理机关依法阻止其出境；（2）申请司法机关禁止其转移、转让或者以其他方式处分财产，或者在财产上设定其他权利。

> **名师点拨** 注意区别对基金管理人的董事、监事、高级管理人员的不同监管措施。

3. 对基金管理人职责终止的监管措施

根据《证券投资基金法》，公募基金管理人职责终止的事由有：

（1）被依法取消基金管理资格；

（2）被基金份额持有人大会解任；

（3）依法解散、被依法撤销或者被依法宣告破产；

（4）基金合同约定的其他情形。

对基金管理人职责终止的监管措施如下。

（1）基金管理人职责终止后，如果基金合同不终止，则应当选任新的基金管理人。办理选任新的基金管理人以及基金管理业务的移交时，须审计基金财产。

（2）基金管理人职责终止的，基金份额持有人大会应当在6个月内选任新基金管理人；新基金管理人产生前，由证监会指定临时基金管理人。原基金管理人应当妥善保管基金管理业务资料。临时管理人或者选任的基金管理人产生后，原基金管理人应当及时办理相关交接手续。

（3）基金管理人职责终止的，应按照规定聘请会计师事务所审计基金财产，公告审计结果，并报中国证监会备案。

【例题3】对基金管理人职责终止的监管措施，不正确的是（　　）。

A. 基金管理人职责终止后，如果基金合同不终止，则应当选任新的基金管理人

B. 新基金管理人产生前，由证监会指定临时基金管理人

C. 在临时管理人或者选任的基金管理人产生前，中国证监会应当担负妥善保管基金管理业务资料的责任

D. 基金管理人职责终止的，应按照规定聘请会计师事务所审计基金财产，公告审计结果，并报中国证监会备案

【解析】本题考查基金管理人职责终止的监管措施。按照规定，在临时管理人或者选任的基金管理人产生前，原基金管理人应当妥善保管基金管理业务资料。而非中国证监会。

【答案】C

二、对基金托管人的监管（★★★）

（一）基金托管人的市场准入监管

1. 基金托管人资格的审核

（1）基金托管人可由依法设立的商业银行或者其他金融机构担任。

（2）商业银行担任基金托管人，须由中国证监会会同中国银监会核准；其他金融机构担任基金托管人，由中国证监会核准。

2. 担任基金托管人的条件

担任基金托管人，应当具备以下条件：

（1）净资产和风险控制指标符合有关规定；

（2）设有专门的基金托管部门；

（3）取得基金从业资格的专职人员达到法定人数；

（4）有安全保管基金财产的条件；

（5）有安全高效的清算、交割系统；

（6）有符合要求的营业场所、安全防范设施和与基金托管业务有关的其他设施；

（7）有完善的内部稽核监控制度和风险控制制度；

（8）法律、行政法规规定的和经国务院批准的中国证监会、中国银监会规定的其他条件。

为保证基金托管人对基金管理人的有效监督，基金托管人与基金管理人不得为同一机构，且不得相互出资或者持有股份。

基金托管部门的高级管理人员和其他从业人员任职资格以及兼任和竞业禁止的要求，适用法律法规对基金管理人相关人员的规定。

（二）对基金托管人业务行为的监管

1. 基金托管人的职责

依据《证券投资基金法》的规定，基金托管人应履行以下职责：

（1）安全保管基金财产；

（2）按照规定开设基金财产的资金账户和证券账户；

（3）对所托管的不同基金财产分别设置账户，确保基金财产的完整与独立；

（4）保存基金托管业务活动的记录、账册、报表和其他相关资料；

（5）按照基金合同的约定，根据基金管理人的投资指令，及时办理清算、交割事宜；

（6）办理与基金托管业务活动有关的信息披露事项；

（7）对基金财务会计报告、中期和年度基金报告出具意见；

（8）复核、审查基金管理人计算的基金资产净值和基金份额申购、赎回价格；

（9）按照规定召集基金份额持有人大会；

（10）按照规定监督基金管理人的投资运作；

（11）中国证监会规定的其他职责。

法律法规中，有关公开募集基金的基金管理人及其从业人员的执业禁止行为，也同样适用于基金托管人。

2. 基金托管人的监督义务

（1）基金托管人如果发现基金管理人的投资指令违反法律、法规和相关规定，或者

违反基金合同约定的,应当拒绝执行,立即通知基金管理人,并及时报告中国证监会。

(2)基金托管人如果发现基金管理人依据程序已经生效的投资指令违反法律、法规和相关规定,或者违反基金合同约定的,应立即通知基金管理人,并及时报告中国证监会。

(三)中国证监会对基金托管人的监管措施

中国证监会对基金托管人的监管包括责令整改、取消托管资格、对基金托管人职责终止等措施,具体内容如表4-9所示。

表4-9 对基金托管人的监管措施

项目	内容
责令整改	(1)根据《证券投资基金法》,如果基金托管人不再具备法定条件,或者未能勤勉尽责,在履行职责时存在重大失误,中国证监会、中国银监会应当责令其进行改正 (2)如逾期未改正,或者其行为严重影响所托管基金的稳健运行、损害基金份额持有人利益,证监会、银监会可以视具体情形,采取以下措施: ①限制业务活动,责令暂停办理新的基金托管业务 ②责令更换负有责任的专门基金托管部门的高级管理人员 【名师点拨】基金托管人在整改后,应向证监会、银监会提交报告;经过验收合格的,应自验收完毕之日起3日内解除对其采取的相关措施
取消托管资格	中国证监会、中国银监会对有下列情形之一的基金托管人,可以取消其基金托管资格: (1)连续3年没有开展基金托管业务的 (2)违反本法规定,情节严重的 (3)法律、行政法规规定的其他情形
基金托管人职责终止	依据《证券投资基金法》的规定,有下列情形之一的,基金托管人职责终止: (1)被依法取消基金托管资格 (2)被基金份额持有人大会解任 (3)依法解散、被依法撤销或者被依法宣告破产 (4)基金合同约定的其他情形 基金托管人职责终止的措施: (1)对于终止基金托管人职责的,基金份额持有人大会应当在6个月内选任新基金托管人 (2)新基金托管人产生前,由中国证监会指定临时基金托管人 (3)基金托管人职责终止的,应当妥善保管基金财产和基金托管业务资料,及时办理基金财产和基金托管业务的移交手续,新基金托管人或者临时基金托管人应当及时接收 (4)基金托管人职责终止的,应当按照规定聘请会计师事务所对基金财产进行审计,并将审计结果予以公告,同时报中国证监会备案

三、对基金服务机构的监管(★★★)

对基金服务机构的监管包括业务资格监管和业务行为监管。

(一)基金服务机构的注册或者备案

根据《证券投资基金法》,从事公开募集基金的销售、销售支付、份额登记、投资顾问、估值、评价、信息技术系统服务等基金服务业务的机构,应该按照证监会的规定进行注册或者备案。

1. 基金销售机构

基金销售是指宣传推介、基金份额发售或者基金份额的申购、赎回的活动。

2. 基金销售机构需要的基础条件

(1)开立专门账户收取投资人购买基金份额的款项。

（2）具有相应的技术设备办理申购和赎回业务。

（3）具有相应专业素质的销售人员为投资人提供咨询服务。

3. 基金销售机构资格

（1）依据《证券投资基金销售管理办法》，基金管理人可以办理其募集的基金产品的销售业务。

（2）商业银行、证券公司、保险公司、期货公司、证券投资咨询机构、独立基金销售机构、保险代理公司、保险经纪公司符合一定条件，均可向中国证监会申请注册为基金销售机构。

4. 申请注册基金销售业务资格的条件

在我国，申请注册基金销售业务资格应具体下列条件。

（1）具有健全的治理结构、完善的内部控制和风险管理制度，并得到有效执行；

（2）财务状况良好，运作规范稳定；

（3）有与基金销售业务相适应的营业场所、安全防范设施和其他设施；

（4）有安全、高效的办理基金发售、申购和赎回等业务的技术设施，且符合中国证监会对基金销售业务信息管理平台的有关要求，基金销售业务的技术系统已与基金管理人、中国证券登记结算公司相应的技术系统进行了联网测试，测试结果符合国家规定的标准；

（5）制定了完善的资金清算流程，资金管理符合中国证监会对基金销售结算资金管理的有关要求；

（6）有评价基金投资人风险承受能力和基金产品风险等级的方法体系；

（7）制定了完善的业务流程、销售人员执业操守、应急处理措施等基金销售业务管理制度，符合中国证监会对基金销售机构内部控制的有关要求；

（8）有符合法律法规要求的反洗钱内部控制制度；

（9）中国证监会规定的其他条件。

根据证监会的规定，其他基金服务机构均须进行注册或者备案。

基金销售支付机构须是具有基金销售业务资格的商业银行或者取得中国人民银行颁发的《支付业务许可证》的非金融支付机构。该机构应当具备安全高效的支付结算信息系统等条件。基金销售支付机构应根据规定向证监会备案。

中国证监会对公开募集基金的基金份额登记机构、基金估值核算机构实行注册管理；对于基金投资顾问机构、基金评价机构、基金信息技术系统服务机构实行备案管理。

> **名师点拨** 基金销售机构、基金份额登记机构、基金估值核算机构需要向证监会注册，其他服务机构只需要备案。

（二）基金服务机构的法定义务

根据《证券投资基金法》的规定，基金销售机构、基金销售支付机构、基金份额登记机构、基金投资顾问机构及其从业人员、基金评价机构及其从业人员等基金服务机构的法定义务如表4-10所示。

【例题】基金份额登记机构妥善保存登记数据，其保存期限自基金账户销户之日起不得少于（　　）年。

A. 5
B. 10
C. 15
D. 20

【解析】本题考查基金份额登记机构的法定义务。按照《证券投资基金法》的规定，基金份额登记机构妥善保存登记数据，并将基金份额持有人名称、身份信息及基金份额明细等数据备份至证监会认定的机构。其保存期限自基金账户销户之日起不得少于20年。

【答案】D

表 4-10 主要基金服务机构的法定义务

基金服务机构	法定义务	
基金销售机构	（1）向投资人充分揭示投资风险 （2）根据投资人的风险承担能力销售不同风险等级的基金产品	（1）确保基金销售结算资金、基金份额的安全、独立 （2）禁止任何单位或者个人以任何形式挪用基金销售结算资金、基金份额
基金销售支付机构	（1）按照规定办理基金销售结算资金的划付 （2）确保基金销售结算资金安全、及时划付	⬆ （1）勤勉尽责、恪尽职守 （2）建立应急等风险管理制度和灾难备份系统 （3）不得泄露与基金份额持有人、基金投资运作相关的非公开信息
基金份额登记机构	（1）妥善保存登记数据，并将基金份额持有人名称、身份信息及基金份额明细等数据备份至证监会认定的机构。其保存期限自基金账户销户之日起不得少于20年 （2）基金份额登记机构应当保证登记数据的真实、准确、完整，不得隐匿、伪造、篡改或者毁损	
基金投资顾问机构及其从业人员	（1）提供基金投资顾问服务，应当具有合理的依据 （2）对其服务能力和经营业绩进行如实陈述 （3）不得以任何方式承诺或者保证投资收益 （4）不得损害服务对象的合法权益	
基金评价机构及其从业人员	（1）客观公正，按照依法制定的业务规则开展基金评价业务 （2）禁止误导投资人，防范可能发生的利益冲突	
律师事务所、会计师事务所	（1）接受管理人、托管人的委托，为有关基金业务活动出具法律意见书、审计报告、内部控制评价报告等文件，应当勤勉尽责，对所依据的文件资料内容的真实性、准确性、完整性进行核查和验证 （2）制作、出具的文件有虚假记载、误导性陈述或者重大遗漏，给他人财产造成损失的，应当与委托人承担连带赔偿责任	

第四节 对基金活动的监管

考情分析：基金活动较为宽泛，监管存在一定的困难。其中，基金的注册、销售、投资、交易、信息披露是进行基金监管的重点。基金份额持有人和持有人大会行使有关职权也是发挥监管的重要方面。本节内容是历届考试的重中之重，出现的考题不少于4道。

学习建议：本节的考查点较多，理解难度不大，容易出组合型选择题。在学习时要注意含有数字的知识点，通过多做练习加深记忆。

一、对基金公开募集的监管（★★★）

（一）公开募集基金的注册

1. 注册制度

（1）根据《证券投资基金法》，公开募集基金应当经中国证监会注册。

（2）未经注册，不得公开或者变相公开募集基金。

（3）公开募集基金应当由基金管理人管理，基金托管人托管。

> **名师点拨** ①对于公开募集基金，监管机构不再进行实质性审核，只进行合规性审查。②公开募集基金，包括向不特定对象募集资金、向特定对象募集资金累计超过200人，以及法律、行政法规规定的其他情形。

2. 基金注册的申请

注册公开募集基金，由拟任基金管理人向中国证监会提交有关申请。基金的注册文件、基金合同和招募说明书应包括的内容如表4-11所示。

表 4-11 基金注册

项目	内容
注册应提交的文件	（1）申请报告 （2）基金合同草案 （3）基金托管协议草案 （4）招募说明书草案 （5）律师事务所出具的法律意见书 （6）中国证监会规定提交的其他文件
基金合同的内容	（1）募集基金的目的和基金名称 （2）基金管理人、基金托管人的名称和住所 （3）基金的运作方式 （4）封闭式基金的基金份额总额和基金合同期限，或者开放式基金的最低募集份额总额 （5）确定基金份额发售日期、价格和费用的原则 （6）基金份额持有人、基金管理人和基金托管人的权利、义务 （7）基金份额持有人大会召集、议事及表决的程序和规则 （8）基金份额发售、交易、申购、赎回的程序、时间、地点、费用计算方式，以及给付赎回款项的时间和方式 （9）基金收益分配原则、执行方式 （10）基金管理人、基金托管人报酬的提取、支付方式与比例 （11）与基金财产管理、运用有关的其他费用的提取、支付方式 （12）基金财产的投资方向和投资限制 （13）基金资产净值的计算方法和公告方式 （14）基金募集未达到法定要求的处理方式 （15）基金合同解除和终止的事由、程序以及基金财产清算方式 （16）争议解决方式 （17）当事人约定的其他事项
基金招募说明书的内容	（1）基金募集申请的准予注册文件名称和注册日期 （2）基金管理人、基金托管人的基本情况 （3）基金合同和基金托管协议的内容摘要 （4）基金份额的发售日期、价格、费用和期限 （5）基金份额的发售方式、发售机构及登记机构名称 （6）出具法律意见书的律师事务所和审计基金财产的会计师事务所的名称和住所 （7）基金管理人、基金托管人报酬及其他有关费用的提取、支付方式与比例 （8）风险警示内容 （9）中国证监会规定的其他内容

【例题1】公开募集基金的基金合同，其内容不包括（　　）。
　　A．募集基金的目的和基金名称
　　B．基金的运作方式
　　C．基金管理人、基金托管人的名称和住所
　　D．基金的内幕资料

【解析】本题考查公募基金合同的必备内容。按照《证券投资基金法》的规定，基金合同的内容包括，募集基金的目的和基金名称、基金管理人、基金托管人的名称和住所、基金的运作方式等共17项（见上表），但基金的内幕资料不包括在合同中。
【答案】D

3. 基金注册的审查

中国证监会自受理公开募集基金的募集注册申请之日起 6 个月内，应当依照法律、行政法规和证监会的规定进行审查，作出注册或者不予注册的决定，并通知申请人；对于不予注册的，应当说明理由。

（二）公开募集基金的发售

根据《证券投资基金法》和证监会的相关规定，公开募集基金的发售条件、募集期限、基金备案的规定和募集基金失败时基金管理人的责任如表 4-12 所示。

表 4-12　公开募集基金的发售

项目	内容
基金的发售条件	（1）基金募集申请经注册后，方可发售基金份额 （2）基金份额的发售，由基金管理人或者其委托的基金销售机构办理 （3）基金管理人应当在基金份额发售的 3 日前公布招募说明书、基金合同及其他有关文件。这些文件应当真实、准确、完整 （4）对基金募集所进行的宣传推介活动，应当符合有关法律、行政法规的规定，不得有虚假记载、误导性陈述或者重大遗漏等法律规定的公开披露基金信息禁止行为
基金的募集期限	（1）自收到准予注册文件之日起 6 个月内，基金管理人应当进行基金募集 （2）超过 6 个月开始募集，原注册的事项未发生实质性变化的，应报证监会备案；发生实质性变化的，应向证监会重新提交注册申请 （3）基金的募集不得超过证监会准予的募集期限 【名师点拨】基金募集期限自基金份额发售之日起计算
基金的备案	（1）基金募集期限届满，封闭式基金募集的基金份额总额达到准予注册规模的 80% 以上，开放式基金募集的基金份额总额超过准予注册的最低募集份额总额，并且基金份额持有人人数符合中国证监会的规定 （2）基金管理人应当自募集期限届满之日起 10 日内聘请法定验资机构验资，自收到验资报告之日起 10 日内，向中国证监会提交验资报告，办理基金备案手续，并予以公告 （3）基金募集期间募集的资金应当存入专门账户，在基金募集行为结束前，任何人不得动用
募集基金失败时基金管理人的责任	（1）以其固有财产承担因募集行为而产生的债务和费用 （2）在基金募集期限届满后 30 日内返还投资人已交纳的款项，并加计银行同期存款利息 【知识拓展】投资人交纳认购的基金份额的款项时，基金合同成立。基金管理人应依法向证监会办理基金备案手续，基金合同生效。基金募集期限届满，不能满足法律规定的条件，无法办理基金备案手续，基金合同不生效，即基金募集失败

【例题 2】根据《证券投资基金法》的规定，基金管理人应当自募集期限届满之日起（　　）日内聘请法定验资机构验资，自收到验资报告之日起（　　）日内，向中国证监会提交验资报告，办理基金备案手续。
A. 10，10
B. 10，15
C. 15，10

D. 15，15

【解析】本题考查基金的备案要求。按照规定，基金管理人应当自募集期限届满之日起 10 日内聘请法定验资机构验资，自收到验资报告之日起 10 日内，向中国证监会提交验资报告，办理基金备案手续。

【答案】A

【例题3】如果基金募集期限届满后不能成立，基金管理人要在募集期限届满后（　　）日内返还投资者已交纳的款项，并加计银行同期存款利息。

A. 7　　　　B. 10

C. 15　　　D. 30

【解析】本题考查募集基金失败时基金管理人的责任。按照规定，在基金募集期限届满后30日内返还投资人已交纳的款项，并加计银行同期存款利息。

【答案】D

二、对公开募集基金销售活动的监管（★★★）

2013年证监会发布《证券投资基金销售管理办法》，对于基金销售机构的条件和资格、基金销售支付结算、宣传推介材料、销售费用、销售业务规范等作出具体规定。

（一）基金销售适用性监管

根据规定，基金销售机构在销售基金和相关产品的过程中，应当坚持投资人利益优先原则。应根据投资人的风险承受能力销售不同的产品，将合适的产品销售给合适的基金投资人。基金销售机构建立销售适用性管理制度，至少应包括：

（1）对基金管理人进行审慎调查的方式和方法；

（2）对基金产品的风险等级进行设置、对基金产品进行风险评价的方式和方法；

（3）对基金投资人风险承受能力进行调查和评价的方式和方法；

（4）对基金产品和基金投资人进行匹配的方法。

基金产品的风险评价方法和说明应当向基金投资人公开，保障其合法权益。

在办理基金销售业务时，销售机构应当根据反洗钱法规识别客户身份，核对客户的有效身份信息。如果委托其他机构进行客户身份识别，应当通过合同、协议或者其他书面文件，明确双方在客户身份识别、资料和交易记录保存与信息交换、大额交易和可疑交易报告等方面的反洗钱职责及程序。

【例题1】下列关于基金销售适用性管理制度的内容，说法不正确的是（　　）。

A. 对基金托管人进行审慎调查的方式和方法

B. 对基金产品的风险等级进行设置、对基金产品进行风险评价的方式和方法

C. 对基金投资人风险承受能力进行调查和评价的方式和方法

D. 基金产品和基金投资人进行匹配的方法

【解析】本题考查基金销售适用性监管。按照基金销售适用性监管，应该对基金管理人进行审慎调查的方式和方法，而不是对基金托管人。

【答案】A

（二）对基金宣传推介材料的监管

基金宣传推介材料是为推介基金而向公众分发或者公布，使公众可以普遍获得的书面、电子或者其他介质的信息，具体包括：

（1）公开出版资料；

（2）宣传单、手册、信函、传真、非指定信息披露媒体上刊发的与基金销售相关的公告等面向公众的宣传资料；

（3）海报、户外广告；

（4）电视、广播、电影、互联网资料、公共网站链接广告、短信及其他音像、通信资料；

（5）中国证监会规定的其他材料。

基金宣传推介材料应当充分揭示投资风险，保证其内容的合规性，并确保向公众分发、公布的材料与备案的材料一致。

根据《证券投资基金销售管理办法》，对基金宣传推介材料的监管的具体措施如下。

（1）基金管理人发出的基金宣传推介材料，应事先经过基金管理人负责基金销售业务的高级管理人员和督察长检查，出具合规意见书。向公众分发或者发布之日起5个工作日内，报主要经营活动所在地中国证监会派出机构备案。

（2）其他基金销售机构的基金宣传推介材料，应事先经过基金销售机构负责基金销售业务和合规的高级管理人员检查，出具合规意见书，并自向公众分发或者发布之日起5个工作日内报工商注册登记所在地中国证监会派出机构备案。

基金宣传推介材料必须真实、准确，与基金合同、基金招募说明书相符，不得出现下列情形。

（1）虚假记载、误导性陈述或者重大遗漏；

（2）预测基金的证券投资业绩；

（3）违规承诺收益或者承担损失；

（4）诋毁其他基金管理人、基金托管人或者基金销售机构，或者其他基金管理人募集或者管理的基金；

（5）夸大或者片面宣传基金，违规使用安全、保证、承诺、保险、避险、有保障、高收益、无风险等可能使投资人认为没有风险的或者片面强调集中营销时间限制的表述；

（6）登载单位或者个人的推荐性文字；

（7）中国证监会规定的其他情形。

基金宣传推介材料应当有明确、醒目的风险提示和警示性文字，提示投资人仔细阅读基金合同和基金招募说明书，注意投资风险，了解基金的具体情况。

【例题2】基金管理人发出的基金宣传推介材料，向监管机构备案的时间应该在分发或发布之日的（　　）个工作日内。
A．5
B．7
C．10
D．15

【解析】本题考查基金宣传推介材料的监管要求。按照规定，向公众分发或者发布之日起5个工作日内，报主要经营活动所在地中国证监会派出机构备案。

【答案】A

（三）对基金销售费用的监管

基金管理人应当在基金合同、招募说明书或公告中载明收取销售费用的项目、条件和方式，以及载明费率标准及费用计算方法。

（1）基金销售机构可以按照基金合同和招募说明书的约定向投资人收取认购费、申购费、赎回费、转换费和销售服务费等费用。

（2）基金销售机构为基金投资人提供增值服务的，可以向基金投资人收取增值服务费。

增值服务是指基金销售机构向投资人提供的除法定或者基金合同、招募说明书约定服务以外的附加服务。

基金销售机构收取增值服务费时应当符合下列条件：

① 遵循合理、公开、质价相符的定价原则；

② 所有开办增值服务的营业网点应当公示增值服务的内容；

③ 统一印制服务协议，明确增值服务的内容、方式、收费标准、期限及纠纷解决机制等；

④ 基金投资人应当享有自主选择增值服务的权利，选择接受增值服务的基金投资人应当在服务协议上签字确认；

⑤ 增值服务费应当单独缴纳，不应从申购（认购）资金中扣除；

⑥ 提供增值服务和签订服务协议的主体应当是基金销售机构，任何销售人员不得私自收取增值服务费；

⑦ 相关监管机构规定的其他情形。

 提供增值服务并收取增值服务费的基金销售机构，应将统一印制的服务协议，并向中国证监会备案。

（3）根据基金销售机构销售基金的保有量，基金管理人与基金销售机构可以在基金销售协议中约定提取一定比例的客户维护费，以支付客户服务及销售活动中产生的相关费用。

 基金销售机构收取的所有费用，应符合证监会的有关规定。

【例题3】对公开募集基金销售活动的监管内容，不包括（　　）。
A. 基金销售适用性监管
B. 基金销售合法性监管
C. 对基金宣传推介材料的监管
D. 对基金销售费用的监管

【解析】本题考查对公开募集基金销售活动的监管。对公开募集基金销售活动的监管的相关内容包括基金销售适用性监管、对基金宣传推介材料的监管、对基金销售费用的监管，不包括基金销售合法性监管。因此，本题答案为选项B。

【答案】B

三、对公开募集基金投资与交易的监管（★★★）

（一）基金的投资方式和范围

1. 基金的投资方式

（1）基金管理人运用基金财产进行证券投资，除证监会另有规定外，应当采用资产组合的方式。

（2）具体的资产组合方式和投资比例，依照法律法规在基金合同中约定。

（3）资产组合投资是分散投资风险、保持基金财产适当流动性和收益稳定性的重要手段。

2. 基金的投资范围

基金财产应投资于：

（1）上市交易的股票、债券；

（2）中国证监会规定的其他证券及其衍生品种。

（二）基金的投资与交易行为的限制

根据《证券投资基金法》，基金财产不得用于下述范围。

（1）承销证券；

（2）违反规定向他人贷款或者提供担保；

（3）从事承担无限责任的投资；

（4）买卖其他基金份额，但是中国证监会另有规定的除外；

（5）向基金管理人、基金托管人出资；

（6）从事内幕交易、操纵证券交易价格及其他不正当的证券交易活动；

（7）法律、行政法规和中国证监会规定禁止的其他活动。

运用基金财产时，应当防范利益冲突，遵循基金份额持有人利益优先的原则，符合法律法规，履行信息披露义务。

 2013年修改的《证券投资基金法》放松了对基金关联交易的限制，但明确了关联交易信息披露的责任和范围。

四、对公开募集基金信息披露的监管（★★★）

（一）基金信息披露的基本要求

（1）基金管理人、基金托管人和其他基金信息披露义务人应依法披露基金信息，保证信息的真实性、准确性和完整性。

（2）在证监会规定时间内披露相关信息，并保证投资人能按照约定的时间和方式查阅或者复制公开披露的信息资料。

（二）基金信息披露的内容和禁止的行为

基金信息披露的内容和禁止的行为如表4-13所示。

表4-13 基金信息披露和禁止行为

项目	内容
基金信息披露的内容	（1）基金招募说明书、基金合同、基金托管协议 （2）基金募集情况 （3）基金份额上市交易公告书 （4）基金资产净值、基金份额净值 （5）基金份额申购、赎回价格 （6）基金财产的资产组合季度报告、财务会计报告及中期和年度基金报告 （7）临时报告 （8）基金份额持有人大会决议 （9）基金管理人、基金托管人的专门基金托管部门的重大人事变动 （10）涉及基金财产、基金管理业务、基金托管业务的诉讼或者仲裁 （11）中国证监会规定应予披露的其他信息
基金信息披露的禁止行为	（1）虚假记载、误导性陈述或者重大遗漏 （2）对证券投资业绩进行预测 （3）违规承诺收益或者承担损失 （4）诋毁其他基金管理人、基金托管人或者基金销售机构 （5）法律、行政法规和中国证监会规定禁止的其他行为

五、基金份额持有人及持有人大会（★★★）

（一）基金份额持有人及持有人大会

1. 概述

（1）全体基金份额持有人组成基金份额持有人大会。

（2）基金份额持有人大会可设立的日常机构，由基金份额持有人大会选举产生的人员组成；其议事规则，由基金合同约定。

2. 权利和职权

《证券投资基金法》既规定了基金份额持有人享有一定的权利，同时也明确了基金份额持有人大会及日常机构的职权。其权利和职权的具体内容如表4-14所示。

表4-14 法定权利和职权

项目	内容
基金份额持有人的权利	（1）分享基金财产收益 （2）参与分配清算后的剩余基金财产 （3）依法转让或者申请赎回其持有的基金份额 （4）按照规定要求召开基金份额持有人大会或者召集基金份额持有人大会 （5）对基金份额持有人大会审议事项行使表决权 （6）对基金管理人、基金托管人、基金服务机构损害其合法权益的行为依法提起诉讼 （7）基金合同约定的其他权利 公开募集基金的基金份额持有人有权查阅或者复制公开披露的基金信息资料；非公开募集基金的基金份额持有人对涉及自身利益的情况，有权查阅基金的财务会计账簿等财务资料

续表

项目	内容
基金份额持有人大会的职权	(1) 决定基金扩募或者延长基金合同期限 (2) 决定修改基金合同的重要内容或者提前终止基金合同 (3) 决定更换基金管理人、基金托管人 (4) 决定调整基金管理人、基金托管人的报酬标准 (5) 基金合同约定的其他职权
基金份额持有人大会日常机构的职权	(1) 召集基金份额持有人大会 (2) 提请更换基金管理人、基金托管人 (3) 监督基金管理人的投资运作、基金托管人的托管活动 (4) 提请调整基金管理人、基金托管人的报酬标准 (5) 基金合同约定的其他职权

名师点拨 基金份额持有人大会及其日常机构不得直接参与或者干涉基金的投资管理活动。另外,一定要注意"基金份额持有人大会"是一个权力机构,具有很大的权力,而"基金份额持有人"则是指个人,不具有什么职权。

【例题1】下列关于基金份额持有人的权利,说法不正确的是( )。

A. 分享基金财产收益

B. 参与分配清算后的剩余基金财产

C. 按照规定要求召开基金份额持有人大会或者召集基金份额持有人大会

D. 对基金份额持有人大会审议事项行使监督权

【解析】本题考查基金份额持有人的权利。按照《证券投资基金法》的规定,基金份额持有人的享有一定的权利(具体内容见表4-14所示的7项权利),其中,对基金份额持有人大会审议事项行使表决权,而不是行使监督权,所以D选项不正确。

【答案】D

(二) 公开募集基金的基金份额持有人权利行使

1. 基金份额持有人大会的召集

(1) 基金份额持有人大会设立日常机构的,由该日常机构召集;该日常机构未召集的,由基金管理人召集。

(2) 基金管理人未按规定召集或者不能召集的,由基金托管人召集。

(3) 日常机构、基金管理人、基金托管人都不召集的,代表基金份额10%以上的基金份额持有人有权自行召集,并报中国证监会备案。

(4) 召集人应当至少提前30日公告基金份额持有人大会的召开时间、会议形式、审议事项、议事程序和表决方式等事项。

(5) 基金份额持有人大会不得就未经公告的事项进行表决。

2. 基金份额持有人大会的召开

(1) 基金份额持有人大会可以采取现场方式召开,也可以采取通信等方式召开。

(2) 每一基金份额具有一票表决权,基金份额持有人可以委托代理人出席基金份额持有人大会并行使表决权。

(3) 基金份额持有人大会应当有代表1/2以上基金份额的持有人参加,方可召开。

(4) 参加基金份额持有人大会的持有人的基金份额低于前款规定比例的,召集人可以在原公告的基金份额持有人大会召开时间的3个月以后、6个月以内,就原定审议事项重新召集基金份额持有人大会。重新召集的基金份额持有人大会应当有代表1/3以上基金份额的持有人参加,方可召开。

【例题2】不可以召集基金份额持有人大会的是（　　）。
A．基金管理人
B．基金托管人
C．代表基金份额10%以上的基金份额持有人
D．基金监管部门

【解析】本题考查基金份额持有人大会的召集。按照《证券投资基金法》的规定，有关会议由基金管理人召集。其他条件下可以召集的人员还有基金份额持有人大会设立的日常机构、基金托管人或者代表基金份额10%以上的基金份额持有人。

【答案】D

3．基金份额持有人大会的决议规则

（1）基金份额持有人大会就审议事项做出决定，应当经参加大会的基金份额持有人所持表决权的1/2以上通过。

（2）转换基金的运作方式、更换基金管理人或者基金托管人、提前终止基金合同、与其他基金合并，应当经参加大会的基金份额持有人所持表决权的2/3以上通过。

（3）基金份额持有人大会决定的事项，应当依法报中国证监会备案，并予以公告。

第五节　对非公开募集基金的监管

考情分析：非公开募集基金具有一定的特殊性，在基金市场中是热门的发展方向，目前并没有针对性较强的监管法律。为了发挥市场活力，监管部门采取了区别于公募基金的监管方式。近年来本节的考题较少，在1道左右。

学习建议：本节的知识点不多，理解起来相对容易，可以系统化地归纳相关的限制条款，并对含有数字的内容深入记忆。

非公开募集基金，又称为私募基金，指在我国境内以非公开形式向投资者募集资金设立的投资基金。

与公开募集基金相比，私募基金不面向公众发行，客户人数较少、运作形式灵活，投资者具有较高的风险识别和承担能力，对其监管有别于公募基金。

证监会及其派出机构负责对私募基金市场实施统一监管，坚持适度监管、自律监管、底线监管的原则。对私募基金管理机构的设立和私募基金的发行不设行政审批。

一、非公开募集基金管理人登记事宜（★★★）

（1）非公开募集基金的基金管理人无须证监会审批，而实行登记制度。非公开募集基金的基金管理人只需向基金业协会登记即可。

（2）对非公开募集基金管理人的内部治理结构也没有强制性的监管要求，而是由基金业协会制定相关指引和准则，实行自律管理。

（3）非公开募集基金的基金管理人应按照规定向基金业协会履行登记手续，报送基本情况。未经登记，任何单位或个人不得使用"基金""基金管理"字样或者近似名称进行证券投资活动，但法律法规另有规定的除外。实行登记旨在防止滥用基金或者基金管理人的名义进行非法集资等违法活动。

社会保险基金和全国社会保障基金、依据《基金会管理条例》设立的公募基金和非公募基金以及各类政府性基金等，可依据相关法律法规的规定以"基金"名义进行投资运作。

（4）各类私募基金管理人应向基金业协会申请登记。通过私募基金登记备案系统，

如实填报基金管理人基本信息、高级管理人员及其他从业人员基本信息、股东或合伙人基本信息、管理基金基本信息。

（5）如果登记申请材料不完备或不符合规定，私募基金管理人应按照协会的要求及时补正。申请登记期间，登记事项发生重大变化，私募基金管理人应及时告知，并变更相关内容。

（6）基金业协会应在私募基金管理人登记材料齐备后的20个工作日内，通过网站公告私募基金管理人名单及其基本情况的方式，办结登记手续。网站公示的私募基金管理人基本情况包括管理人的名称、成立时间、登记时间、联系方式、住所、主要负责人等基本信息以及基本的诚信信息。

二、对非公开募集基金募集的监管（★★★）

对于非公开募集基金的监管重点集中在募集环节，主要体现在：确立合格投资者制度；禁止公开宣传推介；规范基金合同必备条款并强化违反监管规定的法律责任。

（一）对非公开募集基金募集对象的限制

（1）非公开募集基金应当向合格投资者募集，合格投资者累计不得超过200人。

（2）单只私募基金的投资者人数累计不得超过《证券投资基金法》《公司法》《合伙企业法》等法律规定的特定数量。如果投资者转让基金份额，受让人应当为合格投资者，且基金份额受让后投资者人数应当符合上述法规规定。

私募基金的合格投资者是指具备相应风险识别能力和风险承担能力，投资于单只私募基金的金额不低于100万元，且符合下列相关标准的单位和个人：

（1）净资产不低于1000万元的单位；

（2）金融资产不低于300万元或者最近3年个人年均收入不低于50万元的个人。

金融资产包括银行存款、股票、债券、基金份额、资产管理计划、银行理财产品、保险产品、信托计划、期货权益等。

下列投资者视为合格投资者。

（1）社会保障基金、企业年金等养老基金，慈善基金等社会公益基金；

（2）依法设立并在基金业协会备案的投资计划；

（3）投资于所管理私募基金的私募基金管理人及其从业人员；

（4）中国证监会规定的其他投资者。

以合伙企业、契约等非法人形式，通过汇集多数投资者的资金直接或者间接投资于私募基金的，私募基金管理人或者私募基金销售机构应当穿透核查最终投资者是否为合格投资者，并合并计算投资者人数。但符合以上第（1）（2）（4）项规定的投资者，投资私募基金不再穿透核查最终投资者是否为合格投资者和合并计算投资者人数。

合格投资者制度是针对非公开募集基金募集对象方面的一项重要制度，在股指期货、融资融券、信托公司信托计划等金融领域都有所体现，符合"投资者适当性"原则。

对于非公开募集基金要求投资者应当具有一定的风险识别能力和风险承受能力，以达到保护投资者的目的。对公开募集基金投资者的保护主要依靠强制信息披露等全方位监管制度来实现。

依法限制合格投资者的人数是为了防止非公开募集基金丧失其私募特征，从而构成实质上的公开募集基金。如果非公开募集基金的募集对象累计人数超过200人，应当按照公开募集基金接受监管。

【例题1】非公开募集基金的合格投资者累积不得超过（　　）人。

A. 100
B. 200
C. 300
D. 500

【解析】本题考查私募基金投资者人数的监管。按照《证券投资基金法》，非公开募集基金应当向合格投资者募集，合格投资者累计不得超过200人。

【答案】B

（二）对非公开募集基金推介方式的限制

（1）非公开募集基金的募集对象是特定的，因此采用非公开方式推介是其区别于公开募集基金的关键性特征。

（2）非公开募集基金不得向合格投资者之外的单位和个人募集资金，不得通过各种方式向不特定对象宣传推介。这一规定同样适用于非公开募集基金份额的转让。

名师点拨 私募基金管理人、私募基金销售机构不得向投资者承诺投资本金不受损失或者承诺最低收益。

（3）私募基金管理人自行销售私募基金，应当采取问卷调查等方式，对投资者的风险识别和风险承担能力进行评估，并由投资者书面承诺符合合格投资者条件。同时，应当制作风险揭示书，由投资者签字确认。

（4）委托销售机构销售私募基金，也应采取上述评估、确认等措施。销售私募基金，应当自行或者委托第三方机构对私募基金进行风险评级，向风险识别和承担能力相匹配的投资者进行推介。

（5）投资者应当如实填写风险识别能力和承担能力问卷。否则应当承担相应责任。

（6）投资者应确保投资资金来源合法，不得非法汇集他人资金进行私募基金投资。

【例题2】非公开募集基金的募集对象是特定的，这就决定了采用（　　）推介是其区别于公募基金的关键性特征。

A. 传单方式
B. 电台方式
C. 公开方式
D. 非公开方式

【解析】本题考查私募基金推介的限制。按照非公开募集基金募集对象和推介的相关要求，采用非公开方式推介是其区别于公开募集基金的关键性特征。

【答案】D

（三）规定非公开募集基金的基金合同的必备条款

为保护投资者权益，《证券投资基金法》规定非公开募集基金的基金合同的必备条款，主要包括下列内容：

（1）基金份额持有人、基金管理人、基金托管人的权利、义务；

（2）基金的运作方式；

（3）基金的出资方式、数额和认缴期限；

（4）基金的投资范围、投资策略和投资限制；

（5）基金收益分配原则、执行方式；

（6）基金承担的有关费用；

（7）基金信息提供的内容、方式；

（8）基金份额的认购、赎回或者转让的程序和方式；

（9）基金合同变更、解除和终止的事由、程序；

（10）基金财产清算方式；

（11）当事人约定的其他事项。

名师点拨 按照基金合同的约定，非公开募集基金可以由部分基金份额持有人负责基金的投资管理活动，并在基金财产不足以清偿其债务时对基金财产的债务承担无限连带责任。

以有限合伙方式组织非公开募集基金，基金合同还应载明如下内容。

（1）承担无限连带责任的基金份额持有人和其他基金份额持有人的姓名或者名称、住所；

（2）承担无限连带责任的基金份额持有人的除名条件和更换程序；

（3）基金份额持有人增加、退出的条件、程序以及相关责任；

（4）承担无限连带责任的基金份额持有人和其他基金份额持有人的转换程序。

募集其他种类的私募基金，基金合同应当参照上述规定，明确约定各方当事人的权利、义务和相关事宜。

三、对非公开募集基金运作的监管（★★★）

（一）非公开募集基金的备案

非公开募集基金募集完毕，基金管理人应当向基金业协会备案。对资金总额或者基金份额持有人数达到规定的标准基金，基金业协会应当向中国证监会报告。

《私募投资基金监督管理暂行办法》规定，办理基金备案手续，应报送以下基本信息。

（1）主要投资方向及根据主要投资方向注明的基金类别。

（2）基金合同、公司章程或者合伙协议。资金募集过程中向投资者提供基金招募说明书的，应当报送基金招募说明书。以公司、合伙等企业形式设立的私募基金，还应当报送工商登记和营业执照正、副本复印件。

（3）采取委托管理方式的，应当报送委托管理协议。委托托管机构托管基金财产的，还应当报送托管协议。

（4）基金业协会规定的其他信息。

基金业协会应当在私募基金备案材料齐备后的20个工作日内，通过网站公告私募基金名单及其基本情况的方式，为私募基金办结备案手续。

（二）非公开募集基金的托管

（1）基金托管人对基金管理人的投资运作负有监督职责。

（2）除基金合同另有约定外，私募基金应当由基金托管人托管。

（3）如果约定私募基金不进行托管，应当在基金合同中明确保障私募基金财产安全的制度措施和纠纷解决机制。

（三）非公开募集基金的投资运作行为规范

私募基金管理人、私募基金托管人、私募基金销售机构及其他私募服务机构及其从业人员从事私募基金业务，不得有以下行为：

（1）将其固有财产或者他人财产混同于基金财产从事投资活动；

（2）不公平地对待其管理的不同基金财产；

（3）利用基金财产或者职务之便，为本人或者投资者以外的人牟取利益，进行利益输送；

（4）侵占、挪用基金财产；

（5）泄露因职务便利获取的未公开信息，利用该信息从事或者明示、暗示他人从事相关的交易活动；

（6）从事损害基金财产和投资者利益的投资活动；

（7）玩忽职守，不按照规定履行职责；

（8）从事内幕交易、操纵交易价格及其他不正当交易活动；

（9）法律、行政法规和中国证监会规定禁止的其他行为。

> **名师点拨** 同一私募基金管理人管理不同类别私募基金的，应坚持专业化管理原则；对于管理的可能导致利益输送或者利益冲突的不同私募基金，应当建立防范利益输送和利益冲突的机制。

（四）非公开募集基金的信息披露和报送

（1）私募基金管理人、私募基金托管人

应按照合同约定，如实向投资者披露基金投资方面的重大信息，不得隐瞒或提供虚假信息。

（2）私募基金管理人应及时填报并定期更新管理人及其从业人员的有关信息，保证所填报内容真实、准确、完整。发生重大事项时，应在10个工作日内向基金业协会报告。

（3）每个会计年度结束后的4个月内，私募基金管理人应当向基金业协会报送经会计师事务所审计的年度财务报告和所管理私募基金年度投资运作基本情况。

（4）私募基金管理人、托管人和销售机构应当妥善保存私募基金投资决策、交易和投资者适当性管理等方面的记录和其他相关资料，保存期限自基金清算终止之日起不得少于10年。

过关测试题

1. 基金监管的基本原则有（ ）。
Ⅰ．保障投资人利益原则
Ⅱ．适度监管原则
Ⅲ．高效监管原则
Ⅳ．审慎监管原则
A．Ⅰ、Ⅱ
B．Ⅱ、Ⅲ、Ⅳ
C．Ⅲ、Ⅳ
D．Ⅰ、Ⅱ、Ⅲ、Ⅳ

2. 基金销售费用不包括（ ）。
A．基金托管费
B．申购（认购）费
C．赎回费
D．销售服务费

3. 下列有关公开披露基金信息的说法，不正确的是（ ）。
A．禁止进行虚假记载、误导性陈述或者重大遗漏
B．禁止对基金的证券投资业绩进行预测
C．禁止违规承诺收益或者承担损失
D．可以诋毁其他基金管理人或者基金销售机构

4. （ ）加入基金业协会的，可为特别会员。
A．基金管理人
B．基金托管人
C．地方基金业协会
D．基金发起人

5. 基金经理任职应具备的条件不包括（ ）。
A．通过中国证监会或者其授权机构组织的高级管理人员证券投资法律知识考试
B．具有3年以上证券投资管理经历
C．没有《公司法》《证券投资基金法》等法律、行政法规规定的不得担任公司董事、监事、经理和基金从业人员的情形
D．最近5年没有受到证券、银行、工商和税务等行政管理部门的行政处罚

6. 当就同一事项要求召开基金份额持有人大会时，代表基金份额（ ）以上的基金份额持有人有权自行召集。
A．5%
B．10%
C．15%
D．20%

7. 基金托管人职责终止的，基金份额持有人大会应当在（ ）个月内选任新基金托管人。
A．1
B．3
C．6
D．12

8. 基金自律性组织包括（ ）。
A．证券交易所和基金监管机构
B．证券交易所和基金行业协会
C．基金监管机构和基金行业协会
D．基金公司和基金行业协会

9. （ ）对证券基金业实行严格的监管，对各种有损于投资者利益的行为进行严厉的打击。
A．基金份额持有人
B．基金监管机构
C．基金托管人

D．基金注册登记机构

10．下列属于监管基金活动的部门规章和规范性文件的是（　　）。

A．《基金经理注册登记规则》
B．《证券投资基金管理公司管理办法》
C．《公开募集证券投资基金销售公平竞争行为规范》
D．《基金从业人员证券投资管理指引（试行）》

11．基金管理公司变更持有（　　）以上股权的股东，变更公司的实际控制人，或者变更其他重大事项，应当报经国务院证券监督管理机构批准。

A．1%　　　　　B．3%
C．5%　　　　　D．10%

12．基金监管的基本原则有（　　）。

Ⅰ．保障投资人利益原则
Ⅱ．适度监管原则
Ⅲ．高效监管原则
Ⅳ．审慎监管原则

A．Ⅰ、Ⅱ
B．Ⅱ、Ⅲ、Ⅳ
C．Ⅲ、Ⅳ
D．Ⅰ、Ⅱ、Ⅲ

13．基金管理人的从业人员不包括基金管理人的（　　）。

A．董事
B．监事
C．咨询服务人员
D．投资管理人员

14．公开募集基金的基金合同不包括（　　）。

A．基金份额持有人、基金管理人和基金托管人的权利、义务
B．基金财产的投资方向和投资限制
C．基金管理人和基金托管人的名称和住所
D．基金份额的发售方式、发售机构及登记机构名

15．《证券投资基金销售管理办法》规定，（　　）可以办理其募集的基金产品的销售业务。

A．监管机构
B．基金托管人
C．基金管理人
D．证券登记结算公司

16．基金业协会应当在私募基金登记材料齐备后的（　　）个工作日内，为私募基金办结登记手续。

A．1　　　　　B．3
C．10　　　　　D．20

17．以下选项中，不属于证监会依法履行职责的是（　　）。

A．制定证券投资基金活动监督管理的规章、规则，并行使审批、核准或者注册权
B．对基金管理人、基金托管人及其他机构从事基金活动进行监督管理，查处违法行为并公告
C．对日常监管中发现的重大问题进行处置
D．监督检查基金信息的披露情况

18．设立管理公开募集基金的基金管理公司，应当具备的条件包括（　　）。

Ⅰ．注册资本不低于1亿元人民币，且必须为实缴货币资本
Ⅱ．对基金管理公司持有5%以上股权的非主要股东，非主要股东为法人或者其他组织的，净资产不低于1000万元人民币
Ⅲ．取得基金从业资格的人员达到法定人数
Ⅳ．有符合《证券投资基金法》和《中华人民共和国公司法》规定的章程

A．Ⅰ、Ⅱ、Ⅲ
B．Ⅰ、Ⅲ、Ⅳ
C．Ⅱ、Ⅲ、Ⅳ
D．Ⅰ、Ⅱ、Ⅲ、Ⅳ

19．下列关于宣传推介材料报送内容的说法错误的是（　　）。

A．报送内容包括基金宣传推介材料的形式和用途说明、基金宣传推介材料

B．基金管理公司督察长出具的合规意见书

C．基金管理人银行出具的基金业绩复核函或基金定期报告中相关内容的复印件，以及有关获奖证明的复印件

D．基金管理公司或基金代销机构负责基金营销业务的高级管理人员也应当对基金宣传推介材料的合规性进行复核并出具复核意见

20．基金托管人有下列（　　）情形的，中国证监会、中国银监会可以取消其基金托管资格。

A．违反《证券投资基金法》规定，情节不严重的

B．连续 2 年没有开展基金托管业务的

C．连续 3 年没有开展基金托管业务的

D．使托管基金财产遭受损失的

第五章

基金职业道德

本章介绍基金职业道德的概念、特征，阐述了道德与法律的联系与区别。明确了守法合规、诚实守信、专业审慎、客户至上、忠诚尽责、保守秘密等基金职业道德规范的具体内容和要求。并对基金职业道德教育和修养的含义以及途径或方法进行了分析。

本章内容需要理解的知识点不多，备考的关键在于抓住要点进行记忆。部分小节记住重点标记的知识点和小标题即可。在历次考试中，本章属于非重要内容，平均考题分值在6分左右。

本章考点预览

	第一节 道德与职业道德	1. 道德	★
		2. 职业道德	★★
基金职业道德	第二节 基金职业道德规范	1. 守法合规	★★★
		2. 诚实守信	★★★
		3. 专业审慎	★★★
		4. 客户至上	★★★
		5. 忠诚尽责	★★★
		6. 保守秘密	★★★
	第三节 基金职业道德教育与修养	1. 基金职业道德教育	★★
		2. 基金职业道德修养	★★

第一节 道德与职业道德

考情分析：本节涉及道德的概念、特征、道德与法律的区别与联系，职业道德的概念、特征和作用。内容非常简单，记忆也比较容易，属于考试的非重点部分，在近年的考试中，本节一般会出1道题。

学习建议：本节的考点不多，题目也相对简单，属于送分的内容。在学习时，需要注意重点记忆各标题即可。

一、道德（★）

（一）道德的概念

道德是一种社会意识形态，由一定的社会经济基础决定并形成，以是与非、善与恶、美与丑、正义与邪恶、公正与偏私、诚实与虚伪等范畴为评价标准，依靠社会舆论、传统习俗和内心信念等约束力量，实现调整人与人之间、人与社会之间关系的行为规范的总和。

（二）道德的特征

道德的特征如表5-1所示。

表 5-1　道德的特征

特征	内容阐述
道德具有差异性	（1）不同的社会有不同的道德 （2）社会经济基础和社会关系的不同决定了道德的差异性 （3）道德的差异性也表现为基本道德规范与特定道德规范之间的差异。特定道德规范往往是基本道德规范在特定领域的具体表现
道德具有继承性	（1）道德总是随着社会经济的发展而不断变化的 （2）决定或者影响道德形成和发展的各种因素具有历史延续性，道德也必然与文化、民俗、宗教、伦理等一样有着历史的传承
道德具有约束性	（1）道德是建立在调整人们关系、维护社会秩序理念基础之上，是社会认可和普遍接受的具有一般约束力的行为规范 （2）道德对全体社会成员具有约束作用 （3）道德不是法律，不依靠国家强制力保证其实施，其约束力有限
道德具有具体性	（1）在表现形式上，道德是行为规范 （2）作为行为规范，无论是成文还是不成文的道德，其内容都是具体的 【知识拓展】道德规范既可以是成文的，也可以是不成文的。成文的道德规范表现为制定的"公约""守则""行为准则"等

（三）道德与法律的关系

道德与法律是社会行为规范最主要的两种形式，二者既有区别又有联系，其具体内容如表5-2所示。

表 5-2　道德与法律的区别与联系

项目		内容
道德与法律的区别	（1）表现形式不同	①法律是由国家制定或认可的一种行为规范，主要表现为各种制定法或者判例法，内容明确，通常以文字作为载体，以便人们认知和遵守 ②道德是社会认可和人们普遍接受的行为规范，既可以是成文的，也可以是不成文的，没有特定的表现形式
	（2）内容结构不同	①法律以权利义务为内容，要求权利义务对等；而道德一般只以义务为内容，并不要求有对等的权利 ②法律规范的结构是假定、处理和制裁，或者说是行为模式和法律后果；而道德规范一般没有明确的制裁措施或者行为后果
	（3）调整范围不同	①道德调整的范围比法律调整的范围更为广泛 ②二者的调整范围是交叉关系，绝大多数法律规范是以道德评价为基础的，同时也是道德规范；但也有一些法律调整的领域道德并不调整 ③道德以价值判断，即以公认的是非、善恶、美丑、正邪等范畴为评价标准；法律的评价标准不限于价值判断
	（4）调整手段不同	①法律主要依靠国家强制力保证实施；而道德主要依靠社会舆论、传统习俗和内心信念等力量来实现其约束力 ②道德的调整手段更多，但均不具有强制性。因此，法律的实施主要依靠他律，而道德的实施主要依靠自律

续表

项目		内容
道德与法律的联系	（1）目的一致	①道德和法律都是行为规范，都属于上层建筑范畴，都为一定的社会经济基础服务 ②绝大多数法律规范都是以道德作为价值基础的，在评价标准上与道德是一致的，二者在根本目的上具有一致性
	（2）内容交叉	道德与法律在内容上是交叉关系。法律调整的内容并不限于道德所调整的范畴。有些行为既违反法律又违反道德，而有些行为不违反法律但违反道德，还有些行为违反法律但并不违反道德
	（3）功能互补	①道德在调整范围上对法律具有补充作用，法律在约束力上对道德具有补充作用 ②有些行为不宜由法律调整或者本应由法律调整但因立法滞后而尚"无法可依"的，道德调整就起了补充作用。同时，重要的道德转化为法律，就可以依靠国家强制力来保证实施
	（4）相互促进	①法律对传播道德具有促进作用 ②道德对法律的实施也具有促进作用。遵纪守法通常是道德最基本的要求，增强道德观念有助于人们自觉守法

规章、制度、纪律等是介于法律和道德之间的特殊规范。这些规范通常由特定组织制定，在组织内部人员中有效。与法律、道德相比，这些规范不太强调价值判断，具有突出的技术性。此外，这些规范有强于道德而弱于法律的约束力，具有一定的强制性。

【例题】不属于道德与法律的区别的选项是（　　）。
A. 功能目的不同　B. 调整范围不同
C. 内容结构不同　D. 表现形式不同
【解析】本题考查道德与法律的区别。具体的区别在于：（1）表现形式不同；（2）内容结构不同；（3）调整范围不同；（4）调整手段不同。而"功能目的"则是道德与法律的联系，因此，本题答案为A选项。
【答案】A

二、职业道德（★）

（一）职业道德的概念

职业道德，也称职业道德规范，是一般社会道德在职业活动和职业关系中的特殊表现，是与人们的职业行为紧密联系的符合职业特点要求的道德规范的总和。职业道德是所有从业人员在职业活动中应该遵循的行为守则，无论从事哪种职业，从业人员在职业活动中都应当遵守职业道德。

（二）职业道德的特征

职业道德具有以下几个方面的特征，具体内容如表5-3所示。

表5-3　职业道德的特征

职业道德的特征	内容阐述
职业道德具有特殊性	（1）与一般社会道德相比，职业道德具有特殊性。它们的关系是特殊与一般、个性与共性之间的关系 （2）任何职业道德都在不同程度上体现着一般社会道德要求，职业道德是一般社会道德在职业活动中的具体化
职业道德具有继承性	从职业道德的发展轨迹来看，与一般社会道德类似，具有历史的继承性
职业道德具有规范性	职业道德比一般社会道德以及其他领域的道德，具有规范性更强的特征
职业道德具有具体性	虽然不同职业道德的内容有所不同，但其作为行为规范，都具有具体性，都承担着特定的职业义务和责任

（三）职业道德的作用

职业道德具有引导、规范、评价和教化的功能，可以发挥调整职业关系、提升职业素质和促进行业发展的作用，如表5-4所示。

表5-4 职业道德的作用

项目	内容
调整职业关系	（1）职业道德是职业行为规范，具有引导和规范功能 （2）职业道德可以发挥调整职业关系的作用。职业道德一方面调整从业人员的内部关系，加强职业内部人员的凝聚力；另一方面，它也调整从业人员与其服务对象之间的关系，用以塑造本职业从业人员的形象
提升职业素质	（1）职业素质既包括专业技能，也包括道德素养。职业道德具有评价和教化的功能，可以教化从业人员坚持原则，更好地认识职责和利益的关系，是提升道德素养的重要途径 （2）加强职业道德建设，不仅有利于从业人员提高业务能力，而且有利于从业人员在追求业绩的同时坚守道德底线，提升职业素质
促进行业发展	加强职业道德建设有助于推动行业发展、树立行业新形象。全面提高从业人员的思想道德品质，进而提高行业服务质量，促进行业健康发展

【例题】职业道德的作用不包括（　　）。
A．提高社会素质
B．调整职业关系
C．促进行业发展
D．提升职业素质

【解析】本题考查职业道德的作用，职业道德的作用包括：调整职业关系、提升职业素质和促进行业发展。

【答案】A

第二节 基金职业道德规范

考情分析：本节主要介绍基金职业道德规范。作为社会道德、职业道德基本规范在基金行业的具体化，基金职业道德是基金从业人员所承担的特定的职业义务和责任。大纲要求掌握六个主要职业道德的含义及基本要求。在近年的考试中，本节内容会出1～2道题。

学习建议：本节结构清晰、内容简单、理解难度不大，在学习和备考时注意抓住重点进行记忆。

一、守法合规（★★★）

（一）守法合规的含义

守法合规，是指基金从业人员不但要遵守国家法律、行政法规和部门规章，还应当遵守与基金业相关的自律规则及其所属机构的各种管理规范，并配合基金监管机构的监管。其目的是避免基金从业人员自己实施或者参与违法违规的行为，或者为他人违法违规的行为提供帮助。

名师点拨 守法合规中的"法"和"规"，除了所有公民都需要遵守的法律外，主要指证券投资基金领域的法律、行政法规、部门规章，还包括基金行业自律性规则以及基金从业人员所在机构的章程、内部规章制度、工作规程、纪律等行为规范。

（二）守法合规的基本要求

1. **熟悉法律法规等行为规范**

守法合规的前提是熟悉相关的法律法规等行为规范。基金机构要注重培养从业人员的守法合规意识、完善各项规章制度，同时要建立健全重视法律法规的行为、学习和运用的各项机制，为从业人员熟悉法律法规等行为规范创造条件。

2. 遵守法律法规等行为规范

在熟悉法律法规等行为规范的基础上，基金从业人员要自觉遵守以下具体要求。

（1）基金从业人员应当严格遵守法律法规等行为规范，当不同效力级别的规范对同一行为均有规定时，应选择遵守更为严格的规范。

（2）基金从业人员应当自觉遵守《自律准则》规定的各类行为规范。

（3）基金从业人员应当积极配合基金监管机构的监管。

（4）负有监督职责的基金从业人员要忠实履行自己的监督职责，及时发现并制止违法违规行为，防止违法违规行为造成更加严重的后果。

（5）普通的基金从业人员不负有监督职责，但是也应当监督他人的行为是否符合法律法规的要求。一旦发现违法违规的行为，应当及时制止并向上级部门或者监管机构报告。

 守法合规要求基金从业人员积极配合监管，主动向监管机构提供违法违规的线索，举报违法违规的行为。

二、诚实守信（★★★）

（一）诚实守信的含义

诚实守信也称为诚信，就是真诚老实、表里如一、言而有信、一诺千金。诚实守信是调整各种社会人际关系的基本准则。诚实守信是基金职业道德的核心规范。

基金行业的本质是资产管理行业，投资人的信心和信任是支撑基金市场、行业发展的基础。从业人员的执业行为是否诚实守信，直接关涉投资人的合法权益，决定着投资人对基金市场、行业的信任。

（二）诚实守信的基本要求

诚实守信要求基金从业人员不得欺诈客户，在证券投资活动中不得有内幕交易和操纵市场行为，对于同行不得进行不正当竞争。其基本要求的具体内容如表5-5所示。

表5-5 诚信的基本要求

项目	内容
不得欺诈客户	欺诈主要发生在基金产品宣传和信息披露领域，通常表现为虚假陈述和舞弊行为 宣传销售基金产品时，基金从业人员应当如实告知投资人可能影响其利益的重要情况，正确揭示投资风险，不得做出不当承诺或者保证，具体内容如下： （1）基金从业人员在宣传、推介和销售基金产品时，应当客观、全面、准确地向投资者推介基金产品、揭示投资风险 （2）基金从业人员对基金产品的陈述、介绍和宣传，应当与基金合同、招募说明书等相符，不得进行虚假或误导性陈述，或者出现重大遗漏 （3）基金从业人员在销售基金或者为投资者提供咨询服务时，应当向客户和潜在客户披露用于分析投资、选择证券、构建投资组合的投资过程的基本流程和一般原则 （4）基金从业人员在陈述所推介基金或同一基金管理人管理的其他基金的过往业绩时，应当客观、全面、准确，并提供业绩信息的原始出处，不得片面夸大过往业绩，也不得预测所推介基金的未来业绩 （5）基金从业人员分发或公布的基金宣传推介材料应为基金管理机构或基金代销机构统一制作的材料 （6）基金从业人员不得违规向投资人做出投资不受损失或保证最低收益的承诺 （7）基金从业人员不得从事隐匿、伪造、篡改或者损毁交易数据等舞弊的行为，或做出任何与执业声誉、正直性相背离的行为

续表

项目	内容
不得进行内幕交易和操纵市场	（1）内幕交易，是指利用内幕信息进行证券交易，以为自己或者他人牟取利益 【知识拓展】所谓内幕信息是指能够影响证券价格的重要非公开信息。内幕信息的构成要素有三：一是来源可靠的信息；二是"重要"的信息，即该信息对于证券价格的影响明确；三是"非公开"的信息。来源不可靠、模棱两可的信息，即便对证券价格产生影响，也不构成内幕信息。"重要"的信息是指该信息的披露会对证券价格产生影响或者属于理性投资者在做投资决策前希望知悉的信息 （2）操纵市场是指通过歪曲证券价格或人为虚增交易量等方式而意图误导市场参与者的行为。操纵市场的构成要素有：一是有误导市场参与者的意图；二是实施了歪曲证券价格或者人为虚增交易量等不当影响证券价格的行为 【名师点拨】是否误导市场参与者的意图是判定"操纵市场"的关键因素
不得进行不正当竞争	基金从业人员不得进行不正当竞争，不得以排挤竞争对手为目的，压低基金的收费水平，低于基金销售成本销售基金；不得采取抽奖、回扣或者赠送实物、保险、基金份额等方式销售基金。基金从业人员应当公平、合法、有序地进行竞争 【知识拓展】基金从业人员应当尊重竞争对手，不诋毁、贬低或负面评价同业或非合作关系方及其从业人员，也不诋毁、贬低或负面评价同业或非合作关系方的产品或服务

基金业协会 2014 年 8 月发布《公开募集证券投资基金销售公平竞争行为规范》，要求在进行基金销售时，基金管理人和基金销售机构应严格贯彻治理商业贿赂和反不正当竞争行为的各项规定，不得违反商业道德及市场规则。

【例题】（　　）是通过歪曲证券价格或人为虚增交易量等方式，意图误导市场参与者的行为。

A．内幕交易
B．操纵市场
C．不正当交易
D．误导市场

【解析】本题考查诚实守信中操纵市场的内容。通过歪曲证券价格或人为虚增交易量等方式而意图误导市场参与者的行为是操纵市场的特点，所以属于操作市场的行为。

【答案】B

三、专业审慎（★★★）

（一）专业审慎的含义

专业审慎是指基金从业人员应当具备与其执业活动相适应的职业技能，具备从事相关活动所必需的专业知识和技能，并保持、提高专业胜任能力，勤勉审慎开展业务，提高风险管理能力，不做与专业胜任能力相背离的行为。

专业审慎是调整基金从业人员与职业之间关系的道德规范。

（二）专业审慎的基本要求

对于基金从业人员而言，专业审慎的基本要求体现在：持证上岗、持续学习、审慎开展执业活动，如表 5-6 所示。

表5-6 专业审慎的基本要求

基本要求	内容
持证上岗	持证上岗是指从业人员应当具备从事相关活动所必需的法律法规、金融、财务等专业知识和技能，必须通过基金从业人员资格考试，取得基金从业资格，并经由所在机构向基金业协会申请执业注册后，方可执业 （1）持证上岗的目的在于保证基金从业人员具备必要的执业能力和专业水平 （2）注册监管，可以保证基金从业人员的执业活动处于监管机构的监督之下
持续学习	持续学习是指基金从业人员应当热爱本职工作，努力钻研业务，注重业务实践，积极参加基金业协会和所在机构组织的后续职业培训
审慎开展执业活动	基金从业人员应当本着对投资者高度负责的态度执业，在执业过程中应当审慎处理各项业务，具体要求包括： （1）基金从业人员在进行投资分析、提供投资建议、采取投资行动时，应当具有合理充分的依据，有适当的研究和调查支撑，保持独立性与客观性，坚持原则，不得受各种外界因素的干扰 （2）基金从业人员应该牢固树立风险控制意识，强化投资风险管理，提高风险管理水平 （3）基金从业人员应当合理分析、判断影响投资分析、建议或行动的重要因素 （4）基金从业人员应当区分投资分析和建议演示中的事实和假设 （5）基金从业人员必须记载和保留适当的记录，以支持投资分析、建议、行动等相关事项 （6）基金从业人员在向客户推荐或者销售基金时，应充分了解客户的投资需求和投资目标以及客户的财务状况、投资经验、流动性要求和风险承受能力等信息，坚持销售适用性原则，向客户推荐或者销售合适的基金

【例题】由于时间紧迫，在没有进行充分调研的情况下，甲分析师就根据他人的研究结论写了一份研究报告，并提交给公司。甲分析师违反了（　　）要求。

A. 忠诚尽责
B. 忠诚敬业
C. 职业道德
D. 专业审慎

【解析】本题考查专业审慎的要求。基金从业人员需要审慎开展执业活动，在进行投资分析、提供投资建议、采取投资行动时，应该勤勉审慎。

【答案】D

四、客户至上（★★★）

（一）客户至上的含义

客户至上，是指基金从业人员的执业活动应一切从投资人的根本利益出发。基本含义有两点：一是客户利益优先；二是公平对待客户。客户利益优先是指当客户的利益与机构的利益、从业人员个人的利益相冲突时，要优先满足客户的利益。公平对待客户是指当不同客户之间的利益发生冲突时，要公平对待所有客户的利益。

名师点拨 客户至上是调整基金从业人员与投资人之间关系的道德规范。这里的客户是指投资人，也即基金份额持有人。

（二）客户至上的基本要求

1. 客户利益优先

客户利益优先要求基金从业人员必须全心全意忠实于客户，依客户利益行事。出现利益冲突时，要将客户的利益置于个人及所在机构的利益之上。具体而言，从业人员应当做到如下几点。

（1）不得从事与投资人利益相冲突的业务。

（2）应当采取合理的措施避免与投资人发生利益冲突。

（3）在执业过程中遇到自身利益或相关方利益与投资人利益发生冲突时，应以投资人利益优先，并应及时向所在机构报告。

（4）不得侵占或者挪用基金投资人的交易资金和基金份额。

（5）不得在不同基金资产之间、基金资产和其他受托资产之间进行利益输送。

（6）不得在执业活动中为自己或他人牟取不正当利益。

（7）不得利用工作之便向任何机构和个人输送利益，损害基金持有人利益。

2．公平对待客户

公平对待客户是指基金从业人员应当尊重所有客户并公平对待所有客户，不能根据基金份额多寡或者其他原因而厚此薄彼。基金从业人员在进行投资分析、提供投资建议、采取投资行动或进行其他专业活动时，应当公平地对待所有客户。

五、忠诚尽责（★★★）

（一）忠诚尽责的含义

基金从业人员与其所在机构之间是委托代理关系或雇佣关系。基金机构是雇主或委托人，基金从业人员是雇员或受托人。几乎所有的职业都要求雇员对雇主忠诚尽责。

名师点拨　忠诚尽责是调整基金从业人员与其所在机构之间关系的职业道德规范。

忠诚是指基金从业人员应当忠实于所在机构，避免与所在机构利益发生冲突，不得损害所在机构的利益。尽责是指基金从业人员应当像对待自己的事情一样，谨慎和注意地对待所在机构的工作，尽职尽责。

（二）忠诚尽责的基本要求

忠诚尽责要求从业人员做到两个方面：一是廉洁公正；二是忠诚敬业。具体内容如表5-7所示。

表5-7　忠诚尽责的基本要求

项目	内容
廉洁公正	廉洁公正应当做以下几点： （1）不得接受利益相关方的贿赂或对其进行商业贿赂，如接受或赠送礼物、回扣、补偿或报酬等 （2）不得利用基金财产或者所在机构固有财产为自己或他人牟取非法利益 （3）不得利用职务之便或者机构的商业机会为自己或者他人牟取非法利益 （4）不得侵占或者挪用基金财产或者机构固有财产 （5）不得为了迎合客户的不合理要求而损害社会公共利益、所在机构或者他人的合法权益，不得私下接受客户委托买卖证券期货 （6）不得从事可能导致与投资者或所在机构之间产生利益冲突的活动 （7）抵制来自于上级、同事、亲友等各种关系因素的不当干扰，坚持原则，独立自主
忠诚敬业	忠诚敬业的具体表现如下： （1）基金从业人员应当与所在机构签订正式的劳动合同或其他形式的聘任合同，保证基金从业人员在相应机构对其进行直接管理的条件下从事执业活动 （2）基金从业人员有义务保护公司财产、信息安全，防止所在机构资产损坏、丢失 （3）基金从业人员应当严格遵守所在机构的授权制度，在授权范围内履行职责；超出授权范围的，应当按照所在机构制度履行批准程序 （4）基金从业人员提出辞职时，应当按照聘用合同约定的期限提前向公司提出申请，并积极配合有关部门完成工作移交。已提出辞职但尚未完成工作移交的，从业人员应认真履行各项义务，不得擅自离岗；已完成工作移交的从业人员应当按照聘用合同的规定，认真履行保密、竞业禁止等义务 （5）基金从业人员本人、配偶、利害关系人进行证券投资，应当遵守所在机构有关从业人员的证券投资管理制度办理报批或报备手续

六、保守秘密（★★★）

（一）保守秘密的含义

保守秘密是指基金从业人员不应泄露或者披露客户、所属机构或者相关基金机构向其传达的信息，除非该信息涉及客户或潜在客户的违法活动，或属于法律要求披露的信息，或客户或潜在客户允许披露此信息。保守秘密是从业人员的一项法定义务，也是基金职业道德的一项基本规范。

在执业活动中，基金从业人员接触到的秘密主要包括：一是商业秘密；二是客户资料；三是内幕信息。

> **名师点拨** 保守秘密与守法合规中的举报他人违法行为并不冲突。对于非法的信息、违反法律规定的行为，不构成秘密，应该积极监督和举报。

（二）保守秘密的基本要求

保守秘密要求基金从业人员不得向第三者透露作为秘密的信息、不得公开尚处于禁止公开期间的信息。具体而言应当做到如下几点。

（1）应当妥善保管并严格保守客户秘密，非经许可不得泄露客户资料和交易信息。在任职期间或者离职后，均不得泄露任何客户资料和交易信息。

（2）不得泄露在执业活动中所获知的各相关方的信息及所属机构的商业秘密，更不得用来为自己或他人谋取不正当的利益。

（3）不得泄露在执业活动中所获知的内幕信息。

知识拓展 基金从业人员不打听不属于自己业务范围的秘密，不与同事交流自己获知的秘密。如果某一秘密已经被泄露，应尽快通知有关部门进行补救，防止损失扩大。

【例题】忠诚尽责要求基金从业人员做到（　　）。

A．保守秘密
B．提高职业道德
C．合规执业
D．廉洁公正

【解析】本题考查忠诚尽责的基本要求。忠诚尽责的基本要求包括廉洁公正和忠诚敬业两个方面。因此，正确答案是选项D。

【答案】D

第三节　基金职业道德教育与修养

考情分析：本节主要介绍基金的职业道德和修养。基金职业道德教育和修养就是从他律走向自律，把外在的基金职业道德规范内化为职业道德观和行为习惯。本节考点较少，属于非重点部分，在近年的考试中一般会出1道题。

学习建议：本节内容简单，学习时不需要花太多的时间，归纳重点进行记忆即可。

一、基金职业道德教育（★★）

（一）基金职业道德教育的含义

基金职业道德教育，是指根据基金行业工作的特点，有目的、有计划、有组织地对基金从业人员施行的职业道德影响，促成基金职业道德品质，正确履行基金职业道德义务的教育活动，是提高从业人员职业道德素养的基本手段。

（二）基金职业道德教育的内容

基金职业道德教育的内容主要有两个方面：培养基金职业道德观念、灌输基金职业道德规范。

1. 培养基金职业道德观念

基金职业道德教育首先是职业道德观念教育。通过职业道德教育使基金从业人员深刻认识到基金职业道德的重要意义，牢固树立基金职业道德观念。

2. 灌输基金职业道德规范

基金职业道德规范的主要内容是守法合规、诚实守信、专业胜任、客户至上、忠实勤勉、保守秘密等。这是基金职业道德教育的核心内容。

【例题】属于基金职业道德教育主要内容的是（　　）。

A. 领会基金职业道德素养
B. 培养基金职业道德观念
C. 参与基金职业道德实践
D. 参加基金职业道德培训

【解析】本题考查基金职业道德教育的内容。基金职业道德教育的内容主要包括：培养基金职业道德观念、灌输基金职业道德规范。

【答案】B

（三）基金职业道德教育的途径

基金职业道德教育的途径多种多样，主要有五种：岗前职业道德教育、岗位职业道德教育、基金业协会的自律、树立基金职业道德典型和社会各界持续监督，具体内容如表5-8所示。

表5-8　职业道德教育的途径

项目	内容
岗前职业道德教育	岗前教育主要是通过职业资格考试来督促完成的。基金职业道德教育需要完成三个目标：（1）使拟从业者了解基金职业道德规范的主要内容；（2）使拟从业者了解基金职业所面临的道德风险；（3）培养拟从业者的基金职业道德情感和观念
岗位职业道德教育	岗位教育主要是通过在职培训的方式来完成
基金业协会的自律	基金业协会是基金行业的自律性组织，是联系政府监管机构与会员的纽带。协会应当采取切实有效的措施，加强基金职业道德教育
树立基金职业道德典型	基金职业道德教育要与基金市场以及基金实践活动的环境结合起来，既要有正面事例的引导，也要有反面案例的警示，坚持宣传正面典型与剖析反面典型相结合。通过典型案例的展示和分析，警示基金从业人员
社会各界持续监督	社会各界应当齐抓共管，共同抓好基金职业道德教育工作。社会各界的监督，不仅是对基金职业道德教育成果的检验环节，监督本身也是教育的有效组成部分

二、基金职业道德修养（★★）

（一）基金职业道德修养的含义

基金职业道德修养，是指基金从业人员通过主动自觉地自我学习、自我改造、自我完善，将基金职业道德外在的职业行为规范内化为内在的职业道德情感、认知和信念，使自己形成良好的职业道德品质和达到一定的职业道德境界。

（二）基金职业道德修养的方法

1. 正确树立基金职业道德观念

基金职业道德修养必须首先解决内在动力问题，也即必须正确树立基金职业道德观念。

2. 深刻领会基金职业道德规范

只有深刻领会基金职业道德规范，才能在执业活动中自觉自愿地遵守基金职业道德规范。

3. 积极参加基金职业道德实践

积极参加基金职业道德实践，是基金职业道德修养的有效途径。在实践中，不断地自我改造、自我完善，进而养成良好的职业道德习惯。

过关测试题

1. 下列关于基金职业道德修养的说法错误的是（　　）。

   A．树立基金职业道德观念和领会基金职业道德规范的根本目的在于践行基金职业道德

   B．积极参加基金职业道德实践，是基金职业道德修养的有效途径

   C．基金职业道德修养必须首先解决内在动力问题，也即必须正确树立基金职业道德观念

   D．基金职业道德观念是基金职业道德修养的具体内容

2. 我国基金职业道德的内容不包括（　　）。

   A．守法合规
   B．诚实守信
   C．专业审慎
   D．利益至上

3. 职业道德相比于一般社会道德以及其他领域的道德，具有（　　）更强的特征。

   A．规范性　　　B．强制性
   C．连续性　　　D．具体性

4. 下列不属于道德与法律的区别的是（　　）。

   A．表现形式不同
   B．内容结构不同
   C．调整手段不同
   D．调整对象不同

5. 以下关于基金从业人员审慎开展执业活动基本要求的说法错误的是（　　）。

   A．基金从业人员应该牢固树立风险控制意识，强化投资风险管理，提高风险管理水平

   B．基金从业人员应该合理分析、判断影响投资分析、建议或行动的重要因素

   C．基金从业人员应当区分投资分析和建议演示中的事实和假设

   D．基金从业人员应当记载和保留所有记录，以支持投资分析、建议、行动等相关事项

6. （　　）是提高基金从业人员职业道德素养的基本手段。

   A．基金职业道德教育
   B．组织基金从业人员培训
   C．基金业协会的自律管理
   D．基金从业人员的在岗培训

7. 道德和法律都是行为规范，都是重要的社会调控手段，都属于（　　）。

   A．经济基础
   B．上层建筑
   C．自我约束
   D．强制手段

8. 职业道德的作用不包含（　　）。

   A．促进行业健康发展
   B．提高社会素质
   C．调节职业人员的内部关系
   D．提升专业技能和道德素养

9. 下列符合"守法合规"要求的做法包括（　　）。

   A．遵守法律法规
   B．遵守行业自律规范
   C．遵守所在机构的规章制度
   D．以上都应遵守

10. 道德的特征不包括（　　）。

    A．道德具有约束性
    B．道德具有具体性
    C．道德具有继承性
    D．道德具有同质性

第六章

基金的募集、交易与登记

本章介绍基金的募集与认购，上市交易与申购、赎回，开放式基金的登记与资金清算，涉及开放式基金、封闭式基金、ETF、LOF、QDII 基金、分级基金等。基金的募集、发售是进行基金投资的起始点，基金的交易、申购和赎回则为市场提供流动性，而相关的登记和清算是基金交易的重要保障。本章涉及的知识点和考点较多，涉及不少数字、程序和规则，还有一些计算公式，部分内容很容易发生混淆，在历次考试中一般会占 6 ~ 12 分。

对于本章的学习，需要熟练掌握基金的募集程序、基金的认购、封闭式基金的交易和开放式基金的申购与赎回。针对常考的和重点的内容进行深入的理解，对大纲要求了解的部分不要花费太多的时间和精力，这样才能取得事半功倍的效果。

本章考点预览

基金的募集、交易与登记	第一节 基金的募集与认购	1. 基金募集的概念与程序	★★★
		2. 基金的认购	★★★
	第二节 基金的交易、申购和赎回	1. 封闭式基金的上市与交易	★★★
		2. 开放式基金的申购、赎回和转换	★★★
		3. ETF 的上市交易、申购和赎回	★
		4. LOF 的上市交易、申购和赎回	★
		5. QDII 基金的申购和赎回	★
		6. 分级基金份额的上市交易、申购和赎回	★
	第三节 基金的登记	1. 开放式基金份额登记的概念	★★★
		2. 开放式基金注册登记机构及职责	★★★
		3. 基金份额登记流程	★★
		4. 申购和赎回的资金结算	★★★

第一节 基金的募集与认购

考情分析：本节主要介绍基金募集的概念、程序，基金合同生效的条件，基金认购的步骤、方式、渠道等内容。主要涉及开放式基金，封闭式基金，ETF、LOF、QDII 基金份额和分级基金。整节内容考纲都要求重点掌握，是考试的热点部分，在近年考试中涉及本节考题为 3 ~ 5 道。

学习建议：充分认识和理解基金募集在申请、注册、发售和基金合同生效方面的要求。通过类比、对比的方式学习各类基金的认购特点。记忆开放式基金认购费用和份额的相关公式，注意可能出现的计算题。

一、基金募集的概念与程序（★★★）

基金的募集是指基金管理公司根据规定向中国证监会提交募集申请文件、发售基金份额、募集基金的行为。基金募集一般需要经过四个步骤：申请、注册、发售、基金合同生效。

（一）基金募集申请

（1）基金管理人进行基金募集时，必须向中国证监会提交相关文件。主要文件包括：基金募集申请报告、基金合同草案、基金托管协议草案、招募说明书草案、律师事务所出具的法律意见书等。

其中的基金合同、基金托管协议、招募说明书还未正式生效，因此被称为草案。对于复杂或者创新产品，证监会将根据基金的特征、风险，要求补充提交证券交易所和证券登记结算机构的授权函、投资者适当性安排、技术准备情况以及主要业务环节的制度安排等文件。

（2）申请材料受理后，相关内容不得随意更改。申请期间申请材料涉及的事项发生重大变化的，基金管理人应当自变化发生之日起5个工作日内向证监会提交更新材料。

（二）基金募集申请的注册

（1）基金募集申请经中国证监会注册后方可发售基金份额。中国证监会应当自受理基金募集申请之日起6个月内做出注册或者不予注册的决定。

证监会在基金注册审查过程中，可以委托基金业协会进行初步审查并就基金信息披露文件合规性提出意见。注册审查时以要件齐备和内容合规为基础，不对基金的投资价值及市场前景等做出实质性判断或者保证。

（2）对常规的基金产品，按照简易程序注册，注册审查时间原则上不超过20个工作日；对其他产品，按照普通程序注册，注册审查时间不超过6个月。

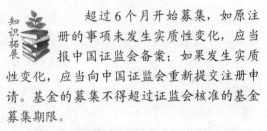

注册程序分为简易程序和普通程序。常规股票基金、混合基金、债券基金、指数基金、货币基金、发起式基金、合格境内机构投资者（QDII）基金、理财基金和交易型指数基金（含单市场、跨市场/跨境ETF）及其联接基金适用于简易程序。分级基金和证监会认定的其他特殊产品暂不实行简易程序。

（三）基金份额的发售

（1）基金管理人应当自收到核准文件之日起6个月内进行基金份额的发售。基金的募集期限自基金份额发售之日起计算，募集期限一般不得超过3个月。

超过6个月开始募集，如原注册的事项未发生实质性变化，应当报中国证监会备案；如果发生实质性变化，应当向中国证监会重新提交注册申请。基金的募集不得超过证监会核准的基金募集期限。

（2）基金管理人负责办理发售基金份额，并应当在发售的3日前公布招募说明书、基金合同及其他有关文件。

（3）基金募集期间募集的资金应当存入专门账户，在基金募集行为结束前，任何人不得动用。

（四）基金的合同生效

（1）基金募集期限届满，封闭式基金需满足募集的基金份额总额达到核准规模80%以上，并且基金份额持有人达到200人以上。

（2）基金募集期限届满，开放式基金需满足募集份额总额不少于2亿份，基金募集金额不少于2亿元人民币，基金份额持有人不少于200人。

（3）自募集期限届满之日起10日内，基金管理人应当聘请法定验资机构验资。自收到验资报告之日10日内，向证监会提交备案申请和验资报告，并办理基金备案手续。

（4）中国证监会自收到验资报告和基金备案材料之日起3个工作日内予以书面确认；自证监会书面确认之日起，基金备案手续办理完毕，基金合同生效。基金管理人应当在收到证监会确认文件的次日予以公告。

发起式基金的基金合同生效不受上述条件的限制。发起式基金的基金合同生效3年后，如果基金资产净值低于2亿元，基金合同自动终止。发起资金的持有期限从该基金公开发售之日或者合同生效之日孰晚日起计算。

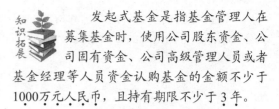

发起式基金是指基金管理人在募集基金时，使用公司股东资金、公司固有资金、公司高级管理人员或者基金经理等人员资金认购基金的金额不少于1000万元人民币，且持有期限不少于3年。

（5）基金募集失败。基金募集期限届满，若基金不满足有关募集要求，基金募集失败，基金管理人应承担下列责任：

① 固有财产承担因募集行为而产生的债务和费用；

② 在基金募集期限届满后30日内返还投资者已缴纳的款项，并加计银行同期存款利息。

基金募集程序总结如表6-1所示。

表6-1 基金募集程序

程序	募集人	受理机构	工作内容	工作期限
申请	基金管理人	中国证监会	提交相关文件： （1）申请报告 （2）合同草案 （3）基金托管协议草案 （4）招募说明书草案	—
注册	—	中国证监会	申请注册	常规基金产品按照简单程序申请注册，注册审查时间原则上不超过20个工作日；对其他产品，按照普通程序注册，注册审查时间不超过6个月
发售	基金管理人		（1）发售基金 （2）公布基金招募说明书、基金合同及其他相关文件 （3）资金存入专门账户	自收到核准文件之日起6个月内进行基金份额的发售 募集期限≤3个月
基金合同生效	基金管理人	中国证监会	（1）机构验资 （2）提交备案申请和验资报告办理基金备案手续 发布基金合同生效公告	基金管理人应在募集期限届满之日起10日内聘请法定验资机构验资 中国证监会自收到验资报告和基金备案材料之日起3个工作日内予以书面确认 自中国证监会书面确认之日起，基金合同生效 基金管理人应在收到确认文件次日发布基金合同生效公告

【例题】根据《证券投资基金法》的规定，封闭式基金成立的最低要求为（　　）。

A．核准规模的80%以上，份额持有人不少于200人
B．注册规模的80%以上，份额持有人不少于200人
C．份额不少于1亿份，份额总额不少于2亿元人民币，份额持有人不少于200人
D．份额不少于2亿份，份额总额不少于2亿元人民币，份额持有人不少于1000人

【解析】本题考查封闭式基金成立的条件。根据《证券投资基金法》的规定，封闭式基金成立的最低要求为基金份额总额达到核准规模的80%以上，基金份额持有人不少于200人。

【答案】A

二、基金的认购（★★★）

在基金募集期内购买基金份额的行为通常被称为基金的认购。

（一）开放式基金的认购

（1）投资者进行开放式基金认购，须提前在注册登记机构开立基金账户。

（2）投资人认购开放式基金，一般通过基金管理人或管理人委托的商业银行、证券公司、期货公司、保险机构、证券投资咨询机构、独立基金销售机构以及经国务院证券监督管理机构认定的其他机构办理。

（3）开放式基金的认购步骤、方式、收费模式、认购费率、认购费用与认购份额的计算等相关内容如表6-2所示。

表6-2　开放式基金的认购

项目	内容	
认购步骤	分为认购和确认两个步骤。	
	认购	投资人在办理基金认购申请时，须填写认购申请表，并须按销售机构规定的方式全额缴款。一般情况下，已经正式受理的认购申请不得撤销
	确认	（1）投资者T日提交认购申请后，于T+2日后到办理认购的网点查询认购申请的受理情况 （2）认购申请被确认无效的，认购资金将退回投资人资金账户
认购方式	（1）开放式基金的认购采取金额认购的方式，即投资者在办理认购申请时，是以金额申请。 （2）在基金认购结束后，再按基金份额的认购价格，将申请认购基金的金额换算为投资者应得的基金份额	
收费模式	两种收费模式：前端收费模式和后端收费模式 （1）前端收费模式是指在认购基金份额时就支付认购费用的付费模式 （2）后端收费模式是指在认购基金份额时不收费，赎回基金份额时才支付认购费用的收费模式 【知识拓展】后端收费模式是为鼓励投资者能够长期持有基金，因为后端收费的认购费率一般会随着投资时间的延长而递减，甚至不再收取认购费用	
认购费率	（1）股票型基金：前端收费模式，根据认购金额设置不同的费率标准，一般最高不超过1.5%；后端收费模式，一般按照持有期限设置，持有期限越长费用越低 （2）债券型基金：费率通常在1%以下；一般不收取认购费，而在成立后收取销售服务费 （3）货币型基金：一般不收取认购费	
认购费用与认购份额的计算	基金认购费用将统一按净认购金额为基础收取，相应的基金认购费用与认购份额的计算公式为： 净认购金额=认购金额÷（1+认购费率） 认购费用=认购金额−净认购金额 （注：对于适用固定金额认购费的认购，认购费用=固定认购费金额） 认购份额=（净认购金额+认购利息）÷基金份额面值	

【例题】甲人投资 5 万元认购某开放式基金，在募集期间产生 5 元的利息，对应的认购费率为 1.2%，基金份额的面值为 1 元，认购费用及认购份额分别是（　　）。

A．530.45 元，39472.51 份
B．592.89 元，49412.11 份
C．573.61 元，4921.89 份
D．592.89 元，39472.51 份

【解析】本题考查开放式基金认购费用与认购份额的计算。净认购金额=认购金额÷(1+认购费率)=50000÷(1+1.2%)=49407.11（元）；认购费用=认购金额−净认购金额=50000−49407.11=592.89（元）；认购份额=(净认购金额+认购利息)÷基金份额面值=(49407.11+5)÷1=49412.11（份）。

【答案】B

（二）封闭式基金的认购

封闭式基金份额由基金管理人负责办理发售。基金管理人一般会选择证券公司组成承销团代理基金份额的发售。在基金份额发售的 3 日前，基金管理人应当公布招募说明书、基金合同及其他有关文件。

封闭式基金认购的特点如表 6-3 所示。

表 6-3　封闭式基金认购的特点

项目	内容
发售方式	发售方式主要有网上发售和网下发售 （1）网上发售，是指通过与证券交易所的交易系统联网的全国各地的证券营业部，向公众发售基金份额的发行方式 （2）网下发售，是指通过基金管理人指定的营业网点和承销商的指定账户，向机构或个人投资者发售基金份额的方式
认购价格	目前募集的封闭式基金通常为创新型封闭式基金。创新型封闭式基金按 1.00 元募集，外加券商自行按认购费率收取认购费方式进行
认购程序	（1）开立账户。投资人必须开立沪、深证券账户或沪、深基金账户及资金账户 （2）存入资金。投资人在资金账户中存入足够的资金 （3）提交认购申请。以"份额"为单位提交认购申请 【名师点拨】认购申请一经受理就不能撤单

（三）ETF 份额的认购

根据投资者认购 ETF 份额所支付的对价种类，ETF 份额的认购又可分为现金认购和证券认购两类。现金认购是指用现金换购 ETF 份额的行为；证券认购是指用指定证券换购 ETF 份额的行为。投资者可选择场内现金认购、场外现金认购以及证券认购等方式认购 ETF 份额。

ETF 份额认购的特点如表 6-4 所示。

表 6-4　ETF 份额认购的特点

项目		内容
认购方式	现金认购	
	场内现金认购	是指投资者通过基金管理人指定的基金发售代理机构以现金方式参与证券交易所网上定价发售
	场外现金认购	是指投资者通过基金管理人及其指定的发售代理机构以现金进行的认购
	证券认购	是指投资者通过基金管理人及其指定的发售代理机构对指定的证券进行认购
认购开户		（1）投资者进行场内现金认购时须具有沪、深证券账户 （2）投资者进行场外现金认购时须具有开放式基金账户或者沪、深证券账户 （3）投资者进行证券认购时须具有沪、深 A 股证券账户

(四) LOF 份额的认购

目前，我国只有深圳证券交易所开办 LOF 业务。LOF 份额的认购可分为场外认购和场内认购两种方式。LOF 份额认购的特点如表 6-5 所示。

表 6-5　LOF 份额认购的特点

项目		内容
认购方式	场外认购	场外认购的基金份额注册登记在中国证券登记结算有限责任公司的开放式基金注册登记系统
	场内认购	场内认购的基金份额注册登记在中国证券登记结算有限责任公司的证券登记结算系统
认购渠道	营业部	基金募集期间，投资者可以通过具有基金代销业务资格的证券经营机构营业部场内认购
	营业网点	通过基金管理人及其代销机构的营业网点场外认购
开户		(1) 场内认购 LOF 份额，应持深圳人民币普通证券账户或证券投资基金账户 (2) 场外认购 LOF 份额，应使用中国证券登记结算有限责任公司深圳证交所开放式基金账户

(五) QDII 基金份额的认购

QDII 基金份额的认购程序和认购渠道与一般开放式基金类似。QDII 基金主要投资于境外市场，因而在募集认购时有独特之处。QDII 基金份额认购的特点如表 6-6 所示。

表 6-6　QDII 基金份额认购的特点

项目		内容
认购程序		(1) 开户；(2) 认购；(3) 确认
认购渠道		在募集期间内，投资者应当在基金管理人、代销机构办理基金发售业务的营业场所或按基金管理人、代销机构提供的其他方式办理基金的认购
特别规定	基金管理人	发售 QDII 基金的基金管理人必须具备合格境内机构投资者资格和经营外汇业务资格
		基金管理人可以根据产品特点确定 QDII 基金份额面值的大小
	计价货币	可以用人民币、美元或其他外汇货币作为计价认购货币

(六) 分级基金份额的认购

分级基金的募集包括合并募集和分开募集两种方式。认购包括场外认购和场内认购两种方式。分级基金份额认购的特点如表 6-7 所示。

表 6-7　分级基金份额认购的特点

项目		内容
募集方式		(1) 合并募集，是投资者以母基金代码进行认购。募集完成后，场外募集基础份额不进行拆分，场内募集基础份额在募集结束后自动分拆成子份额 (2) 分开募集，是分别以子代码进行认购，通过比例配售实现子份额的配比 【知识拓展】目前我国分开募集的分级基金仅限于债券型分级基金
认购方式	场外认购	基金份额注册登记在中国证券登记结算有限责任公司的开放式基金注册登记系统
	场内认购	基金份额注册登记在中国证券登记结算有限责任公司的证券登记结算系统 【知识拓展】目前，我国只有深圳证券交易所开办场内认购分级基金份额
认购渠道		具有基金销售业务资格的证券经营机构营业部场内认购；基金管理人及其销售机构的营业网点场外认购

第二节 基金的交易、申购和赎回

考情分析：本节主要介绍各类基金的交易，主要涉及封闭式基金、开放式基金、ETF、LOF、QDII基金和分级基金的交易规则、条件、原则、费用等。本节的内容繁多，有许多相似的概念、规则，也涉及不少计算公式。本节属于考试的重点部分，近年涉及本节的考题在4~6道。

学习建议：本节内容涉及不少的数字和公式，部分考点需要在理解的基础上进行灵活的运用。面对众多的考查点，可以使用类比、对比的方法进行归纳，并注意考纲中要求重点掌握的部分，有重点地进行学习和复习。

一、封闭式基金的上市与交易（★★★）

封闭式基金募集成立后，即可安排在证券交易所上市。基金管理人应向证券交易所提出申请。经过证券交易所依法审核同意，双方须签订上市协议。

（一）上市交易条件

封闭式基金上市交易应符合下列条件。

（1）基金的募集符合《证券投资基金法》规定；
（2）基金合同期限为5年以上；
（3）基金募集金额不低于2亿元人民币；
（4）基金份额持有人不少于1000人；
（5）基金份额上市交易规则规定的其他条件。

（二）交易规则

封闭式基金的交易规则如表6-8所示。

表6-8 封闭式基金的交易规则

项目	内容
账户开立	对投资者而言，买卖封闭式基金必须开立沪、深证券账户或沪、深基金账户及资金账户 【知识拓展】基金账户只能用于基金、国债及其他债券的认购及交易 个人投资者开立基金账户，须持本人身份证到证券登记机构办理开户手续。办理资金账户，须持本人身份证和已经办理的股票账户卡或基金账户卡，到证券经营机构办理。每个有效证件只允许开设一个基金账户，已开设证券账户的不能再重复开设基金账户。每位投资者只能开设和使用一个资金账户，并只能对应一个股票账户或基金账户
交易时间	封闭式基金发行结束后，不能按基金净值买卖，投资者可以委托券商（证券公司）在证券交易所按市价（二级市场）买卖，直到到期日 封闭式基金的交易时间为每周一至周五（法定公众节假日除外），每天 9:30—11:30 及 13:00—15:00
交易原则	封闭式基金的交易遵循"价格优先、时间优先"的原则。 【知识拓展】价格优先是指较高价格的买进申报优先于较低价格的买进申报，较低价格的卖出申报优先于较高价格的卖出申报。时间优先是对买卖方向、价格相同的，先申报者优先于后申报者。先后顺序按照交易主机接受申报的时间确定
报价单位	封闭式基金的报价单位为每份基金价格。基金的申报价格最小变动单位为0.001元。买入或卖出封闭式基金份额，申报数量应当为100份或其整数倍。基金单笔最大数量应低于100万份
交割	目前，沪、深证券交易所对封闭式基金的交易实行价格涨跌幅限制，涨跌幅比例为10%（基金上市首日除外）。封闭式基金在达成交易后，二级市场交易份额和股份的交割是在 T+0 日，资金交割是在 T+1 完成

【例题】封闭式基金的买入与卖出，申报份额应当是（　　）份或者其整数倍。基金单笔最大数量应当低于（　　）万份。
A. 100，100
B. 100，50
C. 1000，100
D. 1000，50

【解析】本题考查封闭式基金的交易规则。按照有关要求，买入或卖出封闭式基金份额，申报数量应当为100份或其整数倍。基金单笔最大数量应当低于100万份。

【答案】A

（三）交易费用和折价率

交易费用和折价率等相关内容如表6-9所示。

表6-9　交易费用和折价率

事项	内容
交易费用	按照沪、深证券交易所公布的收费标准，我国基金交易佣金不得高于成交金额的0.3%，起点为5元，由证券公司向投资者收取。该费用由证券登记公司与证券公司平分。目前，在沪、深证券交易所上市的封闭式基金交易不收取印花税 【知识拓展】深圳证券交易所特别规定该佣金水平不得低于代收的证券交易监管费和证券交易经手费，上海证券交易所无此规定
折（溢）价率	折（溢）价率可反映封闭式基金份额净值与其二级市场价格之间的关系。折（溢）价率的计算公式为： $$折（溢）价率 = \frac{二级市场价格基金份额净值}{其他份额净值} \times 100\%$$ $$= \frac{二级市场价格}{基金份额净值} - 1 \times 100\%$$ 当基金二级市场价格高于基金份额净值时，对应的是溢价率；当二级市场价格低于基金份额净值时，对应的是折价率。折价率较高时，被认为是购买封闭式基金的好时机，但实际上也不尽然。有时折价率会继续攀升，在弱市时可能出现价格与净值同步下降

二、开放式基金的申购、赎回和转换（★★★）

（一）封闭期及基金开放申购和赎回

在开放式基金合同生效后，可以在基金合同和招募说明书规定的期限内不办理赎回，但该期限最长不得超过3个月。

1. 申购、赎回

封闭期结束后，基金管理人应当在每个工作日办理基金份额的申购、赎回业务。基金合同另有约定的，按照其约定。

投资者在开放式基金合同生效后，申请购买基金份额的行为通常被称为基金的申购。赎回是指基金份额持有人要求基金管理人购回开放式基金份额的行为。

2. 申购和认购的区别

认购是指在基金募集期内，投资者申请购买基金份额的行为；申购是指在基金合同生效后，投资者申请购买基金份额的行为。申购和认购的一般区别在于以下几点。

（1）认购费一般低于申购费，在基金募集期内认购基金份额，一般会享受到一定的费率优惠。

（2）认购是按1元进行认购，而申购通常是按未知价确认。

（3）认购份额要在基金合同生效时确认，并且有封闭期；而申购份额通常在T+2日之内确认，确认后的下一工作日就可以赎回。

（二）开放式基金的申购和赎回原则

股票、债券基金与货币市场基金的申购和赎回原则有所不同，具体内容如表6-10所示。

表 6-10　开放式基金的申购和赎回原则

原则		内容
股票、债券基金	未知价交易原则	投资者在申购和赎回股票基金、债券基金时并不能即时获知买卖的成交价格。申购、赎回价格只能以申购、赎回日交易时间结束后基金管理人公布的基金份额净值为基准进行计算
	金额申购、份额赎回原则	这是适应未知价格情况下的一种最为简便、安全的交易方式。过去的开放式基金招募说明书中一般规定申购的申报单位为1元，申购金额应当为1元的整数倍，且不低于1000元；赎回申报单位为1份基金份额，且应当为整数份额，但现在这一规定逐渐取消
货币市场基金	确定价原则	货币市场基金申购、赎回基金份额价格以1元人民币为基准进行计算
	金额申购、份额赎回原则	货币市场基金申购以金额申请，而赎回以份额申请

（三）开放式基金申购和赎回的场所及时间

1. 开放式基金申购和赎回的场所

（1）通过基金管理人的直销中心与基金销售代理网点进行。

（2）可以通过指定的基金销售代理人以电话、传真、互联网等形式进行。

2. 开放式基金申购和赎回时间

（1）在申购和赎回开放日前3个工作日，基金管理人应至少在一种证监会指定的媒体上刊登公告。

（2）申购和赎回的工作日为证券交易所交易日，具体业务的办理时间为上海、深圳证券交易所的交易时间。即：上海、深圳证券交易所的交易时间为 9:30—11:30 和 13:00—15:00。

（四）申购和赎回的费用及销售服务费

相关的申购、赎回和销售服务费的规定如表6-11所示。

表 6-11　申购、赎回和销售服务费用

项目	内容
申购费用	与认购费一样，申购费可以采用在基金份额申购时收取的前端收费方式，也可以采用在赎回时从赎回金额中扣除的后端收费方式 （1）前端收费方式，基金管理人可以选择根据投资人申购金额分段设置申购费率 （2）后端收费方式，基金管理人可以选择根据投资人持有期限不同分段设置申购费，对于持有期低于3年的投资人，基金管理人不得免收其后端申购费 【知识拓展】申购采用全额缴款方式。基金销售机构可以对自助交易前端申购费用实行一定的优惠
赎回费用	投资者办理开放式基金份额的赎回业务时，一般需要缴纳赎回费，货币市场基金及证监会规定的其他品种除外。场外赎回可按份额在场外的持有时间分段设置赎回费率；场内赎回为固定赎回费率，不可按份额持有时间分段设置赎回费率。赎回费在扣除手续费后，余额不得低于赎回费总额的25%，并应当归入基金财产 目前对于一般的股票型和混合型基金赎回费归基金财产的比例有以下规定，不收取销售服务费的： （1）对持续持有期少于7日的投资人收取不低于1.5%的赎回费，对持续持有期少于30日的投资人收取不低于0.75%的赎回费，并将上述赎回费全额计入基金财产 （2）对持续持有期少于3个月的投资人收取不低于0.5%的赎回费，并将不低于赎回费总额的75%计入基金财产 （3）对持续持有期长于3个月但少于6个月的投资人收取不低于0.5%的赎回费，并将不低于赎回费总额的50%计入基金财产

续表

项目	内容
	（4）对持续持有期长于6个月的投资人，应当将不低于赎回费总额的25%计入基金财产 【知识拓展】对于交易型开放式指数基金（ETF）、上市开放式基金（LOF）、分级基金、指数基金、短期理财产品基金等股票基金、混合基金以及其他类别基金，基金管理人可以参照上述标准在基金合同、招募说明书中约定赎回费的收取标准和计入基金财产的比例，不作强制要求
销售服务费	基金管理人可以从开放式基金财产中计提一定比例的销售服务费，用于基金的持续销售和给基金份额持有人提供服务

【例题1】根据有关规定，基金赎回费在扣除手续费后，余额不低于赎回费总额的（　　）应当归入基金财产。
A. 10%　　　B. 20%
C. 25%　　　D. 30%
【解析】本题考查开放式基金赎回费用。根据相关规定，赎回费在扣除手续费后，余额不得低于赎回费总额的25%，并应当归入基金财产。
【答案】C

（五）申购份额及赎回金额的计算

申购费用、份额，赎回金额以及货币市场基金的手续费的规定如表6-12所示。

表6-12　申购份额、赎回金额的计算

项目	内容
申购费用及申购份额	申购费用与申购份额的计算公式为： $$净申购金额 = \frac{申购金额}{1+申购费率}$$ 申购费用 = 申购金额 − 净申购金额 $$申购份额 = \frac{净申购金额}{申购当日基金份额净值}$$ 当申购费用为固定金额时，申购份额的计算方法为： 净申购金额 = 申购金额 − 固定金额 $$申购份额 = \frac{净申购金额}{T日基金份额净值}$$ 【知识拓展】基金份额份数一般以四舍五入的方法保留小数点后两位以上，由此产生误差的损失由基金资产承担，产生的收益归基金资产所有。但不同的基金招募说明书中约定不一样，有些也采用"基金份额小数点两位以后部分舍去"的方式
赎回金额的确定	赎回金额的计算公式为： 赎回金额 = 赎回总额 − 赎回费用 赎回总额 = 赎回数量 × 赎回日基金份额净值 赎回费用 = 赎回总额 × 赎回费率 赎回费率一般按持有时间的长短分级设置。持有时间越长，适用的赎回费率越低 实行后端收费模式的基金，还应扣除后端认购/申购费，才是投资者最终得到的赎回金额。即： 赎回金额 = 赎回总额 − 赎回费用 − 后端收费金额
货币市场基金的手续费	（1）货币市场基金手续费较低，通常申购和赎回费率为0 （2）一般地，货币市场基金从基金财产中计提比例不高于0.25%的销售服务费，用于基金的持续销售和给基金份额持有人提供服务

【例题2】甲投资者在T日赎回1000份基金份额，持有期限为半年，对应的赎回费率为0.5%，当日基金份额的净值是1.5元，则可以获得（　　）元的赎回金额。
A. 1493.6
B. 1493.9
C. 1492.3
D. 1492.5

【解析】本题考查基金赎回金额的计算。
赎回总金额=1000×1.5=1500（元）；赎回费用=1500×0.5%=7.5（元）；赎回金额=1500-7.5=1492.5（元）。

【答案】D

（六）开放式基金申购和赎回登记及款项的支付

（1）基金管理人应当在每个工作日办理基金份额的申购、赎回业务；如果基金合同另有约定，按照其约定。

（2）投资人申购基金份额时，必须全额交付申购款项（证监会另有规定的基金除外）。

（3）投资人按照规定提交申购申请并全额交付款项，申购申请即为成立；基金份额登记机构确认基金份额时，申购生效。

（4）基金份额持有人递交赎回申请，赎回成立；基金份额登记机构确认赎回时，赎回生效。

（5）一般情况下，投资者申购基金成功后，登记机构会在T+1日为投资者办理增加权益的登记手续，投资者自T+2日起有权赎回该部分基金份额。

申购采用全额缴款方式。如果资金在规定时间内未全额到账，则申购不成功。对于申购不成功或无效，款项将退回投资者账户。

（6）投资者赎回申请成交后，基金管理人应当通过销售机构向投资者支付赎回款项。对一般基金而言，应自受理基金投资者有效赎回申请之日起7个工作日内支付赎回款项（根据基金品种和托管银行的处理速度可能不同）。

（7）在成功赎回基金份额后，登记机构一般会在T+1日为投资者办理扣除权益的登记手续。

基金管理人可以在法律法规允许的范围内，对登记办理时间进行调整，并最迟于开始实施前3个工作日内至少在证监会一种指定的信息披露媒体公告。

【例题3】对一般基金而言，基金管理人应当自受理基金投资者有效赎回申请之日起（　　）个工作日内支付赎回款项。
A. 3   B. 5
C. 7   D. 10

【解析】本题考查开放式基金申购和赎回登记及款项的支付。对一般基金而言，基金管理人应当自受理基金投资者有效赎回申请之日起7个工作日内支付赎回款项。

【答案】C

（七）开放式基金巨额赎回的认定及处理

1. 巨额赎回的认定

单个开放日基金净赎回申请超过基金总份额的10%时，为巨额赎回。单个开放日的净赎回申请，是指该基金的赎回申请加上基金转换中该基金的转出申请之和，扣除当日发生的该基金申购申请及基金转换中该基金的转入申请之和后得到的余额。

2. 巨额赎回的处理

（1）出现巨额赎回时，根据基金当时的资产组合状况，基金管理人可以决定接受全额赎回或者部分延期赎回。

- 接受全额赎回：基金管理人认为有能力兑付投资者的全额赎回申请时，按正常赎回程序执行。
- 部分延期赎回：基金管理人认为兑付投资者的赎回申请存在困难，或认为兑付投资者的赎回申请进行的资产变现可能使基金份额净值发生较大波动时,可以在当日接受赎回比例不低于上一日基金总份额10%的前提下,对其余赎回申请延期办理。

知识拓展

对于单个基金份额持有人的赎回申请,应当按照其赎回份额占申请赎回总份额的比例确定当日办理的赎回份额。未受理部分除投资者,在提交赎回申请时选择将当日未获受理部分予以撤销外,延迟至下一开放日办理。转入下一开放日的赎回申请不享有赎回优先权,并将以下一个开放日的基金份额净值为基准计算赎回金额。以此类推,直到全部赎回为止。

(2)发生巨额赎回及部分延期赎回时,基金管理人应立即向证监会备案,并在3个工作日内至少在证监会指定的一种信息披露媒体公告,并说明相关的处理方法。

(3)基金连续2个开放日以上发生巨额赎回,如果基金管理人认为有必要,可暂停接受赎回申请;已经接受的赎回申请可以延缓支付赎回款项,但不得超过正常支付的20个工作日,并应当至少在证监会指定的一种信息披露媒体公告。

(八)开放式基金份额的转换、非交易过户、转托管与冻结

开放式基金除了常规的申购、赎回交易,基金管理人还会面对转换、非交易过户、转托管与冻结等情况,相关的内容如表6-13所示。

表6-13 开放式基金份额的转换、非交易过户、转托管与冻结

项目	内容
转换	开放式基金份额的转换是指投资者不需要先赎回已持有的基金份额,就可以将其持有的基金份额转换为同一基金管理人管理的另一基金份额的一种业务模式 (1)基金份额的转换一般采取未知价法,按照转换申请日的基金份额净值为基础计算转换基金份额数量 (2)由于基金的申购和赎回费率不同,当存在费用差额时,一般应在转换时补齐 (3)基金份额的转换常常还会收取一定的转换费用。基金份额的转换不需要先赎回已持有的基金再购买另一基金,综合费用仍较低
非交易过户	开放式基金非交易过户是指不采用申购、赎回等基金交易方式,将一定数量的基金份额按照一定规则从某一投资者基金账户转移到另一投资者基金账户的行为 非交易过户的主要方式包括:继承、司法强制执行 【知识拓展】接受划转的主体必须是合格的个人投资者或机构投资者
转托管	(1)基金持有人可以办理其基金份额在不同销售机构的转托管手续 (2)转托管在转出方进行申报,基金份额转托管一次完成 (3)一般而言,投资者于T日转托管基金份额成功后,转托管份额于T+1日到达转入方网点,投资者可于T+2日起赎回该部分基金份额
冻结	(1)基金注册登记机构只受理国家有权机关依法要求的基金账户或份额的冻结与解冻 (2)基金账户或基金份额被冻结的,被冻结部分产生的权益(包括现金分红和红利再投资)一并冻结

【例题4】转托管在( )进行申报。
A. 转出方
B. 转入方
C. 转出方或转入方
D. 转出方和转入方

【解析】本题考查开放式基金份额的转托管。转托管在转出方进行申报,基金份额转托管一次完成。
【答案】A

三、ETF 的上市交易、申购和赎回（★）

（一）ETF 份额折算与变更登记

ETF 份额折算与变更登记的相关内容，如表 6-14 所示。

表 6-14　ETF 份额折算与变更登记的相关内容

项目	内容
时间	（1）ETF 建仓期不超过 3 个月 【知识拓展】基金合同生效后，基金管理人应逐步调整实际组合直至达到跟踪指数要求，此过程为 ETF 建仓阶段 （2）基金建仓期结束后，基金管理人通常会以某一选定日期作为基金份额折算日，以标的指数的 1‰（或 1‰）作为份额净值，对原来的基金份额及其净值进行折算
登记	（1）ETF 基金份额折算由基金管理人办理 （2）由登记结算机构进行基金份额的变更登记
原则	（1）基金份额折算后，基金份额总额与基金份额持有人持有的基金份额将发生调整，但调整后的基金份额持有人持有的基金份额占基金份额总额的比例不发生变化 （2）基金份额折算对基金份额持有人的收益无实质性影响 （3）基金份额折算后，基金份额持有人按照折算后的基金份额享有权利并承担义务
折算方法	（1）假设某 ETF 基金管理人确定了基金份额折算日（T 日）。T 日收市后，基金管理人计算当日的基金资产净值 X 和基金份额总额 Y （2）T 日标的指数收盘值为 I，若以标的指数的 1‰ 作为基金份额净值进行基金份额的折算，则 T 日的目标基金份额净值为 $I/1000$，基金份额折算比例的计算公式为： $$\text{折算比例} = \frac{X/Y}{I/1000}$$ （以四舍五入的方法保留小数点后 8 位） 折算后的份额 = 原持有份额 × 折算比例

（二）ETF 份额的上市交易

ETF 基金合同生效后，基金管理人可向证券交易所申请上市交易。ETF 基金上市交易需要遵循以下交易规则：

（1）基金上市首日的开盘参考价为前一工作日基金份额净值；

（2）基金实行价格涨跌幅限制，涨跌幅比例为 10%，自上市首日起实行；

（3）基金买入申报数量为 100 份或其整数倍，不足 100 份的部分可以卖出；

（4）基金申报价格最小变动单位为 0.001 元。

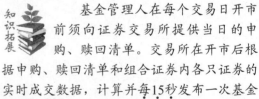

基金管理人在每个交易日开市前须向证券交易所提供当日的申购、赎回清单。交易所在开市后根据申购、赎回清单和组合证券内各只证券的实时成交数据，计算并每 15 秒发布一次基金份额参考净值（IOPV），供投资者交易基金份额时参考。

（三）ETF 份额的申购与赎回

1. ETF 份额的申购与赎回的有关规定

进行 ETF 份额的申购与赎回时，在场所、时间、数额限制、原则、程序和费用方面有详细的规定，具体内容如表 6-15 所示。

表 6-15　ETF 份额的申购与赎回的有关规定

项目		内容
场所		（1）投资者应当在参与券商办理基金申购、赎回业务的营业场所或按参与券商提供的其他方式办理基金的申购和赎回 （2）部分 ETF 基金管理人还提供场外申购、赎回模式，投资者可以采用现金方式，通过场外申购赎回代理机构办理申购、赎回业务 【知识拓展】基金管理人将在开始申购、赎回业务前公告申购、赎回代理证券公司（上海证券交易所称为"代理证券公司"，深圳证券交易所称为"代办证券公司"，可以统一称为"参与券商"）的名单
时间		（1）申购和赎回的开始时间。自基金合同生效日后不超过 3 个月的时间起开始办理赎回 【知识拓展】基金管理人应于申购开始日、赎回开始日前至少 3 个工作日在至少一种证监会指定的信息披露媒体公告 （2）开放日及开放时间。投资者可办理申购、赎回等业务的开放日为证券交易所的交易日，开放时间为 9:30—11:30 和 13:00—15:00
数额限制		（1）投资者申购和赎回的基金份额须为最小申购和赎回单位的整数倍 （2）我国 ETF 的最小申购和赎回单位一般为 50 万份或 100 万份 【知识拓展】基金管理人有权对其进行更改，并在更改前至少 3 个工作日在至少一种中国证监会指定的信息披露媒体公告
原则		（1）场内申购和赎回 ETF 采用份额申购、份额赎回的方式；场外申购、赎回采用金额申购、份额赎回的方式 （2）场外申购、赎回 ETF 的申购对价和赎回对价包括：组合证券、现金替代、现金差额及其他对价。场外申购、赎回 ETF 时，申购对价和赎回对价均为现金 （3）申购和赎回申请提交后不得撤销
程序	申购和赎回申请的提出	投资者须按规定手续，在开放日的开放时间提出申购和赎回的申请。提交赎回申请时必须持有足够的基金份额余额和现金
	申购和赎回申请的确认与通知	（1）基金投资者的申购和赎回申请在受理当日进行确认 （2）投资者可在申请当日通过其办理申购和赎回的销售网点查询确认情况
	申购和赎回的清算交收与登记	（1）目前，单市场 ETF 基金的清算交收是按照投资者 T 日申购和赎回成功后，登记结算机构在 T 日收市后为投资者办理基金份额与组合证券的清算交收以及现金替代等的清算 （2）在 T+1 日办理现金替代等的交收以及现金差额的清算 （3）在 T+2 日办理现金差额的交收，并将结果发送给申购和赎回参与券商、基金管理人和基金托管人 【知识拓展】登记结算机构可在法律法规允许的范围内，对清算交收和登记的办理时间、方式进行调整，并最迟于开始实施前 3 个工作日在至少一种中国证监会指定的信息披露媒体公告
对价及费用		（1）申购对价、赎回对价根据申购、赎回清单和投资者申购、赎回的基金份额确定 （2）场外申购和赎回时，申购对价和赎回对价均为现金 （3）投资者在申购或赎回基金份额时，申购或赎回参与券商可按照 0.5% 的标准收取佣金，其中包含证券交易所、登记结算机构等收取的相关费用 【名师点拨】场内交付的组合证券、现金替代、现金差额及其他对价；场外交付现金对价赎回按 0.5% 的标准收取佣金 （4）T 日的基金份额净值在当天收市后计算，并在 T+1 公告，计算公式为计算日基金资产净值除以计算日发售在外的基金份额总数。T 日的申购、赎回清单在当日上海证券交易所开市前公告。如遇特殊情况，可以适当延迟计算或公告，并报中国证监会备案 【知识拓展】场内申购和赎回时，申购对价是指投资者申购基金份额时应交付的组合证券、现金替代、现金差额及其他对价；赎回对价是指投资者赎回基金份额时，基金管理人应交付给赎回人的组合证券、现金替代、现金差额及其他对价

【例题1】ETF份额的申购和赎回参与券商可以按照（　　）的标准收取佣金。
A. 0.3%　　　B. 0.5%
C. 1.0%　　　D. 1.5%

【解析】本题考查ETF份额的申购和赎回对价及费用。按照有关规定，投资者在申购或赎回基金份额时，申购或赎回参与券商可按照0.5%的标准收取佣金，其中包含证券交易所、登记结算机构等收取的相关费用。

【答案】B

【例题2】ETF有（　　）的规定，只有资金达到一定规模的投资者才能参与ETF一级市场的实物申购、赎回。

A. 最大申购、最大赎回
B. 最大申购、最小赎回
C. 最小申购、赎回份额
D. 最大申购、赎回份额

【解析】本题考查ETF有份额的申购和赎回。ETF具有下列三大特点：①被动操作的指数基金；②独特的实物申购、赎回机制，ETF有"最小申购、赎回份额"的规定，只有资金达到一定规模的投资者才能参与ETF一级市场的实物申购、赎回；③实行一级市场与二级市场并存的交易制度。

【答案】C

2. 申购清单和赎回清单

申购清单和赎回清单相关知识如表6-16所示。

表6-16　申购清单和赎回清单相关知识

事项	内容阐述
清单的内容	T日申购清单和赎回清单公告内容包括：最小申购、赎回单位所对应的组合证券内各成分证券数据、现金替代、T日预估现金部分、T-1现金差额、基金份额净值及其他相关内容
组合证券相关内容	申购清单和赎回清单将公告：最小申购、赎回单位所对应的各成分证券名称、证券代码及数量 【知识拓展】组合证券是基金标的指数所包含的全部或部分证券
现金替代相关内容	现金替代是在申购和赎回过程中，投资者按基金合同和招募说明书的规定，用于替代组合证券中部分证券的一定数量的现金。现金替代分为三种类型：禁止现金替代、可以现金替代和必须现金替代 （1）禁止现金替代是指在申购和赎回基金份额时，该成分证券不允许使用现金作为替代 （2）可以现金替代是指在申购基金份额时，允许采用现金作为全部或部分该成分证券的替代。但在基金份额赎回时，该成分证券不允许使用现金作为替代 【名师点拨】现金替代的证券一般是由停牌等原因导致投资者无法在申购时买入的证券。对于可以现金替代的证券，替代金额的计算公式为： 替代金额＝替代证券数量×该证券最新价格×（1+现金替代溢价比例） 【知识拓展】最新价格的确定原则为：①该证券正常交易时，采用最新成交价；②该证券正常交易中出现涨停时，采用涨停价格；③该证券停牌且当日有成交时，采用最新成交价；④该证券停牌且当日无成交时，采用前一交易日收盘价 （3）必须现金替代是指在申购和赎回基金份额时，该成分证券必须用现金作为替代。必须现金替代的证券一般是因为标的指数调整，即将被剔除的成分证券。对这部分证券，基金管理人将在申购清单和赎回清单中公告替代的一定量的现金，即"固定替代金额" 固定替代金额＝申购清单和赎回清单中该证券的数量×该证券经除权调整的T-1日收盘价 （4）预估现金部分相关内容。预估现金部分是为便于计算基金份额参考净值及申购、赎回，参与券商预先冻结申请者的相应资金，由基金管理人计算的现金数额 T日申购清单和赎回清单中公告T日预估现金部分，计算公式可表示为： T日预估现金部分＝T-1日最小申购和赎回单位的基金资产净值－（申购清单和赎回清单中必须用现金替代的固定替代金额＋申购清单和赎回清单中可以用现金替代成分证券的数量与T日预计开盘价相乘之和＋申购清单和赎回清单中禁止用现金替代成分证券的数量与T日预计开盘价相乘之和）

事项	内容阐述
	式中：T日预计开盘价主要根据上海证券交易所提供的标的指数成分证券的预计开盘价确定。另外，若T日为基金分红除息日，则计算公式中的"T-1日最小申购和赎回单位的基金资产净值"须扣减相应的收益分配数额。预估现金部分的数值可能为正、为负或为零 （5）现金差额相关内容。T日现金差额在T+1日的申购清单和赎回清单中公告。其计算公式可表示为： T日现金差额=T日最小申购和赎回单位的基金资产净值-（申购清单和赎回清单中必须用现金替代的固定替代金额+申购清单和赎回清单中可以用现金替代成分证券的数量与T日收盘价相乘之和+申购清单和赎回清单中禁止用现金替代成分证券的数量与T日收盘价相乘之和） T日投资者申购和赎回基金份额时，须按T+1日公告的T日现金差额进行资金的清算交收 【知识拓展】现金差额的数值可能为正、为负或为零。在进行申购时，如现金差额为正数，投资者应根据基金份额支付相应的现金；如现金差额为负数，则会根据基金份额获得相应的现金。在进行赎回时，如现金差额为正数，投资者将根据基金份额获得相应的现金；如现金差额为负数，则根据其赎回的基金份额支付相应的现金

按照考纲要求，本部分知识点只需要了解即可。

3. 申购和赎回的暂停

基金管理人可以暂停申购和赎回申请的情形如下。

（1）不可抗力导致基金无法接受申购和赎回；

（2）证券交易所决定临时停市，导致基金管理人无法计算当日基金资产净值；

（3）证券交易所、申购和赎回参与券商、登记结算机构因异常情况无法办理申购和赎回；

（4）法律法规规定或经中国证监会批准的其他情形。

在发生暂停申购和赎回的情形之一时，基金的申购和赎回可能同时暂停。如发生上述情况，基金管理人应当在当日向证监会备案，并及时公告。暂停消除时，基金管理人应及时恢复申购和赎回业务，并予以公告。

四、LOF的上市交易、申购和赎回（★）

（一）LOF的上市交易

LOF与封闭式基金的交易规则基本相同，具体体现如下。

（1）买入LOF申报数量应当为100份或其整数倍，申报价格最小变动单位为0.001元。

（2）深交所对LOF交易实行涨跌幅限制，涨跌幅比例为10%，上市首日起执行。

（3）投资者T日卖出基金份额后的资金，在T+1日即可到账（T日也可做回转交易），而赎回的资金至少T+2日到账。

在LOF上市首日的开盘参考价为前一交易日的基金份额净值。

【例题】关于LOF份额在交易所的交易规则，说法错误的是（　　）。

A. 申报价格最小变动单位为0.01元

B. 深交所对LOF交易实行涨跌幅限制

C. 投资者T日卖出基金份额后，资金在T+1日可到账

D. 买入LOF申报数量应当为100份或其整数倍

【解析】本题考查LOF份额的交易规则。按照相关规定，LOF申报价格最小变动单位为0.001元。

【答案】A

（二）LOF份额的申购和赎回

（1）办理机构与场所：①通过基金管理

人及其代销机构在场外办理 LOF 的申购及赎回；②通过具有基金代销业务资格且符合风险控制要求的深圳证券交易所会员单位在场内办理申购和赎回业务。

 注意系统不同，交易场所也不同。

（2）LOF 采取的原则：采取"金额申购、份额赎回"原则，即申购以金额申报，赎回以份额申报。场内申购的申报单位为 1 元，赎回申报单位为 1 份基金份额；场外申购和赎回申报单位应在基金招募说明书中载明。

（3）投资者 T 日在深圳证券交易所申购的基金份额，自 T+1 日开始可在深交所卖出或赎回；T 日买入的基金份额，T+1 日可以在深交所卖出或者赎回。

（三）LOF 份额转托管

LOF 份额转托管包含系统内转托管和跨系统转托管两种类型，具体内容如表 6-17 所示。

表 6-17　系统内和跨系统转托管

项目	内容
系统内转托管	是投资者将托管在某证券经营机构的 LOF 份额转托管到其他证券经营机构（场内到场内），或将托管在某基金管理人或其代销机构的 LOF 份额转托管到其他基金代销机构或基金管理人（场外到场外）
跨系统转托管	是投资者将托管在某证券经营机构的 LOF 份额转托管到基金管理人或代销机构（场内到场外），或将托管在基金管理人或其代销机构的 LOF 份额转托管到某证券经营机构（场外到场内） 【名师点拨】LOF 份额跨系统转托管只限于在深圳证券账户和以其为基础注册的深圳开放式基金账户之间进行
转托管时间	投资者将 LOF 份额从证券登记系统转入基金登记系统，自 T+2 日开始可在转入方代销机构或基金管理人处申报赎回基金份额。投资者将上市开放式基金份额从 TA 系统转入证券登记系统，自 T+2 日开始可通过转入方证券营业部申报在深圳证券交易所卖出或赎回基金份额

由于 LOF 份额是分系统登记的，登记在基金注册登记系统中的基金份额只能申请赎回，不能直接在证券交易所卖出；登记在证券登记结算系统中的基金份额既可以在证券交易所卖出，也可以直接申请赎回。拟申请将登记在基金注册登记系统中的基金份额进行上市交易，必须先办理跨系统转托管，即将登记在基金注册登记系统中的基金份额转托管到证券登记结算系统，或将登记在证券登记结算系统中的基金份额转托管到基金注册登记系统。

LOF 份额不得办理跨系统转托管的情形：

（1）分红派息前 R-2 日至 RB（R 日为权益登记日）的 LOF 份额；

（2）处于质押、冻结状态的 LOF 份额。

对于处于募集期内或封闭期内的 LOF 份额，进行跨系统转托管虽没有明确规定禁止，但一般在封闭期结束后开通跨系统转托管。

（四）LOF 与 ETF 的区别

LOF 与 ETF 两者有本质区别，主要表现如表 6-18 所示。

表 6-18 LOF 与 ETF 的区别

事项	LOF	ETF
申购和赎回的标的不同	申购和赎回是基金份额与现金的对价	ETF 与投资者交换的是基金份额与一篮子股票
申购和赎回的场所不同	申购和赎回可以在代销网点进行,也可以在交易所进行	申购和赎回通过交易所进行
对申购和赎回限制不同	没有特别要求	只有资金在一定规模以上的投资者才能参与
在二级市场的净值报价上	LOF 的净值报价频率要比 ETF 低,通常每天只提供 1 次或几次基金净值报价,ETF 基金份额的申购和赎回通常要求在 50 万份以上	ETF 每 15 秒提供一个基金参考净值报价
基金投资策略不同	LOF 是普通的开放式基金增加了交易所的交易方式,它可能是指数型基金,也可能是主动管理型基金	ETF 通常拟合某一个指数,采用完全被动式管理方法

五、QDII 基金的申购和赎回（★）

（一）QDII 基金与一般开放式基金的申购和赎回的相同点与区别

QDII 基金与一般开放式基金的申购和赎回的相同点如表 6-19 所示。

（二）QDII 基金与一般开放式基金的申购和赎回的区别

QDII 基金与一般开放式基金的申购和赎回的区别如表 6-20 所示。

表 6-19 QDII 基金与一般开放式基金的申购和赎回的相同点

事项	内容阐述
申购和赎回渠道	与一般开放式基金基本相同,投资者可通过基金管理人的直销中心及其代销机构的网站进行 QDII 基金的申购与赎回。基金管理人可根据具体情况变更、增减代销机构,并予以公告
申购和赎回的开放时间	证券交易所的交易日为 QDII 基金申购和赎回开放日（基金管理人另有公告除外）,开放时间为 9:30—11:30, 13:00—15:00
申购和赎回的原则与程序、申购份额和赎回金额的确定	申购和赎回的原则与程序、申购份额和赎回金额的确定、巨额赎回的处理办法等都与一般开放式基金类似

表 6-20 QDII 基金与一般开放式基金的申购和赎回的区别

事项	内容阐述
币种	一般情况下 QDII 基金申购和赎回的币种是人民币。基金管理人在不违反法律法规规定的情况下,可以接受其他币种的申购和赎回,并提前公告
申购和赎回登记	一般情况下,基金管理公司在 T+2 日内对该申请的有效性进行确认。投资者 T 日提交的有效申请,应在 T+3 日到销售网点柜台或以销售机构规定的其他方式查询申请的确认情况 赎回 QDII 基金申请成功后,基金管理人将在 T+10 日（包括该日）内支付赎回款项。如发生巨额赎回,支付办法按基金合同的有关规定处理
拒绝或暂停申购的情形	QDII 基金主要投资于海外市场,所以拒绝或暂停申购的情形与一般开放式基金有所不同,如基金规模不可超出证监会、国家外汇管理局核准的境外证券投资额度等

六、分级基金份额的上市交易、申购和赎回（★）

（一）分级基金份额的上市交易

（1）分开募集的分级基金，分别以子代码进行募集。基金成立后向深圳证券交易所提交上市申请，仅以子代码上市交易，母基金不上市也不申购、赎回。

（2）对于以母基金代码进行合并募集的分级基金，在募集完成后，将基础份额按比例拆分为不同风险收益的子份额，部分或全部类别份额上市交易。

（3）分级基金上市遵循证券交易所的上市条件及交易规则。

我国目前发行的合并募集分级基金，通常子份额上市交易；基础份额仅进行申购和赎回，不上市交易。因此，合并募集的分级基金完成募集后，通常仅将场内认购的份额按比例拆分为子份额，而场外认购的基金份额以基础份额的形式持有。

（二）开放式分级基金份额的申购和赎回

开放式分级基金份额的申购和赎回包括场内和场外两种方式。

（1）分开募集的分级基金，以子代码进行申购和赎回，母基金代码不能进行申购和赎回。

（2）我国目前发行的合并募集的分级基金，通常只能以母基金代码进行申购和赎回，子基金份额只能上市交易，不能单独申购和赎回。

（3）对场内申购的基础份额，可以按比例拆分为子份额进行上市交易。

（4）投资者可按初始份额配比比例将不同风险收益的子份额配对转换为基础份额，然后用母基金代码进行赎回。

（5）开放式分级基金份额的场内、场外申购和赎回遵循LOF的原则和流程。

由于分级基金比普通基金更复杂、风险更大，需要投资者具有更强的风险承受能力。2012年起，对新募集的分级基金设定单笔认购/申购下限：合并募集的分级基金，单笔认购/申购金额不得低于5万元；分开募集的分级基金，B类份额单笔认购/申购金额不得低于5万元。

（三）分级基金的跨系统转托管

（1）分级基金份额如果登记在基金注册登记系统的基金份额只能申请赎回，不能直接在证券交易所卖出。

（2）分级基金份额登记在证券登记结算系统中的基金份额可在证券交易所进行卖出。

（3）基金份额持有人拟将登记在基金注册登记系统中的基金份额进行上市交易，必须首先办理跨系统转托管，即将基金份额转托管到证券登记结算系统。

（4）转托管后，先将基础份额拆分为子基金份额，然后可以在证券交易所卖出。

（5）基金份额持有人也可以将基金份额由证券登记结算系统转托管到基金注册登记系统。

第三节 基金的登记

考情分析：本节主要介绍基金登记的概念、流程，基金注册登记机构的职责和相关的资金结算。整节内容不多，但都很重要。特别是把握资金的清算和交收的概念和相关资金到账的情况。在近年的考试中，涉及本节的考题在1道左右。

学习建议：充分理解基金登记的概念和份额登记流程，在学习时重点记忆登记机构的体系模式和主要职责。通过流程图加深对相关过程的理解。

一、开放式基金份额登记的概念（★★★）

开放式基金份额的登记是指基金注册登记机构通过设立和维护基金份额持有人名册，确认基金份额持有人持有该基金份额的行为。

基金份额登记具有确定及变更基金份额持有人及其权利的法律效力，它是保障持有人合法权益的重要环节。

二、开放式基金注册登记机构及职责（★★★）

（一）开放式基金注册登记机构

（1）由基金管理人办理；
（2）委托给证监会认定的其他机构办理。

（二）开放式基金注册登记体系的模式

（1）基金管理人自建注册登记系统的"内置"模式；
（2）委托中国证券登记结算有限责任公司作为注册登记机构的"外置"模式；
（3）以上两种情况兼有的"混合"模式。

（三）基金注册登记机构的主要职责

基金注册登记机构的主要职责如下：
（1）建立并管理投资者基金份额账户；
（2）负责基金份额登记，确认基金交易；
（3）发放红利；
（4）建立并保管基金投资者名册；
（5）基金合同或者登记代理协议规定的其他职责。

【例题】我国开放式基金注册登记体系的模式不包括（　　）。
A."内置"模式
B."混合"模式
C."简易"模式
D."混合"模式
【解析】本题考查开放式基金注册登记体系的模式。按照有关规定，注册登记体系的模式包括"内置"模式、"外置"模式和"混合"模式三种。
【答案】C

三、基金份额登记流程（★★）

基金份额登记的过程与基金的申购和赎回过程一致，具体流程如下。

（1）T日，投资者的申购和赎回申请信息通过代销机构网点传送至代销机构总部。再由代销机构总部将本代销机构的申购和赎回信息进行汇总，然后统一传送至注册登记机构。

（2）T+1日，注册登记机构依据T日各代销机构的申购和赎回申请数据以及T日的基金份额净值统一进行确认处理，并登记至投资者的账户，然后将确认后的申购和赎回数据信息下发至各代销机构，各代销机构再下发至各所属网点。

（3）与此同时，注册登记机构也将登记数据发送至基金托管人。至此，注册登记机构完成对基金份额的登记。基金份额登记流程如图6-1所示。

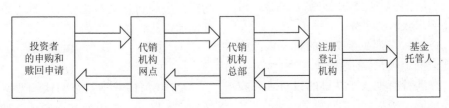

图6-1　基金份额登记流程

如果投资者提交的信息不符合注册登记的相关规定，最后确认的信息将是投资者申购和赎回失败。

名师点拨 不同的基金品种，份额登记时间可能不一样。一般基金在 T+1 日登记，而 QDII 基金通常在 T+2 日登记。

四、申购和赎回的资金结算（★★★）

资金结算分为清算和交收两个环节。

（1）清算是按照规则计算出基金当事各方应收、应付的资金数额。

（2）交收是基金当事各方根据清算结果进行资金的收付，从而完成交易。

资金清算是注册登记机构根据确认的申购和赎回数据信息进行的。按照清算的结果，投资者的资金将会从其资金账户转移到基金在托管银行开立的银行存款账户，或者从基金的银行存款账户转移至投资者的资金账户。资金交收流程如图 6-2 所示。

图 6-2　资金交收流程

为了保护基金投资人的利益，基金管理人应当自收到申请之日起 3 个工作日内，对申购（认购）、赎回申请的有效性进行确认。

名师点拨 我国境内的基金申购款一般在 T+2 日内能到达基金的银行存款账户，赎回款一般在 T+3 日内从基金的银行存款账户划出。货币市场基金的赎回资金划付更快，一般 T+1 日从基金的银行存款账户划出，最快在划出当天就可到达投资者的资金账户。

过关测试题

1. 对于进行短期交易的开放式基金，可以按以下要求收取赎回费（　　）。

A. 持续持有期少于 7 日的投资人，收取不低于赎回金额 5% 的赎回费

B. 持续持有期少于 7 日的投资人，收取不低于赎回金额 2% 的赎回费

C. 持续持有期少于 30 日的投资人，收取不低于赎回金额 0.75% 的赎回费

D. 持续持有期少于 30 日的投资人，收取不低于赎回金额 0.5% 的赎回费

2. QDII 基金份额的认购程序不包括（　　）。

A. 开户　　　　B. 认购
C. 确认　　　　D. 申请

3. 封闭式基金份额的发售，由（　　）负责办理。

A. 投资本人
B. 基金管理人
C. 基金发售人
D. 基金代销机构

4. 一般而言，投资者申购开放式基金成功后，登记机构会在（　　）日为投资者办理增加权益的登记手续。

A. T+2　　　　B. T+1
C. T+5　　　　D. T+3

5. 我国债券型基金的认购费率通常在（　　）以下，货币型基金的认购费一般为（　　）。

A. 1.5%；0
B. 1%；0
C. 1.5%；5 元的整数倍
D. 1%；5 元的整数倍

6. 开放式基金成立初期，可以在基金契约和招募说明书规定的期限内只接受申购，不办理赎回，但该期限最长不得超过（　　）个月。
A. 1　　　　　　B. 3
C. 6　　　　　　D. 9

7. 下列关于封闭式基金和开放式基金的说法错误的是（　　）。
A. 开放式基金的认购程序包括认购和确认
B. 开放式基金的认购收费模式为前端收费和后端收费
C. 封闭式基金的认购价格按 1 元募集，外加券商自行按认购费率收取的认购费
D. 封闭式基金的发售方式为场内认购和场外认购

8. 投资者进行 ETF 证券认购时须具有（　　）。
A. 沪、深 B 股或 H 股证券账户
B. 开放式基金账户
C. 沪、深 A 股证券账户
D. 封闭式基金账户

9. 下列属于基金巨额赎回的是（　　）。
A. 单个开放日基金净赎回申请为基金总份额的 11%
B. 单个开放日基金净申购申请为基金总份额的 6%
C. 单个开放日基金净赎回申请为基金总份额的 3%
D. 单个开放日基金净申购申请为基金总份额的 2%

10. 下列关于基金份额登记流程的说法错误的是（　　）。
A. 对于不同基金品种，份额登记时间可能不一样

B. QDII 通常是 T+1 日登记，而 QFII 基金则通常是 T+2 日登记
C. T+1 日，注册登记机构根据 T 日各代销机构的申购和赎回申请数据及 T 日的基金份额净值统一进行确认处理，并将确认的基金份额登记至投资者的账户，然后将确认后的申购和赎回数据信息下发至各代销机构，各代销机构再下发至各所属网点
D. T 日，投资者的申购和赎回申请信息通过代销机构网点传送至代销机构总部，由代销机构总部将本代销机构的申购和赎回申请信息汇总后统一传送至注册登记机构

11. 下列不属于基金募集发售工作内容的是（　　）。
A. 发售基金
B. 公布基金招募说明书、基金合同及其他相关文件
C. 提交备案申请
D. 资金存入专门账户

12. 下列关于封闭式基金交易的表述，不正确的是（　　）。
A. 遵从价格优先、时间优先原则
B. 申报价格最小变动单位为 0.0001 元人民币
C. 采用竞价成交的方式
D. 实行 T+1 日交收制度

13. 一般地，货币市场基金从基金财产中计提比例不高于（　　）的销售服务费，用于基金的持续销售和给基金份额持有人提供服务。
A. 0.25%　　　　B. 0.5%
C. 1%　　　　　D. 1.5%

14. 封闭式基金交易报价最小变动单位是（　　）元人民币。
A. 0.0001　　　　B. 0.001
C. 0.01　　　　　D. 0.1

15. 基金管理人应当自募集期限届满之日起 10 日内聘请法定验资机构验资，自收到验资报告之日起（　　）日内，向证监会提

交验资报告，办理基金备案手续，并予以公告。

A. 2　　　　　　B. 3

C. 5　　　　　　D. 10

16. 某投资者通过场外申购 10 万元某开放式基金，假设基金管理人规定的申购费率为 1.5%，申购当日基金份额净值为 1.15 元，则其申购份额为（　　）份。

A. 85671.15

B. 85671.25

C. 85671.35

D. 85671.45

17. 基金管理人办理基金份额的申购，可以收取（　　）。

A. 认购费　　　B. 过户费

C. 手续费　　　D. 申购费

18. 当基金管理人认为兑付投资者的赎回申请有困难，或认为兑付投资者的赎回申请进行的资产变现可能使基金份额净值发生较大波动时，基金管理人在当日接受赎回比例不低于上一日基金总份额（　　）的前提下，对其余赎回申请延期办理。

A. 11%　　　　B. 10%

C. 9%　　　　D. 8%

19. 下列关于可以现金替代的说法错误的是（　　）。

A. 可以现金替代的替代金额＝替代证券数量×该证券最新价格×（1+现金替代溢价比例）

B. 现金替代溢价又被称为"现金替代保证"

C. 收取现金替代溢价的原因是，对于使用现金替代的证券，基金管理人须在证券恢复交易后买入，而实际买入价格加上相关交易费用后与申购时的最新价格可能有所差异

D. 收取现金替代溢价的原因是为了保证基金经理的操作水平不被市场以外的原因影响

20. 下列关于折价率的公式，不正确的是（　　）。

A. 折价率＝（二级市场价格÷基金份额净值−1）×100%

B. 折价率＝（二级市场价格−基金份额净值）÷基金份额净值×100%

C. 二级市场价格÷基金份额净值−1＝（二级市场价格−基金份额净值）÷基金份额净值

D. 折价率＝（二级市场价格÷基金份额净值+1）×100%

21. 下列关于 LOF 份额申购和赎回的说法错误的是（　　）。

A. LOF 采用金额申购，份额赎回原则

B. T 日买入的 LOF 基金份额，T+2 日可以在深圳证券交易所卖出或者赎回

C. LOF 场内申购申报单位为 1 元人民币

D. LOF 赎回申报单位为 1 份基金份额

22. 下列关于 ETF 份额的说法错误的是（　　）。

A. ETF 基金份额折算对基金份额持有人的收益无实质性影响

B. 在发生暂停申购和赎回的情形之一时，基金的申购和赎回不会同时暂停

C. ETF 份额折算的登记由基金管理人办理

D. ETF 份额折算时，持有人持有的基金份额占基金份额总额的比例不发生变化

23. 根据中国证监会的有关规定，基金认购费率将以（　　）为基础收取。

A. 净认购份额

B. 认购金额

C. 认购份额

D. 净认购金额

24. ETF 建仓阶段是指基金合同生效后，基金管理人逐步调整实际组合直至达到跟踪指数要求的过程。ETF 建仓期不超过（　　）个月。

A. 1　　　　　　B. 3

C. 5　　　　　　D. 7

25. 下列不属于货币市场基金的申购和

赎回原则的是（　　）。

A．确定价原则
B．未知价交易原则
C．金额申购原则
D．份额赎回原则

26．投资人认购基金的申请被销售机构受理并不代表该申请一定成功，仅代表销售机构确实接受了认购申请，一般可于（　　）日查询认购申请的受理情况，认购的最终结果要待基金募集期结束后才能确认。

A．T+1　　　B．T+2
C．T+3　　　D．T+7

27．ETF上市后要遵循的交易规则不正确的是（　　）。

A．基金上市首日的开盘参考价为前一工作日基金份额净值
B．基金价格涨跌幅比例为10%，自上市首日起实行
C．基金买入申报数量为100份或其整数倍，不足100份的可以卖出
D．基金申报价格最小变动单位为0.005元

28．不属于LOF与ETF区别的是（　　）。

A．申购和赎回的登记不同
B．申购和赎回的场所不同
C．在二级市场的净值报价频率不同
D．基金投资策略不同

第七章

基金的信息披露

本章主要介绍基金在信息披露方面的作用、要求和规范。基金信息披露是基金行业公信力的基石。强制进行信息披露有利于保护投资者利益,可以有效防止利益冲突与利益输送。本章共分五节,涉及基金信息披露内容、基金主要当事人的披露义务、基金募集和运作信息的披露、对特殊基金品种的信息披露。

本章内容考点分散,理解难度不大。重点是掌握基金信息披露的作用、信息披露的原则、基金净值公告、相关当事人的披露义务等。特别要注意区分有关份额、天数、超差等含有数字的内容。在历次考试中,本章属于次重要内容,平均考题分值为9分左右。

本章考点预览

基金的信息披露	第一节 基金信息披露概述	1. 基金信息披露的含义与作用	★★★
		2. 基金信息披露的原则和制度体系	★★★
		3. 基金信息披露的内容	★★
		4. 基金信息披露的禁止行为	★★
		5. XBRL在基金信息披露中的应用	★
	第二节 基金主要当事人的信息披露义务	1. 基金管理人的信息披露义务	★★
		2. 基金托管人的信息披露义务	★★
		3. 基金份额持有人的信息披露义务	★★
	第三节 基金募集信息披露	1. 基金合同	★★
		2. 基金招募说明书	★★
		3. 基金托管协议	★★
	第四节 基金运作信息披露	1. 基金净值公告	★★★
		2. 基金定期公告	★★
		3. 基金上市交易公告书	★★
		4. 基金临时信息披露	★★
	第五节 特殊基金品种的信息披露	1. QDII基金的信息披露	★
		2. ETF的信息披露	★

第一节 基金信息披露概述

考情分析：本节主要涉及基金信息披露的含义、作用，信息披露的原则和制度体系，基金信息需要披露的内容，信息披露禁止的行为以及可扩展商业报告语言XBRL的应用。内容相对简单，重点突出，记忆也比较容易，在近年的考试中，本节一般会出1道题。

学习建议：本节的考点不多，题目也相对简单，属于送分的内容。在学习时，注意重点记忆即可。

一、基金信息披露的含义与作用（★★★）

（一）基金信息披露的含义

基金信息披露指基金市场上的有关当事人在基金募集、上市交易、投资运作等一系列环节中，依照法律法规向社会公众进行的信息披露。

（二）基金信息披露的作用

基金信息披露的作用表现在：有利于投资者的价值判断、有利于防止利益冲突与利益输送、有利于提高证券市场的效率、能有效防止信息滥用四个方面，如图7-1所示。

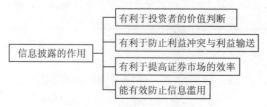

图7-1　信息披露的作用

1. 有利于投资者的价值判断

（1）在基金募集过程中，投资者可以根据基金招募说明书等募集信息披露文件，选择适合自己风险偏好及收益预期的基金产品。

（2）在基金的运作过程中，持有人可以根据基金的历史业绩和风险等信息，决定是否值得继续持有该基金产品。

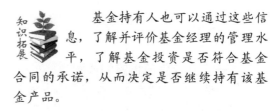

基金持有人也可以通过这些信息，了解并评价基金经理的管理水平，了解基金投资是否符合基金合同的承诺，从而决定是否继续持有该基金产品。

2. 有利于防止利益冲突与利益输送

资本市场的基础是信息披露，强制性信息披露可以改变投资者的信息弱势地位，增加资本市场的透明度，防止利益冲突与利益输送，增加公众对基金运作的监督，限制和防范基金管理不当及欺诈行为。

3. 有利于提高证券市场的效率

证券市场信息的不对称，使投资者无法对基金进行有效甄别，高效率的基金无法吸引到足够的投资资金。通过强制性信息披露，迫使隐藏信息及时、充分地公开，从而消除逆向选择及道德风险等问题带来的低效、无序状况，可以提高证券市场的效率。

4. 能有效防止信息滥用

如果不对基金信息披露进行规范，投资者可能会因为不充分、不及时、虚假信息的干扰而做出错误的投资决策，甚至还会给基金的运作带来致命性打击，不利于行业的长远发展。

【例题】下列关于基金信息披露作用的说法错误的是（　　）。

A. 有利于投资者的价值判断
B. 有利于防止利益冲突与利益输送
C. 有利于提高证券市场的效率
D. 能有效防止操纵市场

【解析】本题考查基金信息披露的作用。基金信息披露的作用主要表现在四个方面：有利于投资者的价值判断、有利于防止利益冲突与利益输送、有利于提高证券市场的效率、能有效防止信息滥用，因此D选项是错误的说法。

【答案】D

二、基金信息披露的原则和制度体系（★★★）

（一）基金信息披露的原则

信息披露的原则体现在对披露内容和披露形式两方面的要求上。在披露的内容方面，要求遵循真实性原则、准确性原则、完整性原则、及时性原则和公平性原则；在披露的形式方面，要求遵循规范性原则、易解性原则和易得性原则。原则具体包括如图 7-2 所示的内容。

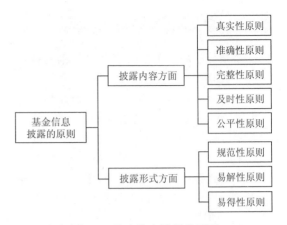

图 7-2 基金信息披露的原则

1. 披露内容方面应遵循的基本原则

披露内容方面应遵循的基本原则的具体内容如表 7-1 所示。

表 7-1 披露内容方面应遵循的基本原则

基本原则	内容阐述
真实性原则	基金信息披露的真实性原则是基金信息披露最根本、最重要的原则。所披露的信息应当以客观事实为基础，以不加扭曲和粉饰的方式反映真实的状态
准确性原则	基金信息披露的准确性原则要求使用精确的语言披露信息，在内容和表达方式上不使人发生误解，不得使用模棱两可的语言
完整性原则	基金信息披露的完整性原则要求在披露可能影响投资者决策的某一具体信息时，必须对信息的所有重要方面进行充分的披露。不仅要披露对信息披露义务人有利的信息，更要披露对信息披露义务人不利的各种风险因素。该原则在具体实施时，要求充分披露重大信息
及时性原则	基金信息披露的及时性原则要求以最快的速度公开信息，并且信息处于最新状态【名师点拨】基金管理人应在法定期限内披露基金招募说明书、定期报告等文件，在重大事件发生之日起 2 日内披露临时报告
公平性原则	基金信息披露的公平性原则要求将信息向市场上所有的投资者平等、公开地披露，而不是仅向个别机构或投资者进行披露

《证券基金投资法》第 74 条：基金管理人、基金托管人和其他基金信息披露义务人应当依法披露基金信息，并保证所披露信息的真实性、准确性和完整性。

2. 披露形式方面应遵循的基本原则

披露形式方面应遵循的基本原则如表 7-2 所示。

表 7-2 披露形式方面应遵循的基本原则

基本原则	内容阐述
规范性原则	规范性原则要求披露基金信息必须按照法定的内容和格式进行，以保证披露信息的可比性
易解性原则	易解性原则要求信息披露应当简明扼要、通俗易懂，避免使用冗长、技术性用语
易得性原则	易得性原则要求公开披露的信息容易被一般公众投资者获取。比如，通过证监会指定报刊、基金管理人网站、邮寄等多种方式发布信息

（二）我国的基金信息披露制度体系

基金信息披露的制度体系可分为四个层次：国家法律、部门规章、规范性文件与自律规则，如图 7-3 所示。

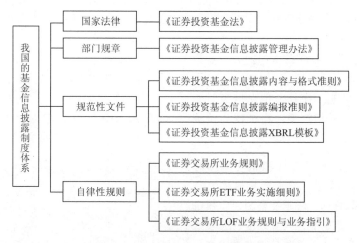

图 7-3　基金信息披露的制度体系

三、基金信息披露的内容（★★）

基金信息披露的内容具体包括以下方面：
（1）基金招募说明书；
（2）基金合同；
（3）基金托管协议；
（4）基金份额发售公告；
（5）基金募集情况；
（6）基金合同生效公告；
（7）基金份额上市交易公告书；
（8）基金资产净值、基金份额净值；
（9）基金份额申购、赎回价格；
（10）基金定期报告，包括基金年度报告、基金半年度报告和基金季度报告；
（11）临时报告；
（12）基金份额持有人大会决议；
（13）基金管理人、基金托管人的基金托管部门的重大人事变动；
（14）涉及基金管理人、基金财产、基金托管业务的诉讼；
（15）澄清公告；
（16）中国证监会规定的其他信息。

四、基金信息披露的禁止行为（★★）

基金信息披露的禁止行为具体内容包括如下几个方面。

（1）虚假记载、误导性陈述或者重大遗漏。这三类行为都会扰乱基金市场的正常秩序，侵害投资者合法权益，属于严重违法行为。

知识拓展　虚假记载是指信息披露义务人将不存在的事实记载在基金信息披露文件；误导性陈述，是指那些可能导致投资者对基金投资行为发生错误判断并产生重大影响的陈述；重大遗漏，是指在信息披露时存在应披露而未披露的情况，以至于影响投资者的正确决策。

《证券投资基金法》第 131 条：基金信息披露义务人不依法披露基金信息或者披露的信息有虚假记载、误导性陈述或者重大遗漏的，责令改正，没收违法所得，并处十万元以上一百万元以下罚款；对直接负责的主管人员和其他直接责任人员给予警告，暂停或者撤销基金从业资格，并处三万元以上三十万元以下罚款。

（2）对证券投资业绩进行预测。由于各类投资标的易受到发行主体、经营状况、宏观政策、市场供求以及操作多方面等因素影响，因而风险收益存在一定的随机性。对基金投资的业绩水平进行预测并不科学，应予以禁止。

（3）违规承诺收益或者承担损失。基金信息披露义务人没有承诺收益的能力，也不存在承担损失的可能。在基金信息披露时如果违规承诺收益或承担损失，将被视为诱骗及进行不当竞争。

"买者自慎"即指投资基金存在一定的风险，投资者应根据自己的收益偏好和风险承受能力，审慎进行基金品种选择。基金管理人可以受托管理基金资产，基金托管人可以受托保管基金资产，但不能替代投资者承担基金投资的盈亏。

（4）诋毁其他基金管理人、基金托管人或者基金销售机构。基金管理人、托管人或者基金销售机构对其他同行进行诋毁、攻击，借以抬高自己，将被视为违反市场公平原则，扰乱市场秩序，构成一种不当竞争行为。

（5）登载任何自然人、法人或者其他组织的祝贺性、恭维性或推荐性的文字。

（6）中国证监会禁止的其他行为。

五、XBRL在基金信息披露中的应用（★）

（一）XBRL简介

XBRL（eXtensible Business Reporting Language 可扩展商业报告语言）是国际上会计准则与计算机语言相结合，用于非结构化数据，尤其是进行财务信息交换的最新公认标准和技术。通过对数据进行特定的识别、分类，可直接读取及进一步处理，实现一次录入、多次使用。

（二）信息披露中应用XBRL的概况

（1）1998年XBRL诞生并发展迅速，目前国际上各证券监管机构、交易所、会计师事务所和金融服务与信息供应商等已采用或准备采用该项标准和技术。

（2）2008年12月美国证券交易委员会要求大型上市公司从2009年中期开始利用XBRL报送财务报告，并要求共同基金自2011年1月1日开始利用XBRL报送基金招募说明书中的风险和收益信息。

（3）我国上市公司自2003年年底就开始试用XBRL报送定期报告。基金公司自2008年也启动了信息披露的XBRL应用工作。

【例题1】目前国际上各证券监管机构、交易所、会计师事务所和金融服务与信息供应商等已采用或准备采用（　　）标准和技术。

A．XRTL
B．XBRL
C．RQDI
D．TTPI

【解析】本题考查XBRL在基金信息披露中的应用。XBRL是国际上会计准则与计算机语言相结合，用于非结构化数据，尤其是进行财务信息交换的最新公认标准和技术。目前国际上各证券监管机构、交易所、会计师事务所和金融服务与信息供应商等已采用或准备采用XBRL标准和技术。

【答案】B

（三）基金信息披露应用XBRL的意义

基金信息披露应用XBRL的意义表现在如下几个方面。

（1）在基金信息披露中，XBRL的应用有利于促进信息披露的规范化、透明化和电子化，提高信息在编报、传送及使用过程中的效率、质量。

（2）对于编制信息披露文件的基金管理人及进行财务信息复核的托管人，采用XBRL将有助于其梳理内部信息系统和相关业务流程，实现流程再造，促进业务效率和内部控制水平的全面提高。

（3）对于分析评价机构等基金信息服务中介，将可望以更低成本和以更便捷的方式获得高质量的公开信息。

（4）对于投资者，将更容易获得有用的信息，便于其进行投资决策。

（5）对于监管部门，通过公开信息和监管信息的XBRL化，可以加大数据分析深度和广度，提高监管效率和水平。

【例题2】XBRL在基金信息披露中应用的意义，下列叙述正确的是（　　）。

Ⅰ.将有利于促进信息披露的规范化、透明化和电子化，提高信息在编报、传送和使用中的效率和质量

Ⅱ.对于编制信息披露文件的基金管理公司及进行财务信息复核的托管银行，将有助于其梳理内部信息系统和相关业务流程，实现流程再造

Ⅲ.对于投资者，将更容易获得有用的信息，便于其进行投资决策

Ⅳ.对于分析评价机构等基金信息服务中介，将可望以更低成本和以更便捷的方式获得高质量的公开信息

A. Ⅰ、Ⅱ、Ⅲ
B. Ⅰ、Ⅱ、Ⅳ
C. Ⅱ、Ⅲ、Ⅳ
D. Ⅰ、Ⅱ、Ⅲ、Ⅳ

【解析】本题考查基金信息披露应用XBRL的意义。根据基金信息披露应用XBRL的意义的相关内容，四项说法都是正确的。

【答案】D

第二节　基金主要当事人的信息披露义务

考情分析：本节主要介绍基金管理人、基金托管人和基金份额持有人三类基金主要当事人的信息披露义务。其中，对基金管理人的规定较多，并含有一些数据，属于次重要章节，在近年考试之中，涉及本节的考题在1道左右。

学习建议：按照考纲，本节知识点全部要求理解。涉及数字的部分往往会出现考题，因此考生需要特别重视。

在基金募集和运作过程中，负有信息披露义务的当事人主要有基金管理人、基金托管人、召集基金份额持有人大会的基金份额持有人。以上三类人应当依法及时披露基金信息，并保证信息的真实性、准确性和完整性。

一、基金管理人的信息披露义务（★★）

基金管理人主要负责与基金财产管理业务活动有关的信息披露事项，具体涉及基金募集、上市交易、投资运作、净值披露等各环节。

（1）向中国证监会提交基金合同草案、托管协议草案、招募说明书草案等募集申请材料。在基金份额发售的3日前，将招募说明书、基金合同摘要登载在指定报刊和管理人网站上；同时，将基金合同、托管协议登载在管理人网站上，将基金份额发售公告登载在指定报刊和管理人网站上。

（2）在基金合同生效的次日，在指定报刊和管理人网站上登载基金合同生效公告。

（3）开放式基金合同生效后每6个月结束之日起45日内，将更新的招募说明书登载在管理人网站上，更新的招募说明书摘要登载在指定报刊上；在公告的15日前，应向中国证监会报送更新的招募说明书，并就更新内容提供书面说明。

（4）基金拟在证券交易所上市的，应向交易所提交上市交易公告书等上市申请材料。

基金获准上市的，应在上市日前3个工作日，将基金份额上市交易公告书登载在指定报刊和管理人网站上。ETF上市交易后，其管理人应在每日开市前向证券交易所和证券登记结算公司提供申购、赎回清单，并在指定的信息发布渠道上公告。

（5）至少每周公告一次封闭式基金的资产净值和份额净值。开放式基金在开始办理申购或者赎回前，至少每周公告一次资产净值和份额净值；开放申购赎回后，应于每个开放日的次日披露基金份额净值和份额累计净值。如遇半年末或年末，还应披露半年度和年度最后一个市场交易日的基金资产净值、份额净值和份额累计净值。

（6）在每年结束后90日内，在指定报刊上披露年度报告摘要，在管理人网站上披露年度报告全文。在上半年结束后60日内，在指定报刊上披露半年度报告摘要，在管理人网站上披露半年度报告全文。在每季结束后15个工作日内，在指定报刊和管理人网站上披露基金季度报告。上述定期报告在披露的第2个工作日，应分别报中国证监会及地方监管局、基金上市的证券交易所备案。

对于当期基金合同生效不足2个月的基金，可以不编制上述定期报告。

（7）当发生对基金份额持有人权益或者基金价格产生重大影响的事件时，应在2日内编制并披露临时报告书，并分别报中国证监会及地方监管局备案。封闭式基金还应在披露临时报告前，送基金上市的证券交易所审核。

（8）当媒体报道或市场流传的消息可能对基金价格产生误导性影响或引起较大波动时，管理人应在知悉后立即对该消息进行公开澄清，将有关情况报告中国证监会及基金上市的证券交易所。

（9）管理人召集基金份额持有人大会的，应至少提前30日公告大会的召开时间、会议形式、审议事项、议事程序和表决方式等事项。会议召开后，应将持有人大会决定的事项报中国证监会核准或备案，并予公告。

（10）基金管理人职责终止时，应聘请会计师事务所对基金财产进行审计，并将审计结果予以公告，同时报中国证监会备案。

【例题】基金管理人需要在基金合同生效的（　　），在指定报刊和管理人网站上登载基金合同生效公告。
A. 当日
B. 次日
C. 一周内
D. 备案日
【解析】本题考查基金管理人的信息披露义务。按照有关规定，基金管理人需要在基金合同生效的次日，在指定报刊和管理人网站上登载基金合同生效公告。
【答案】B

二、基金托管人的信息披露义务（★★）

基金托管人的信息披露义务主要是办理与托管业务有关的信息披露事项，涉及基金资产保管、代理清算交割、会计核算、净值复核、投资运作监督等环节。

基金托管人的信息披露义务的具体内容包括以下几个方面。

（1）在基金份额发售的3日前，将基金合同、托管协议登载在托管人网站上。

（2）对基金管理人编制的基金资产净值、份额净值、申购赎回价格、基金定期报告和定期更新的招募说明书等公开披露的相关基金信息进行复核、审查，并向基金管理人出具书面文件或者盖章确认。

（3）在基金半年度报告及年度报告中出具托管人报告，对报告期内托管人是否尽职尽责履行义务以及管理人是否遵规守约等情况做出声明。

（4）当基金发生涉及托管人及托管业务的重大事件时，托管人应当在事件发生之日起2日内编制并披露临时公告书，并报中国证监会及地方监管局备案。例如，基金托管人的专门基金托管部门的负责人变动，该部门的主要业务人员在1年内变动超过30%，托管人召集基金份额持有人大会，托管人的法定名称或住所发生变更，发生涉及托管业务的诉讼，托管人受到监管部门的调查或托管人及其托管部门的负责人受到严重行政处罚等。

（5）托管人召集基金份额持有人大会的，应至少提前30日公告大会的召开时间、会议形式、审议事项、议事程序和表决方式等事项。会议召开后，应将持有人大会决定的事项报中国证监会核准或备案，并予公告。

（6）基金托管人职责终止时，应聘请会计师事务所对基金财产进行审计，并将审计结果予以公告，同时报中国证监会备案。

三、基金份额持有人的信息披露义务（★★）

基金份额持有人的信息披露义务主要体现在与基金份额持有人大会相关的披露义务。

（1）根据相关规定，当代表基金份额10%以上的基金份额持有人就同一事项要求召开持有人大会，而管理人和托管人都不召集的时候，代表基金份额10%以上的持有人有权自行召集。这时，该类持有人应至少提前30日公告持有人大会的召开时间、会议形式、审议事项、议事程序和表决方式等事项。

（2）会议召开后，如果基金管理人和托管人对持有人大会决定的事项不履行信息披露义务，召集大会的基金份额持有人应当履行相关的信息披露义务。

如果公开披露的基金信息需要中介机构出具意见书，则该类中介机构应保证所出具文件内容的真实性、准确性和完整性。

 中介机构的文件包括，会计师事务所对基金年度报告中的财务报告、基金清算报告等进行审计，律师事务所对招募说明书、基金清算报告等文件出具法律意见书等。

第三节 基金募集信息披露

考情分析：本节主要介绍基金募集期间的三大信息披露文件基金合同、基金招募说明书和基金托管协议。需要知道基金合同和招募说明书的含义、主要内容，掌握文件应该包含的重要信息。知道基金托管协议包含的两类重要信息。本节属于次重点内容，历年出现的考题在1道左右。

学习建议：本节内容理解起来比较容易，涉及的规定较多，可以重点对基金募集的事项进行记忆，然后采用排除的方式学习基金合同的相关内容。在练习时注意可能出现的组合型选择题。

一、基金合同（★★）

基金募集期间的三大信息披露文件是：基金合同、基金募招说明书、基金托管协议。

基金合同是约定基金管理人、基金托管人和基金份额持有人权利义务关系的重要法律文件。投资者缴纳基金的认购款项，即表明其对基金合同的承认及接受，基金合同随即成立。

基金合同所包括的主要内容和重要信息如表7-3所示。

表 7-3 基金合同所包括的主要内容和重要信息

事项	内容阐述
基金合同的主要内容	（1）募集基金的目的和基金名称 （2）基金管理人、基金托管人的名称和住所 （3）基金运作方式，基金管理人运用基金财产进行证券投资，采用资产组合方式的，其资产组合的具体方式和投资比例也要在基金合同中约定 （4）封闭式基金的基金份额总额和基金合同期限，或者开放式基金的最低募集份额总额 （5）确定基金份额发售日期、价格和费用的原则 （6）基金份额持有人、基金管理人和基金托管人的权利与义务 （7）基金份额持有人大会召集、议事及表决的程序和规则 （8）基金份额发售、交易、申购、赎回的程序、时间、地点、费用计算方式以及给付赎回款项的时间和方式 （9）基金收益分配原则、执行方式 （10）作为基金管理人、基金托管人报酬的管理费、托管费的提取、支付方式与比例 （11）与基金财产管理、运用有关的其他费用的提取、支付方式 （12）基金财产的投资方向和投资限制 （13）基金资产净值的计算方法和公告方式 （14）基金募集未达到法定要求的处理方式 （15）基金合同解除和终止的事由、程序以及基金财产清算方式 （16）争议解决方式
基金合同所包含的重要信息	（1）基金投资运作安排和基金份额发售安排方面的信息 通常包括基金运作方式，运作费用，基金发售、交易、申购、赎回的相关安排，基金投资基本要素，基金估值、净值公告等事项（以上信息一般会出现在基金招募说明书中） （2）基金合同特别约定的事项 特别约定的信息包括基金当事人的权利义务、基金持有人大会、基金合同终止等 ①基金当事人的权利义务，特别是基金份额持有人的权利 ②基金持有人大会的召集、议事及表决的程序和规则 ③基金合同终止的事由、程序及基金财产的清算方式

【例题】基金合同的主要内容包括（　　）。
Ⅰ．基金管理人、基金持有人的名称和住所
Ⅱ．基金资产净值的计算方法和公告方式
Ⅲ．基金份额持有人大会召集、议事及表决的程序和规则
Ⅳ．基金资产组合的具体方式和投资比例
A．Ⅰ、Ⅱ、Ⅲ
B．Ⅱ、Ⅲ、Ⅳ
C．Ⅰ、Ⅱ、Ⅲ、Ⅳ
D．Ⅱ、Ⅲ、Ⅳ

【解析】本题考查基金合同的主要内容。按照规定，其内容需要包括基金管理人、基金托管人的名称和住所，而非基金持有人的名称和住所，Ⅰ项叙述错误，因此，正确答案是选项D。
【答案】D

二、基金招募说明书（★★）

基金招募说明书是基金管理人为发售基金份额而依法制作的供投资者了解管理人基本情况，说明基金募集有关事宜，指导投资者认购基金份额的规范性文件。在编制基金

招募说明书时，基金管理人应将所有对投资者做出投资判断有重大影响的信息予以充分披露，以便投资者自行决策。

（一）招募说明书的主要披露事项

（1）招募说明书摘要。

（2）基金募集申请的核准文件名称和核准日期。

（3）基金管理人和基金托管人的基本情况。

（4）基金份额的发售日期、价格、费用和期限。

（5）基金份额的发售方式、发售机构及登记机构名称。

（6）基金份额申购和赎回的场所、时间、程序、数额与价格，拒绝或暂停接受申购、暂停赎回或延缓支付、巨额赎回的安排等。

（7）基金的投资目标、投资方向、投资策略、业绩比较基准、投资限制。

（8）基金资产的估值。

（9）基金管理人和基金托管人的报酬及其他基金运作费用的费率水平、收取方式。

（10）基金认购费、申购费、赎回费、转换费的费率水平、计算公式、收取方式。

（11）出具法律意见书的律师事务所和审计基金财产的会计师事务所的名称和住所。

（12）风险警示内容。

（13）基金合同和基金托管协议的内容摘要。

 2014年证监会发布了基金信息披露准则的《招募说明书的内容与格式》，对说明书的封面、目录、摘要、相关当事人、基金交易、投资费用、风险揭示、清算等内容和格式作出详细规定。

（二）招募说明书包含的重要信息

招募说明书包含的重要信息的相关内容如表 7-4 所示。

表 7-4 招募说明书包含的重要信息

事项	内容叙述
基金运作方式	（1）不同运作方式，其交易场所、运作特点、产品的流动性也不同。封闭式基金主要通过交易所交易；开放式基金主要在基金直销和代销网点申购和赎回 （2）不同运作方式的基金，运作特点也有差异。开放式基金需要保留一定的现金以应对赎回，而封闭式基金组合运作对流动性的要求会低一些
从基金资产中列支的费用的种类、计提标准和方式	（1）不同的基金类别其管理费和托管费水平存在差异。即使是同一类别的基金，计提管理费的方式也可能不同。比如，部分基金管理人在招募说明书中约定，如果基金资产净值低于某一标准时就会停止计提管理费；对于一些特殊的基金品种，如货币市场基金，不仅计提管理费和托管费，还计提销售服务费用 （2）招募说明书中的这些条款是管理人计提基金运作费用的依据，也是投资者预期投资收益水平的重要标准
基金份额的发售、交易、申购、赎回的约定，特别是费用的相关条款	不同的开放式基金，其申购和赎回费率可能会不同。即使是同一开放式基金品种，由于买卖金额不同、收费模式不同（前端或后端收费），也可能采用不同的费率。而有的基金品种，如货币市场基金不会收取申购和赎回费 【知识拓展】基金管理人和基金托管人因未履行或未完全履行义务导致的费用支出或基金财产的损失，以及处理与基金运作无关的事项发生的费用等不得列入基金费用
基金投资目标、投资范围、投资策略、业绩比较基准、风险收益特征、投资限制等	（1）基金投资目标、投资范围、投资策略、业绩比较基准、风险收益特征、投资限制是招募说明书中最重要的信息 （2）它体现了基金产品的风险收益水平，有助于投资者选择风险与收益预期相符合的产品 （3）投资者通过比较同基金存续期间披露的实际运作信息，可以判断基金管理人遵守基金合同的状况从而决定是否继续信赖该管理人

续表

事项	内容叙述
基金资产净值的计算方法和公告方式	（1）基金资产净值与基金投资的成本关系密切。开放式基金按照基金份额净值进行申购和赎回，而封闭式基金的交易价格一般是围绕基金份额净值上下波动 （2）投资者不仅需要了解基金估值的原则和方法，还应清楚基金资产净值的公告方式，以便及时了解基金资产净值信息
基金风险提示	（1）在招募说明书封面的显著位置，管理人一般会标示"基金过往业绩不预示未来表现；不保证基金一定盈利，也不保证最低收益"等风险提示 （2）招募说明书会分析基金产品的各项风险因素，并列明特定风险 【知识拓展】按照规定，招募说明书应该列出市场风险、管理风险、流动性风险、特定风险和其他风险
招募说明书摘要	（1）其主要内容包括基金投资的基本要素、投资组合报告、基金业绩和费用概览、更新说明等内容，是招募说明书的精华 （2）在基金存续期的募集过程中，投资者只需阅读该部分信息，即可了解基金产品的基本特征、过往业绩、费用情况以及近6个月来与基金募集相关的最新信息 【提示】摘要出现在每6个月更新的招募说明书中

个别的开放式基金品种，如ETF既可在交易所上市交易，也可在一级市场以组合证券的形式进行申购和赎回。

【例题】基金招募说明书最重要的信息不包括（　　）。
A. 基金投资目标
B. 基金投资范围
C. 业绩比较基准
D. 基金运作方式
【解析】本题考查招募说明书包含的重要信息。基金投资目标、投资范围、投资策略、业绩比较基准、风险收益特征、投资限制等是招募说明书中最重要的信息，体现了基金产品的风险收益水平，有助于投资者选择风险与收益预期相符的产品。
【答案】D

三、基金托管协议（★★）

基金托管协议是基金管理人和基金托管人签订的协议，用于明确双方在基金财产保管、投资运作、收益分配、净值计算、信息披露和相互监督等事宜中的权利、义务及职责，确保基金财产的安全，保护基金份额持有人的合法权益。

基金托管协议包含两类重要信息。

（一）基金管理人和基金托管人之间的相互监督和核查

（1）基金管理人应对基金托管人履行账户开设、净值复核、清算交收等托管职责进行核查；

（2）基金托管人依据约定，对基金投资对象和范围、投融资比例、投资禁止行为、基金参与银行间市场的信用风险控制等进行监督。

（二）协议当事人权责约定中事关持有人权益的重要事项

当事人在净值计算和复核重要环节中的权责，包括基金管理人、托管人依法自行商定估值方法和程序，估值未能维护持有人权益时的处理，估值错误时的处理及责任认定等。

按照证监会《招募说明书的内容与格式》准则第48条，列明基金托管协议的主要内容，至少应包括：

（1）托管协议当事人；

（2）基金托管人与基金管理人之间的业务监督、核查；

（3）基金财产的保管；
（4）基金资产净值计算与复核；
（5）基金份额持有人名册的登记与保管；
（6）争议解决方式；
（7）托管协议的修改与终止。

第四节 基金运作信息披露

考情分析：本节主要介绍基金运作信息披露的文件，主要包括基金净值公告、基金定期公告以及基金上市交易公告书等，应对重大事件的基金临时报告与澄清公告也是运作应该披露的信息。重点是掌握基金净值公告、货币市场基金收益公告、偏离公告，理清各定期公告。在近年的考试中，涉及本节的考题有2道左右。

学习建议：本节涉及的内容较多，但理解并不困难。可以通过对比的方法理解基金季度、半年度、年度报告。在学习时需掌握含有数字的部分。

基金运作信息披露的文件，主要包括基金净值公告、基金定期公告以及基金上市交易公告书等。

一、基金净值公告（★★★）

（一）普通基金净值公告

普通基金净值公告的主要内容包括基金资产净值、份额净值和份额累计净值等信息。

封闭式基金和开放式基金的公告频率不同之处如下。

（1）封闭式基金一般至少每周披露一次资产净值和份额净值。

（2）开放式基金，在放开申购和赎回前，一般至少每周披露一次资产净值和份额净值；放开申购和赎回后，每个开放日披露份额净值和份额累计净值。

（二）货币市场基金收益公告和偏离度公告

1. 货币市场基金收益公告

货币市场基金每日分配收益，份额净值保持1元不变，因此不会定期披露份额净值，而是需要披露收益公告，包括每万份基金收益和最近7日年化收益率。

按照披露时间，货币市场基金收益公告可分为三类：封闭期的收益公告、开放日的收益公告和节假日的收益公告。其各自具体内容如表7-5所示。

表7-5 货币市场基金收益公告

项目	内容
封闭期的收益公告	指货币市场基金的基金合同生效后，基金管理人于开始办理基金份额申购或者赎回当日，在中国证监会指定的报刊和基金管理人网站上披露截至前一日的基金资产净值，基金合同生效至前一日期间的每万份基金净收益，前一日的7日年化收益率
开放日的收益公告	指货币市场基金于每个开放日的次日，在中国证监会指定报刊和管理人网站上披露开放日每万份基金净收益和最近7日年化收益率
节假日的收益公告	指货币市场基金放开申购赎回后，在遇到法定节假日时，于节假日结束后第二个自然日披露节假日期间的每万份基金净收益，节假日最后一日的7日年化收益率，以及节假日后首个开放日的每万份基金净收益和7日年化收益率

2. 偏离度公告

为了客观地体现货币市场基金的实际收益，避免采用摊余成本法计算的基金资产净值与按市场利率和交易市价计算的基金资产净值产生重大偏离，从而对基金份额持有人产生不利影响，基金管理人会采用影子定价在每一估值日对基金资产进行重新估值。

影子定价是基金公司根据估算的市场收益计算出的各类债券的价格，反映了货币市场基金持有债券在现有市场情况下的价格水平。摊余成本法是指估值对象以买入成本列示，按照票面利率或商定利率并考虑其买入时的溢价与折价，在其剩余期限内平均摊销，每日计提收益。

当影子定价所确定的基金资产净值超过摊余成本法计算的基金资产净值（发生正偏离）时，表明基金组合存在浮盈；反之，存在负偏离时，则基金组合存在浮亏。此时，若基金投资组合的平均剩余期限和融资比例仍较高，则基金的隐含风险较大。

按基金信息披露法规要求，当偏离达到一定程度时，货币市场基金应刊登偏离度信息，主要包括如表7-6所示三类。

表7-6 货币市场基金偏离度公告

种类	内容
在临时报告中披露偏离度信息	当影子定价与摊余成本法确定的基金资产净值偏离度的绝对值达到或者超过0.5%时，基金管理人将在事件发生之日起2日内就此事项进行临时报告
在半年度报告和年度报告中披露偏离度信息	在半年度报告和年度报告的重大事件揭示中，基金管理人将披露报告期内偏离度的绝对值达到或超过0.5%的信息
在投资组合报告中披露偏离度信息	在季度报告中的投资组合报告中，货币市场基金将披露报告期内偏离度绝对值在0.25%～0.5%的次数，偏离度的最高值和最低值，偏离度绝对值的简单平均值等信息

【例题】当影子定价与摊余成本法确定的基金资产净值偏离度的绝对值达到或者超过0.5%时，基金管理人将在事件发生之日起（　　）内就此事项进行临时报告。

A．当日
B．2日
C．3日
D．7日

【解析】本题考查货币市场基金偏离度公告。当影子定价与摊余成本法确定的基金资产净值偏离度的绝对值达到或者超过0.5%时，基金管理人将在事件发生之日起2日内就此事项进行临时报告。

【答案】B

二、基金定期公告（★★）

基金定期公告分基金季度报告、基金半年度报告和基金年度报告三种。

（一）基金季度报告

基金管理人应当在每个季度结束之日起15个工作日内编制完成基金季度报告，并将该报告登载在指定报刊和网站上。

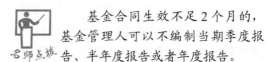
基金合同生效不足2个月的，基金管理人可以不编制当期季度报告、半年度报告或者年度报告。

主要包括基金概况、主要财务指标和净值表现、管理人报告、投资组合报告、开放式基金份额变动等内容。

在投资组合报告中需要披露基金资产组合，按行业分类的股票投资组合，前10名股票明细；按券种分类的债券投资组合，前5名债券明细；投资贵金属、股指期货、国债期货等情况，以及投资组合报告附注等内容。

（二）基金半年度报告

基金管理人应当在上半年结束之日起60日内，编制完成基金半年度报告，并将该报告正文登载在网站上，将半年度报告摘要登载在指定报刊上。

与年度报告相比，半年度报告的披露特

点有以下几点。

（1）半年度报告不要求进行审计。

（2）半年度报告只需披露当期的主要会计数据和财务指标；而年度报告应提供最近3个会计年度的主要会计数据和财务指标。

（3）半年度报告披露净值增长率列表的时间段与年度报告有所不同。半年度报告需要披露过去1个月的净值增长率，但无须披露过去5年的净值增长率。

（4）半年度报告无须披露近3年每年的基金收益分配情况。

（5）半年度报告的管理人报告无须披露内部监察报告。

（6）财务报表附注的披露。半年度财务报表附注重点披露比上年度财务会计报告更新的信息，并遵循重要性原则进行披露。例如，①半年度报告无须披露所有的关联关系，只披露关联关系的变化情况，而且关联交易的披露期限也不同于年度报告。②半年度报告只对当期的报表项目进行说明，无须说明2个年度的报表项目。

（7）重大事件揭示中，半年度报告只报告期内改聘会计师事务所的情况，无须披露支付给聘任会计师事务所的报酬及事务所已提供审计服务的年限等。

（8）半年度报告摘要的财务报表附注无须对重要的报表项目进行说明；而年度报告摘要的财务报表附注在说明报表项目部分时，则因审计意见的不同而有所差别。

（三）基金年度报告

基金年度报告是基金存续期信息披露中信息量最大的文件。应当在每年结束之日起90日内，编制完成基金年度报告，并将该报告正文登载于网站上，将年度报告摘要登载在指定报刊上。

 半年度报告不要求进行审计，而基金年度报告的财务会计报告应当经过审计。

基金年度报告的主要内容如表7-7所示。

表7-7 基金年度报告的主要内容

事项	内容阐述
基金管理人在年度报告披露中的责任	（1）基金管理人是基金年度报告的编制者和披露义务人 （2）基金管理人及其董事应保证年度报告的真实、准确和完整，承诺不存在虚假记载、误导性陈述或重大遗漏等情形，并就其保证承担个别及连带责任 【名师点拨】基金年度报告应经2/3以上独立董事签字同意，并由董事长签发。个别董事如果对年度报告内容的真实、准确、完整无法保证或存在异议，应单独陈述理由、发表意见；未参会的董事应当单独列出姓名
基金托管人在年度报告披露中的责任	主要担负与其职责相关的披露责任，包括负责复核年报、半年报中的财务会计资料等内容，并出具托管人报告等
正文与摘要的披露	（1）基金年报的两种方式：在基金管理人网站上披露正文、在指定报刊上披露摘要 （2）正文信息的披露应力求充分、详尽，摘要应力求简要揭示重要的信息 （3）摘要对基金简介、报表附注、投资组合报告等部分进行较大程度的简化，以便普通投资者获取重要信息 【名师点拨】普通投资者通过阅读摘要即可获得重要信息，而专业投资者还可通过阅读正文获得更为详细的信息
关于年度报告中的重要提示	依照规定，在年度报告的扉页应做出以下几个方面的提示： （1）基金管理人和托管人的披露责任 （2）基金管理人管理和运用基金资产的原则 （3）投资风险提示 （4）年度报告中注册会计师出具非标准无保留意见的提示

续表

事项	内容阐述
基金财务指标的披露	基金年度报告中应披露的财务指标有：本期利润、本期利润扣减本期公允价值变动损益后的净额、加权平均份额本期利润、期末可供分配利润、期末可供分配份额利润、加权平均净值利润率、期末资产净值、期末基金份额净值、本期份额净值增长率和份额累计净值增长率等 【名师点拨】净值增长指标是评价基金业绩表现较为合理的指标。通过比较基金净值增长指标与同期基金业绩比较基准收益率，投资者可以了解基金的实际运作与基金合同规定基准的差异，从而判断基金的实际投资风险
基金净值表现的披露	（1）基金资产净值信息是基金资产运作的集中体现 （2）基金经营活动主要是证券投资，其资产运作表现为证券资产的利息收入、投资收益和公允价值变动损益，通过基金资产净值的波动反映出来 （3）投资者通过考查长期的基金净值增长率波动，可以了解长期的收益情况和风险程度 （4）基金咨询与评级机构通过整理、加工和评价基金净值表现，不仅可以为投资者提供有益的决策信息，而且将对管理人形成压力和动力 【名师点拨】法规要求在基金年度报告、半年度报告、季度报告中以图表形式披露基金的净值表现
基金管理人报告的披露	基金管理人报告是基金管理人就报告期内管理职责履行等情况进行汇报。具体内容包括：基金管理人及基金经理的简介，基金运作遵规守信情况，公平交易情况，基金投资策略和业绩表现说明，基金管理人的内部监察稽核工作，基金估值程序等事项说明，基金管理人对宏观经济、证券市场和行业走势的展望，基金利润分配情况说明及对会计师事务所出具非标准审计报告所涉事项的说明等
基金财务会计报告的编制与披露	（1）基金财务报表的编制与披露。报告期末及其前一个年度末的比较式资产负债表，该两年度的比较式利润表，该两年度的比较式所有者权益（基金净值）变动表 （2）财务报表附注的披露。报表附注的披露主要有：基金的基本情况，会计报表的编制基础，遵循会计准则及其他有关规定的声明，主要会计政策和会计估计，会计政策和会计估计变更以及差错更正的说明，报表重要项目的说明，税项，或有和承诺事项，资产负债表日后非调整事项的说明，关联方关系及其交易，利润分配情况，期末基金持有的流通受限证券，金融工具风险及管理等 【名师点拨】基金财务报表附注是对未提供的或披露不详尽的内容做进一步的解释说明
基金投资组合报告的披露	基金年度报告中的投资组合报告应披露：期末基金资产组合，期末按行业分类的股票投资组合，期末按市值占基金资产净值排序的所有股票明细，股票投资组合的重大变动，期末按券种分类的债券投资组合，期末按市值占基金资产净值比例大小排序的前5名债券明细，投资国债期货、股指期货、贵金属等情况，投资组合报告附注等 基金股票投资组合重大变动的披露：报告期内累计买入、卖出价值超出期初基金资产净值2%的股票明细；对于累计买入、卖出价值前20名的股票价值低于2%的，应披露至少前20名的股票明细；整个报告期内买入股票的总成本和卖出股票的总收入。这些信息可以反映报告期内基金的重大投资行为
基金持有人信息的披露	（1）上市基金前10名持有人的名称、持有份额及占总份额的比例 （2）持有人结构，包括机构投资者、个人投资者持有的基金份额及占总份额的比例 （3）持有人户数，户均持有基金份额 在期末，基金管理人的基金从业人员持有开放式基金时，年度报告须披露其所有基金从业人员投资基金的总量以及占基金总份额的比例。针对基金的高级管理人员、基金投资和研究部门负责人持有基金情况，以及该基金的基金经理持有基金的情况，须按持有基金份额总量的数量区间列示 【名师点拨】披露上市基金前10名持有人的信息，有助于防范上市基金的价格操纵和市场欺诈等行为。法规还要求披露所有基金持有人的结构和户数等信息

续表

事项	内容阐述
开放式基金份额变动的披露	不同规模基金的运作和抗风险能力不同,这是影响投资者决策的重要因素。基金规模的变化可以反映市场对基金的认同程度。为此,在年度报告中披露开放式基金合同生效日的基金份额总额、报告期内基金份额的变动情况。报告期内基金合同生效的基金,应披露自基金合同生效以来基金份额的变动情况

【例题】关于基金年度报告信息披露,错误的是( )。
A. 基金年度报告的财务会计报告应当通过审查
B. 在年度报告的扉页须制作投资风险提示
C. 期末资产净值是较为合理的业绩评价指标
D. 持有人户数,户均持有基金份额
【解析】本题考查基金年度报告。按照基金财务指标,净值增长指标是较为合理的评价基金业绩表现的指标。
【答案】C

三、基金上市交易公告书(★★)

依法发售基金份额并申请在证券交易所上市交易的基金,基金管理人均应编制并披露基金的上市交易公告书。披露上市交易公告书的基金品种主要有:封闭式基金、上市开放式基金(LOF)、交易型开放式指数基金(ETF)和分级基金子份额。

基金上市交易公告书的主要披露事项:基金概况、基金募集情况及上市交易安排、持有人户数、持有人结构及前10名持有人、基金合同摘要、主要当事人介绍、基金财务状况、基金投资组合报告、重大事件揭示等。

四、基金临时信息披露(★★)

(一)关于基金信息披露的重大性标准

为避免投资者陷于琐碎而又无关紧要的噪声信息,引入了"重大性"这一概念。各国(地区)信息披露所采用的"重大性"概念有两种标准:影响投资者决策标准和影响证券市场价格标准。

合理地预期某信息可能对理性投资者的投资决策产生重大影响,这样的信息为重大信息,应及时披露。如果相关信息足以或可能导致证券价值或市场价格发生重大变化,也是重大信息,应予披露。

(二)基金临时报告

我国基金信息披露法规对"重大性"的界定采用较为灵活的标准,即"影响投资者决策标准"或者"影响证券市场价格标准"。如果预期某种信息可能对基金份额持有人权益或者基金份额的价格产生重大影响,这样的信息是重大信息,相关事件为重大事件。在重大事件发生之日起2日内,信息披露义务人应当编制并披露临时报告书。

基金的重大事件包括:基金份额持有人大会的召开,转换基金运作方式,延长基金合同期限,提前终止基金合同,更换基金管理人或托管人,基金管理人的董事长、总经理及其他高级管理人员、基金经理和基金托管人的基金托管部门负责人出现变动,涉及基金管理人、基金财产、基金托管业务的诉讼,基金份额净值计价错误金额达基金份额净值的0.5%,开放式基金发生巨额赎回并延期支付等。

(三)基金澄清公告

上市交易基金的价格等可能受到谣言、猜测和投机等因素的影响,为防止这些因素被视为重大信息,基金信息披露义务人还有义务发布公告澄清谣言或猜测。任何在公共媒体或市场上流传的消息，如果会误导基金份额价格或申购、赎回，相关信息披露义务人知悉后应当立即公开澄清。

第五节 特殊基金品种的信息披露

考情分析：本节主要介绍QDII和ETF这两种特殊基金的信息披露要求。QDII和ETF基金在投资范围、会计核算等方面有别于其他基金，因此在信息披露时需要进行一些特别的补充披露。需要注意QDII在披露语言和币种，以及披露频率方面的要求。本节考点较少，属于非重点章节，在历次考试中大约会涉及1道题目。

学习建议：了解特殊基金披露的相关要求，抓住重点进行有针对性的记忆。复习本节内容不需要花费太多的时间和精力。

一、QDII基金的信息披露（★）

QDII基金将其全部或部分资金投资于境外证券，基金管理人可以聘请境外投资顾问为其投资提供咨询或服务，基金托管人可以委托境外资产托管人负责境外资产托管业务。除现有的披露要求外，针对QDII基金特性的投资运作，法规还有一些特殊的披露要求。

（一）信息披露所使用的语言及币种选择

QDII基金在披露相关信息时，可同时采用中文和英文，并以中文为准，可单独或同时以人民币、美元等主要外汇币种计算并披露净值信息。

涉及币种转换时，应披露汇率数据来源，并保持一致性。

（二）基金合同、基金招募说明书中的特殊披露要求

（1）境外投资顾问和境外托管人信息。在管理QDII基金时，如果委托境外投资顾问、境外托管人，应在招募说明书中披露相关信息，包括境外投资顾问及境外托管人的名称、法定代表人、注册地址、办公地址、成立时间。境外投资顾问最近一个会计年度的资产管理规模，其主要负责人教育背景、从业经历、资格和专业职称等信息。境外托管人最近一个会计年度信用等级、实收资本、托管资产规模等。

（2）投资交易信息。如果QDII基金投资金融衍生品，应在基金招募说明书和基金合同中详细说明。例如，拟投资的衍生品种和基本特性，拟采取的组合避险、有效管理策略，拟采取的方式、频率。如果投资境外基金，还应披露基金与境外基金之间的费率等信息。

（3）投资境外市场可能产生的风险信息，包括境外市场风险、流动性风险、信用风险、政治风险、政府管制风险以及可能出现的后果。

（三）净值信息的披露频率要求

QDII基金也是开放式基金，在放开申购、赎回前，一般至少每周披露一次资产净值和份额净值；放开申购、赎回后，在每个开放日披露份额净值和份额累计净值。QDII基金的净值可以在估值日后1~2个工作日内披露。

> 【例题】下列各项关于QDII基金的说法，不正确的是（　　）。
> A. QDII基金的信息披露可以同时采用中、英文
> B. QDII基金可以单独用美元计算、披露净值信息
> C. QDII基金的投资境外市场风险包括信用风险
> D. QDII基金的净值在估值日后1~3个工作日内披露
> 【解析】本题考查QDII净值信息的披露频率。按照有关要求，QDII基金的净值可以在估值日后1~2个工作日内披露。
> 【答案】D

（四）定期报告中的特殊披露要求

1．境外投资顾问和境外资产托管人信息

在基金定期报告的产品概况部分须披露境外投资顾问和资产托管人的基本情况；在基金定期报告的管理人报告部分须披露境外投资顾问为基金提供投资建议的主要成员的情况。

2．境外证券投资信息

在QDII基金投资组合报告中，根据证券所在的不同证券交易所，列出期末在各个国家（地区）证券市场的权益投资分布，除股票和债券投资明细外，还需披露基金投资明细和金融衍生品组合的情况。

3．外币交易及外币折算相关的信息

在财务报表附注中需要披露外币交易及外币折算采用的会计政策，计入当期损益的汇兑损益等。

（五）临时公告中的特殊披露要求

当QDII基金变更投资顾问、变更境外托管人，出现投资顾问主要负责人变动或者涉及境外诉讼等重大事件时，应及时披露临时公告，并在更新的招募说明书中予以说明。

二、ETF的信息披露（★）

针对ETF特有的证券申购和赎回机制，以及在一级与二级市场并存的交易制度，交易所规定了ETF特殊的信息披露事项。

（1）在ETF基金合同和招募说明书中，须明确基金份额的各种认购、申购、赎回方式，以及投资者在交易基金份额时，涉及的对价种类等。

（2）基金上市交易之后，在每日开市前须披露当日的申购清单及赎回清单，并在交易时间内即时揭示基金份额参考净值（IOPV）。

① 每日开市前，基金管理人须向证券交易所、证券登记结算机构提供ETF的申购清单和赎回清单，并通过基金公司官方网站及证券交易所指定的信息发布渠道进行公告。当日发布的申购清单和赎回清单，当日不得修改。申购和赎回清单主要包括：最小申购、赎回单位对应的各组合证券名称、代码和数量，以及现金替代标志等内容。

② 交易日的基金份额净值按规定于次日（跨境ETF可以为次2个工作日）在指定报刊和管理人网站披露，也将通过证交所的行情发布系统于次1交易日（跨境ETF可以为次2个工作日）揭示。

③ 在交易时间内，根据基金管理人提供的基金份额参考净值计算方式、申购和赎回清单中的组合证券等信息，证券交易所会实时计算、公布基金份额参考净值。基金份额参考净值是指在交易时间内，申购清单、赎回清单中组合证券（含预估现金部分）的实时市值，供投资者交易、申购、赎回基金份额时参考。

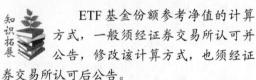
ETF基金份额参考净值的计算方式，一般须经证券交易所认可并公告，修改该计算方式，也须经证券交易所认可后公告。

（3）对ETF的定期报告，须依法按照上市交易指数基金的一般要求进行披露，无特别披露事项。

过关测试题

1．封闭式基金（　　）公布基金单位资产净值。

A．每日　　　　　B．每周
C．每月　　　　　D．每季度

2．下列有关公开披露基金信息的说法，错误的是（　　）。

A．禁止进行虚假记载、误导性陈述或者重大遗漏
B．禁止对基金的证券投资业绩进行预测
C．禁止违规承诺收益或者承担损失

D．可以诋毁其他基金管理人或者基金销售机构

3．在投资组合报告中披露偏离度信息。在季度报告中的投资组合报告中，货币市场基金将披露报告期内偏离度绝对值在（　　）的次数，偏离度的最高值和最低值，偏离度绝对值的简单平均值等信息。

A．0.05%～0.25%
B．0.25%～0.5%
C．0.5%～0.75%
D．0.75%～1%

4．基金年度报告的披露时间为每个基金会计年度结束后（　　）内。

A．15日　　　B．30日
C．60日　　　D．90日

5．开放式基金在开始办理申购或者赎回前，他的资产净值公告的时间频率是（　　）。

A．每交易日公告1次
B．至少每周公告1次
C．至少每周公告2次
D．至少每月公告2次

6．相对于实质性审查制度，强制性信息披露的基本推论是投资者在公开信息的基础上（　　），它可以改善投资者的信息弱势地位，增加资本市场的透明度，降低基金管理人的信用风险。

A．卖者自慎　　B．卖者他负
C．买者自慎　　D．买者他负

7．当影子定价与摊余成本法确定的基金资产净值偏离度的绝对值达到或者超过（　　）时，基金管理人应当在2日内就此事项进行临时报告。

A．0.5%　　　B．1%
C．0.1%　　　D．2%

8．报告期内累计买入、累计卖出价值超出期初基金资产净值（　　）时，基金管理人需要在基金股票投资组合重大变动事项中披露股票明细。

A．1%　　　　B．2%

C．10%　　　D．20%

9．基金市场上的有关当事人应在基金募集、上市交易、投资运作等一系列环节中，依照法律法规规定向社会公众进行信息披露。基金信息披露的作用主要是（　　）。

A．有利于投资者获得盈利
B．有利于防止利益冲突与利益输送
C．有利于管理人管理基金
D．有利于托管人进行账户管理

10．以下关于基金信息披露的完整性原则的说法，不正确的是（　　）。

A．要事无巨细地披露所有信息
B．要披露所有可能影响投资者决策的信息
C．对信息披露人不利的信息也要披露
D．要充分披露重大信息

11．基金信息披露的（　　）要求信息披露的表述应当简明扼要。

A．易解性原则　　B．规范性原则
C．易得性原则　　D．完整性原则

12．QDII基金的净值在估值日后（　　）内披露。

A．1～2个工作日
B．3～5个工作日
C．5～10个工作日
D．7个工作日

13．基金市场上的有关当事人应在基金募集、上市交易、投资运作等一系列环节中，依照法律法规规定向社会公众进行信息披露。基金年度报告的编制者和披露义务人是（　　）。

A．基金托管人
B．基金管理人
C．独立董事
D．督察长

14．基金半年度报告的披露特点不包括（　　）。

A．半年度报告不要求审计
B．管理人报告需要披露内部监察报告

C. 财务报表附注的披露
D. 只需披露当期的数据和指标

15. 下列不属于基金运作信息披露内容的是（　　）。
A. 基金招募说明书
B. 基金净值公告
C. 基金半年度报告
D. 基金上市交易公告书

16. 当基金发生涉及托管人及托管业务的重大事件时，例如，基金托管人的专门基金托管部门的负责人变动，该部门的主要业务人员在1年内变动超过（　　）%，托管人召集基金份额持有人大会，托管人的法定名称或住所发生变更，发生涉及托管业务的诉讼，托管人受到监管部门的调查或托管人及其托管部门的负责人受到严重行政处罚，等等，托管人应当在事件发生之日起2日内编制并披露临时公告书，并报中国证监会及地方监管局备案。
A. 10　　　　　　B. 20
C. 30　　　　　　D. 40

17. 招募说明书的主要披露事项是（　　）。
A. 募集基金的目的和基金名称
B. 风险警示内容
C. 确定基金份额发售日期、价格和费用的原则
D. 基金运作方式

18. 基金份额持有人的信息披露义务主要体现在（　　）方面的披露义务。
A. 基金份额持有人大会
B. 基金份额变化信息
C. 基金运作、托管监督报告
D. 基金份额持有信息

19. 下列属于基金合同所包含的重要信息的是（　　）。
Ⅰ. 基金运作方式，运作费用，基金发售、交易、申购、赎回的相关安排，基金投资基本要素

Ⅱ. 基金估值和净值公告等事项
Ⅲ. 基金合同特别约定的事项
A. Ⅰ、Ⅲ
B. Ⅰ、Ⅱ、Ⅲ
C. Ⅱ、Ⅲ
D. Ⅰ、Ⅱ

20. 投资者只需阅读招募说明书摘要信息，就可以了解到近（　　）来与基金募集相关的最新信息。
A. 3个月　　　　B. 6个月
C. 12个月　　　 D. 24个月

21. 公开募集基金合同的内容包括（　　）。
Ⅰ. 基金的运作方式
Ⅱ. 基金份额赎回程序
Ⅲ. 开放式基金的基金份额总额
Ⅳ. 争议解决方式
A. Ⅰ、Ⅱ、Ⅲ
B. Ⅱ、Ⅲ、Ⅳ
C. Ⅰ、Ⅲ、Ⅳ
D. Ⅰ、Ⅱ、Ⅳ

22. 下列关于基金信息披露的说法，不正确的是（　　）。
A. 基金的信息披露具有强制性
B. 基金信息披露有助于防止利益冲突与利益输送
C. 在信息披露中应提高对证券投资业绩进行预测的准确性
D. 基金信息披露需要遵循规范性、易解性和易得性原则

23. 法规规定基金年度报告应经（　　）以上独立董事签字同意，并由董事长签发。
A. 1/3　　　　　B. 2/3
C. 3/4　　　　　D. 1/2

24. 基金份额净值计价错误金额达到基金份额净值的（　　）时，会被认定为基金的重大事件。
A. 0.1%　　　　 B. 0.3%
C. 0.5%　　　　 D. 1%

第八章

基金客户和销售机构

本章介绍基金客户、销售机构以及销售的理论、方式和策略。基金客户是开展基金活动的中心。基金销售机构作为金融服务机构，会根据自身特点、市场和发展方向趋势选定不同售策略，满足基金客户的多元化需求。本章分为三节，第一节介绍基金客户的基本概念、分类以及客户的构成现状和发展趋势。第二节介绍了基金销售机构的类型、现状和发展趋势，以及销售机构的准入条件、职责。在此基础上，第三节重点说明了销售的理论、方式与策略。

本章理论化较强，相关的概念需要深入加以理解。按照考纲的要求，很多知识点都需要熟练掌握。因此，在学习时应该进行细致的了解，通过整理、归纳考点，有重点地进行记忆。

在历次考试中，本章考题分值在4~9分。

本章考点预览

基金客户和销售机构	第一节 基金客户的分类	1. 基金客户及投资人类型	★★
		2. 基金投资人构成现状及发展趋势	★
		3. 产品目标客户选择策略	★★
	第二节 基金销售机构	1. 基金销售机构的主要类型	★★★
		2. 基金销售机构的现状和发展趋势	★
		3. 基金销售机构准入条件	★★★
		4. 基金销售机构职责规范	★★★
	第三节 基金销售机构的销售理论、方式与策略	1. 销售理论	★★★
		2. 销售方式	★★★
		3. 销售策略	★★★

第一节 基金客户的分类

考情分析：本节主要介绍投资人的类型、目标客户市场与选择、投资人的发展趋势等。内容较为基础，理解起来也较为容易，属于考试中送分的章节，在近年出现的考题有1道左右。

学习建议：注意理解有关概念，记忆有关基金投资人的权利与义务的内容。针对理论性太强、太抽象的部分重点记忆小标题。

一、基金客户及投资人类型（★★）

（一）基金客户

基金客户即基金份额的持有人、基金产品的投资人，是基金资产的所有者和基金投资回报的受益人，是开展基金一切活动的中心。基金客户、基金投资人和基金持有人等称谓可用于不同语言场景，均指基金公司的客户。

在基金销售阶段多采用基金客户这个称谓。在完成销售后，基金公司与客户确定了产品购买关系，客户就享有法律和基金合同规定的权利、义务，则常被称为基金投资人、基金持有人。

（二）基金投资人的权利与义务

根据《证券投资基金法》的规定，基金份额持有人享有权利、承担义务，具体内容如表8-1所示。

表8-1 基金份额持有人的权利、义务

项目	内容
权利	（1）分享基金财产收益 （2）参与分配清算后的剩余基金财产 （3）依法转让或者申请赎回其持有的基金份额 （4）按照规定要求召开基金投资者大会 （5）对基金投资者大会审议事项行使表决权 （6）查阅或者复制公开披露的基金信息资料 （7）对基金管理人、基金托管人、基金销售机构损害其合法权益的行为依法提起诉讼等
义务	（1）遵守基金合同 （2）缴纳基金认购款项及规定费用 （3）承担基金亏损或终止的有限责任 （4）不从事任何有损基金及其他基金投资人合法权益的活动 （5）在封闭式基金存续期间，不得要求赎回基金份额 （6）在封闭式基金存续期间，基金投资者必须遵守法律、法规的有关规定及基金契约规定的其他义务

（三）基金投资人分类

按投资基金的个体不同划分，基金投资者可以分为个人投资者和机构投资者两类。

（1）基金个人投资者是指以自然人身份从事基金买卖的证券投资者。

（2）基金机构投资者是指符合法律法规规定的可以投资于证券投资基金的、在中华人民共和国境内合法注册登记、存续或经有关政府部门批准设立并存续的企业法人、事业法人、社会团体或其他组织。一般而言，机构投资者具有较为雄厚的资金实力，在投资决策与资本运作、投资工具研究、资金运用方式、信息搜集分析、大类资产配置等方面都有专门的部门，由证券投资专家进行管理。

名师点拨 机构投资者在性质方面与个人投资者不同，在投资来源、投资目标、投资方向等方面也与个人投资者有很大差别。

在投资过程中，机构投资者会构建合理的投资组合。机构投资者拥有庞大资金、专业化管理和多方位的市场研究等优势，为其建立有效的投资组合提供了可能。机构投资者作为独立法人的经济实体，在投资行为方面会受到多方面的监管。

（四）法规中关于基金投资人范围的限制

1. 基金投资者在办理认购、申购业务前，必须开立基金账户

境内个人基金投资者开立基金账户时，

需要出示有效身份证件原件、提供复印件。投资者提交其他证件的，须由注册登记机构最后认定是否有效。

名师点拨 身份证件包括中华人民共和国居民身份证、中华人民共和国护照、军官证、士兵证、文职证及警官证。

境内机构基金投资者开立基金账户时，企业须出示企业营业执照正本或副本原件及加盖单位公章的复印件。事业法人、社会团体或其他组织须提供民政部门或主管部门颁发的注册登记证书原件及加盖单位公章的复印件。另外，还应提供法定代表人授权委托书、业务经办人有效身份证件、指定银行交收账户的开户证明原件等。

境外投资者开设基金账户时，对证件的要求较高。一般要求提供，境外所在国家或者地区护照或者身份证明，有效商业登记证明文件，有境外其他国家、地区永久居留签证的中国护照，港澳居民来往内地通行证，台湾居民来往大陆通行证等。

知识拓展《中国证券登记结算有限责任公司证券账户管理规则》规定了如下内容。①境内投资者是指居住在境内或虽居住在境外但未获得境外所在国家或者地区永久居留签证的中国公民、注册在境内的法人。②境外投资者是指外国的法人、自然人，以及中国香港、澳门特别行政区和台湾地区的法人、自然人。

2. 个人投资者必须具有完全民事行为能力

按照相关规定，个人投资者办理基金开户的年龄为18～70周岁，并具有完全民事行为能力。对于16周岁以上不满18周岁的公民要求提交相关的收入证明才能开户。

【例题】根据我国相关法律规定，不能开立证券账户的是（　　）。
A. 16岁的个体户
B. 17岁的在读大学生
C. 68岁的退休人员
D. 22岁的应届毕业生
【解析】本题考查基金投资人范围限制。按照规定基金开户的年龄为18～70周岁。对于16周岁以上不满18周岁的公民要求提交相关的收入证明才能开户。17岁的在读大学生没有收入，因此，选项B不正确。
【答案】B

二、基金投资人构成现状及发展趋势（★）

近年，我国基金业发展迅速。就基金投资者结构而言，主要表现为结构个人化、机构多元化两个方面。

（一）结构个人化

2007年之前是国内基金个人业务发展最为旺盛的时期，之后基金市场业务发展较为稳定，机构投资者基金业务发展迅速，个人投资者市场有所降低。

知识拓展 2013年个人投资者基金有效账户数占比达到99.93%。

（二）机构多元化

境内外养老金、保险资金、住房公积金、主权财富基金和政府投资基金等长期机构投资者重视中国资本市场的发展，投资意愿不断增大。机构投资者更信任专业投资人的价值和作用，委托管理的规模不断提高。

随着QFII相关法规地修订和完善，如降低QFII资格门槛，允许同一集团多家机构申请QFII资格，允许已发行结构性产品的QFII申请增加额度等多项措施，机构投资者多元化进程加快。RQFII试点机构范围不断扩大，对RQFII股债配置比例的限制逐步取消，增加股指期货、中小企业私募债等投资产品。

三、产品目标客户选择策略（★★）

基金营销部门工作时，需要确定目标市场与投资者。在制定营销计划与策略时，必须确定合格投资者的需求及其资格符合相关法规，合理合法地规划、匹配募集与投资人数。

（一）明确目标客户市场

明确目标客户市场中最主要的是对基金销售市场进行市场细分和选择相应的目标市场。

销售机构市场细分必须契合实际，因此销售机构在细分时应遵循相关原则，具体内容如表8-2所示。

表8-2　市场细分原则

原则	说明
易入原则	这是指该细分市场易于开发、便于进入。在完成市场细分后，销售机构有能力向某一细分市场提供其所需的基金产品及服务
可测原则	根据市场调查、专业咨询等途径得到的市场特征要素，能够测算出细分市场的销售规模、客户数量、购买潜力等量化指标
成长原则	细分市场在以后的一段时期内，规模不断扩大，市场容量也会稳步增长，并且有可能引申出更多的销售机会
识别原则	该原则是指每个细分市场有明显的区分标准，能够清楚地认识不同细分市场的客户差异，提供个性化的产品和服务
利润原则	销售机构在进行市场细分后，必须有足够的业务量，确保在现在或未来能够获得一定的利润

（二）客户寻找

基金销售的客户寻找，就是在目标市场中寻找有投资需求、有投资能力、有一定的风险承受能力、有可能购买或者再次购买基金的客户。

基金销售机构可以通过多种方式与客户建立联系。通过宣传广告让潜在客户了解销售机构，从而取得联系，也可以通过营销人员主动接触、寻找潜在客户。

 营销人员与潜在客户群体之间通常存在三种关系：直接型、间接型和陌生关系。

常用的寻找潜在客户的方法是：缘故法、介绍法和陌生拜访法。三种方法的特点如表8-3所示。

表8-3　三种方法的特点

方法	特点
缘故法	该方法针对直接关系型群体，利用营销人员个人的生活、工作经历建立的人际关系开发客户。这类群体主要是营销人员的亲戚、朋友、邻居、同事、师生等，属于直接关系型。采用缘故法寻找客户容易获得成功
介绍法	该方法针对间接客户型群体，主要是通过现有客户介绍新客户。在开发客户的过程中，营销人员可与一部分客户建立良好关系，再通过他们派生出新的客户关系，建立新的客户群
陌生拜访法	该方法针对陌生关系型群体，通过销售人员主动与陌生人认识、交流，把其发展成为潜在客户，在开发客户中这是运用最多的方法

第二节　基金销售机构

考情分析：本节主要介绍基金销售机构的类型、准入条件、职责和发展趋势等。考纲对本节内容的要求较高，绝大部分都要求熟练掌握。特别是基金销售机构的职责规范涉及的考点较多。本节属于考试的重点，在近年出现的考题有1道左右。

学习建议：对基金监管的现状和发展趋势只要求了解即可，重点是理清机构的准入条件，并重点理解、记忆销售机构职责和相关制度建立。

一、基金销售机构的主要类型（★★★）

基金销售机构，是依法办理开放式基金份额的认购、申购和赎回的基金管理人以及取得基金代销业务资格的其他机构。

目前，国内的基金销售机构可分为直销机构和代销机构两种类型。

（1）直销机构是直接销售基金的基金公司。基金公司开展直销主要包括两种形式。①专门的销售人员直接开发、维护机构客户和高净值个人客户。②自行建立电子商务平台进行基金销售。

（2）代销机构是指与基金公司签订基金产品代销协议，代为销售基金产品，赚取销售佣金的商业机构。这类主要包括，商业银行、证券公司、保险机构、期货公司、证券投资咨询机构和独立基金销售机构。

二、基金销售机构的现状及发展趋势（★）

（一）基金销售机构的现状

（1）过去的基金销售，商业银行和证券公司处于绝对强势的地位。

（2）由于银行销售渠道的优势，大部分基金公司的产品销售主要通过银行渠道完成。

（3）随着市场的发展，2013年通过直销渠道销售份额首次超过银行渠道。另外，独立基金销售机构和证券投资咨询机构虽然销售所占份额较低，但处于高速发展状态。

（二）基金销售机构的发展趋势

随着基金销售市场以及外部环境的变化，各类基金销售机构的发展趋势如下。

1. 深度挖掘互联网销售的效能

一方面网络申购方便、快捷；另一方面，通常在网上进行申购会有手续费的优惠，同时还可能提供基金份额净值查询、研究报告等增值服务。深度挖掘互联网销售，进一步完善互联网平台的销售服务是各类基金销售机构的主要发展方向之一。

2. 提升服务的专业化和层次化

在市场竞争日趋激烈的环境下，提升服务的专业化和层次化也将是各类基金销售机构发展的重点。

三、基金销售机构的准入条件（★★★）

根据相关规定，基金管理人可以办理其募集的基金产品的销售业务。商业银行（含在华外资法人银行）、证券公司、保险机构、期货公司、证券投资咨询机构、独立基金销售机构以及证监会认定的从事基金销售业务的其他机构，应向工商注册登记所在地的中国证监会派出机构进行注册并取得相应资格。相关基金应具备的条件有如下几点。

（1）具有健全的治理结构、完善的内部控制和风险管理制度，并得到有效执行；

（2）财务状况良好，运作规范稳定；

（3）有与基金销售业务相适应的营业场所、安全防范设施和其他设施；

（4）有安全、高效的办理基金发售、申购和赎回等业务的技术设施，且符合中国证监会对基金销售业务信息管理平台的有关要求，基金销售业务的技术系统已与基金管理人、中国证券登记结算公司相应的技术系统进行了联网测试，测试结果符合国家规定的标准；

（5）制定了完善的资金清算流程，资金管理符合中国证监会对基金销售结算资金管理的有关要求；

（6）有评价基金投资人风险承受能力和

基金产品风险等级的方法体系;

(7) 制定了完善的业务流程、销售人员执业操守、应急处理措施等基金销售业务管理制度,符合中国证监会对基金销售机构内部控制的有关要求;

(8) 有符合法律法规要求的反洗钱内部控制制度;

(9) 中国证监会规定的其他条件。

【例题】《证券投资基金销售管理办法》规定,（　　）可以办理其募集的基金产品的销售业务。
A. 监管机构
B. 基金托管人
C. 基金管理人
D. 证券登记结算公司
【解析】本题考查基金销售机构准入条件。为了规范公开募集证券投资基金的销售活动,促进证券投资基金市场健康发展,规定了基金管理人可以办理其募集的基金产品的销售业务。
【答案】C

四、基金销售机构的职责规范（★★★）

根据《证券投资基金销售管理办法》和其他相关规范性文件,基金销售机构的职责规范主要包括以下六个方面。

(一) 签订销售协议,明确权利与义务

办理基金的销售业务,应当由基金销售机构与基金管理人签订书面销售协议,明确双方的权利、义务,并至少包括:①销售费用分配的比例和方式;②基金持有人联系方式等客户资料的保存方式;③对基金持有人的持续服务责任;④反洗钱义务履行及责任划分;⑤基金销售信息交换及资金交收权利与义务。

名师点拨 未经签订书面销售协议,基金销售机构不得办理基金的销售。基金销售机构不得委托其他机构代为办理基金的销售业务。

(二) 基金管理人应制定业务规则并监督实施

基金销售时,基金管理人应制定合理的业务规则,对基金认购、申购、赎回、转换、非交易过户等行为进行规定。为保护投资人的合法权益,还须对资金归集、信息传输、销售服务等进行规范。

(三) 建立相关制度

基金管理人、基金销售机构应当建立健全以下三个方面的相关制度。

(1) 建立健全并有效执行基金销售业务制度和销售人员的持续培训制度,加强对基金业务合规运作以及销售人员行为规范的监督、检查。

(2) 建立完善的基金份额持有人账户和资金账户管理制度,基金份额持有人资金的存取程序以及授权审批制度。

(3) 建立健全档案管理制度。妥善管理基金份额持有人的开户资料、与销售业务有关的其他资料。客户身份资料自业务关系结束当年起至少保存15年,与销售业务有关的其他资料自业务发生当年起至少保存15年。

(四) 禁止提前发行

在基金募集申请获得证监会核准前,基金管理人、基金销售机构不得办理基金销售业务,不得向公众分发、公布基金宣传推介材料或发售基金份额。

(五) 严格账户管理

(1) 基金销售结算专用账户是基金销售机构、基金销售支付结算机构或基金注册登记机构用于归集、暂存、划转基金销售结算资金的专用账户。

(2) 基金销售结算资金是基金投资人的交易结算资金。涉及基金销售结算专用账户

开立、使用、监督的机构不得将基金销售结算资金归入其自有财产。

【名师点拨】 禁止任何单位或个人以任何形式挪用基金销售结算资金。相关机构破产或清算时，基金销售结算资金不属于其破产或清算财产。

（3）基金销售机构、基金销售支付结算机构、基金注册登记机构可在具备基金销售业务资格的商业银行或从事客户交易结算资金存管的指定商业银行开立基金销售结算专用账户。

（4）开立该专用账户时，应当就账户性质、功能以及使用的具体内容、监督方式、账户异常处理等事项，通过监督协议的形式与基金销售结算资金监督机构做出约定。

（六）基金销售机构反洗钱

在为客户开立基金账户时，基金销售机构应当按照反洗钱的相关规定对客户身份进行识别，并对其洗钱风险进行等级划分。进行客户风险等级划分时，应综合考虑客户身份、地域、行业、职业、交易特征等因素。风险等级至少分为高、中、低三个等级。

基金销售机构应根据中国人民银行《金融机构大额交易和可疑交易报告管理办法》第九条、第十条的规定，监测客户现金收支或款项划转情况。对于符合大额交易标准的，在该大额交易发生后5个工作日内，向中国反洗钱监测分析中心报告。发现有可疑交易或者行为时，在其发生后10个工作日内，向中国反洗钱监测分析中心报告。

【知识拓展】 反洗钱是指为了预防洗钱活动，依法采取相关措施的行为。洗钱是指将毒品犯罪、黑社会性质的组织犯罪、恐怖活动犯罪、走私犯罪、贪污受贿犯罪、破坏金融管理秩序犯罪、金融诈骗犯罪等犯罪行为或者其他犯罪的违法所得及其产生的收益，通过各种手段掩饰、隐瞒其来源和性质，使其在形式上合法化的行为。

【例题】 下列选项不属于基金销售机构的职责的是（　　）。

A．与基金管理人确定反洗钱责任划分
B．建立完善的基金份额持有人账户管理制度
C．与基金管理人签订书面销售协议
D．基金销售结算专用账户资金归入其自有财产

【解析】 本题考查基金销售机构的职责。按照规定，涉及基金销售结算专用账户开立、使用、监督的机构不得将基金销售结算资金归入其自有财产。

【答案】 D

第三节 基金销售机构的销售理论、方式与策略

考情分析：本节主要介绍基金销售的理论、方式与策略。根据基金销售的具体情况，调整了传统的4Ps营销理论，更加重视服务这一要素。对比总结了各类基金销售方式的特点，并总结基金销售的四大策略。本节内容都相当重要，需要熟练掌握。在近年的考试中，涉及本节的题目有0～1道。

学习建议：理解基金销售的理论和特殊性，通过对比掌握基金直销、代销和新兴销售渠道的优缺点。学习时，注意提炼销售策略的各种表现形式。

一、销售理论（★★★）

基金销售机构销售基金产品一般以4Ps营销理论为指导。营销会影响市场需求，企业为获得更多的利润，就需要组合营销要素来满足市场的需求。传统的4Ps营销可以归

纳为产品（Product）、价格（Price）、渠道（Place）、促销（Promotion），简称4Ps。

知识拓展 商业银行只是基金代销较高，而基金的价格是由基金管理公司决定。传统的4Ps营销理论没有考虑到服务的重要性，因此本书的4Ps营销理论是将价格（Price）要素换成人员（People）要素。

以4Ps为核心的营销组合策略如表8-4所示。

表8-4 4Ps营销组合策略

项目	说明
产品策略	重视功能开发，要求产品有独特的卖点，将产品的特色摆在首位
分销策略	基金公可以不用直接面对客户，而是通过分销商、经销商来进行，重点是培育分销商、建立销售网络
促销策略	为了促进销售的增长，基金公司可改变销售行为来激励购买，并以短期行为吸引客户
人员策略	在服务过程中，注重与客户的关系，保证服务质量

证券投资基金属于金融服务行业，在运用4Ps理论进行市场营销时有一定的特殊性。

（1）规范性。为了维护投资者利益，监管部门在基金销售费用、基金销售宣传推介等方面进行了严格的规定。基金销售机构在制定产品策略和促销策略时，需要严格遵守这些规定。

（2）服务性。作为一种金融产品，基金的品质体现在未来收益和营销人员的持续服务。因此，基金销售机构不仅要注重产品、分销和促销，而且还必须提高服务质量、加大品牌形象宣传力度，以增强信誉、扩大客户基础。

（3）专业性。基金主要是投资于股票、债券、货币市场工具等金融产品的组合投资工具，营销人员必须熟悉相关金融知识和投资工具等专业性知识。

（4）持续性。基金营销是理财服务，不是一锤子买卖，而是通过持续的销售服务不断扩大基金规模和扩大客户群体。

（5）适用性。在销售基金和相关产品时，基金销售机构应根据投资者的风险承受能力销售不同风险等级的产品。坚持投资人利益优先的原则，把合适的产品卖给合适的投资人，注重销售的适用性。

二、销售方式（★★★）

（一）直销和代销

基金销售市场现有基金公司直销和代销两种主要的销售方式。基金销售的直销和代销两种方式在基金产品、销售人员、销售网络、客户关系和营销成本上有不同的特点，如表8-5所示。

表8-5 基金直销与代销的不同特点

项目	基金直销	基金代销
基金产品方面	是通过基金公司或基金公司网站进行基金买卖，因此直销方式仅销售一家基金公司的产品	指拥有代销资格的银行或证券公司等金融机构接受基金管理人的委托，通过营业网点柜台、电话、网络等渠道为投资人办理基金份额认购、申购和赎回以及相应资金收付的业务 【提示】代销机构往往同时销售多家基金公司的产品
销售人员方面	是通过基金公司直属的销售队伍进行基金销售，专业性强	代销机构的销售队伍对基金的专业知识、产品特性等方面的掌握程度较直销团队低一些

续表

项目	基金直销	基金代销
销售网络方面	销售网络往往通过基金公司的分支机构网点铺开,数量有限,推广效果有限	代销机构的营业网点数量众多,受众范围广
客户关系方面	往往对客户的财务状况更了解,对客户控制力较强,更容易发现产品和服务方面的不足,易于建立双向持久的联系,提高忠诚度	代销渠道则有广泛的客户基础,和客户有全面的业务联系,可以提供多样化的客户服务
营销成本方面	基金公司承担固定成本,针对特定目标客户可以大幅降低营销成本	有业绩才有佣金,但基金公司对渠道的竞争提高了代销成本

(二)线上销售

随着互联网企业的强势介入,近年来又出现了基金公司与互联网企业合作进行线上销售、独立基金销售机构线上代销等新的基金销售方式。

2013年6月13日,支付宝(中国)网络技术有限公司与天弘基金管理公司合作推出了新型货币基金产品——余额宝。未来基金公司将进一步加深与互联网公司的合作,拓展互联网金融空间开展基金销售业务。

(三)各类基金销售方式的特点

各类基金销售方式的特点如表8-6所示。

表8-6 各类基金销售方式的特点

销售方式	特点
基金公司直销	(1)基金公司熟悉自身产品,重视资讯 (2)购买费率上通常低于传统代销渠道 (3)受到政策和运营限制,目前只能销售本公司的产品 (4)客户通过直销渠道购买多家公司的基金产品,需要开立多个账户,管理不方便
银行代销	(1)客户对银行最有安全感和信赖感 (2)有相对全面的基金产品和其他金融产品可供选择 (3)网点众多,便于传统客户交易、咨询 (4)客户经理制度日渐完善,考虑客户利益较多 (5)银行客户经理往往要负责储蓄、贷款、保险等多种销售任务,因此难以专注于基金销售
证券公司代销	(1)将传统股票投资者转为基金投资者,证券公司经纪业务营业部是首选 (2)证券公司网点较多,便于传统客户交易买卖 (3)其客户经理专业水平相对较高,服务也较好 (4)其主要经营股票经纪业务,在一定程度上缺乏推动股票经纪客户向基金投资者转化的动力
独立第三方销售公司	(1)在打造基金超市时,既有定位于线下高净值客户,也有定位于线上大众网民 (2)其发起人或主要管理人来源多样,对行业的把握和理解能力差别较大
新兴的互联网金融渠道	(1)它们虽不具备基金代销牌照,但可为基金公司带来丰富的客户资源,并在短时期内形成规模效应 (2)投资便利度高、产品投资门槛低、附加功能丰富,可将广大用户引进基金投资领域 (3)发展时间较短,存在政策、技术等多重风险,基金品种多为单一的货币基金;在销售专业度上也与传统机构存在差距

名师点拨：证券公司代销主要经营股票经纪业务，百度、阿里巴巴和腾讯等互联网企业不具备基金代销牌照，互联网金融渠道代销多为货币基金。

三、销售策略（★★★）

基金销售机构的销售策略主要包括产品策略、价格策略、渠道策略和促销策略，具体内容如表 8-7 所示。

表 8-7 基金销售策略

销售策略	内容阐述
产品策略	（1）我国的开放式基金已经构建起：货币市场基金、债券基金、混合基金、股票基金等在内的风险由低到高的产品线，可满足不同风险偏好客户 （2）ETF、LOF、分级基金、浮动费率基金等创新产品的出现，也大大丰富了基金产品
价格策略	（1）基金销售机构常采取多种费率结构相结合的方式，根据申购资金量和持有期限的不同，基金投资品种和期限的不同设定不同的费率结构 （2）根据公司的品牌影响力、产品竞争力、发行档期等多重因素，设计不同的费率结构。对同一基金设计不同的收费结构和结算模式，设计费用优惠政策等 （3）通过对费率结构的异质化设定，树立品牌的营销策略 【知识拓展】价格调节手段包括首次认申购客户的费用折扣，后端收费模式
渠道策略	（1）销售的渠道较为单一，以银行和券商代销为主 （2）基金销售机构在巩固现有渠道、增强银行和券商渠道代销积极性的同时，还需要引进多样化的营销渠道，拓宽销售渠道的广度、深度 （3）加强对各种渠道的有效管理，组成一个功能互补、效益最大化的渠道网络，服务不同的细分市场
促销策略	（1）基金销售机构采取了多种促销手段与投资者交流沟通。除报刊广告、网络宣传、派发各种宣传资料、平面广告、电台广告、基金产品推介会、费率打折等常用手段外，产品组合营销，基金拆分、大比例分红等创新型基金促销手段也不断涌现 （2）在促销策略上也存在不足。一方面，基金销售机构往往重首发而轻持续营销，将大量人、财、物投入到新基金的宣传和销售中，甚至通过不断发新基金来弥补老基金的赎回，但对持续销售工作仅停留在维护的层面。另一方面，基金销售机构普遍缺乏整体促销战略，促销手段简单。促销的策略性、系统性、目标性有待提高

【例题】下列基金种类中，属于次高风险等级的是（　　）。
A. 债券基金
B. 货币市场基金
C. 股票基金
D. 混合基金

【解析】本题考查基金销售的产品战略。我国的开放式基金已经构建起：货币市场基金、债券基金、混合基金、股票基金等在内的风险由低到高的产品线。

【答案】D

过关测试题

1. 传统 4Ps 营销理论涉及的要素不包括（　　）。
A. 产品　　B. 价格
C. 规模　　D. 促销

2. 基金销售机构的客户身份资料自业务关系结束当年起至少保存（　　）年。
A. 5　　B. 10
C. 15　　D. 20

3. 基金销售机构销售基金产品一般以（　　）营销理论为指导。

A. 6S　　　　　B. XBRL
C. 4Cs　　　　D. 4Ps

4. 基金的销售机构人员在销售基金时，不正确的行为是（　　）。
   A. 进行基金投资人风险承受能力调查
   B. 根据投资者的风险偏好，推荐其合适的基金产品
   C. 向投资人承诺收益
   D. 介绍投资人想要了解的基金产品情况

5. 针对机构投资者、中高收入阶层这样的大投资者，基金销售机构大多会采取（　　）进行促销。
   A. 人员推销
   B. 广告
   C. 营业推广
   D. 公共关系

6. 基金销售机构的职责规范包括（　　）。
   Ⅰ. 签订销售协议，明确权利与义务
   Ⅱ. 基金管理人应制定业务规则并监督实施
   Ⅲ. 提前发行
   Ⅳ. 基金销售机构反洗钱
   A. Ⅰ、Ⅱ、Ⅲ
   B. Ⅰ、Ⅱ、Ⅳ
   C. Ⅰ、Ⅱ
   D. Ⅰ、Ⅱ、Ⅲ、Ⅳ

7. 在完成市场细分后，销售机构有能力向某一细分市场提供其所需的基金产品及服务，是基金销售机构在进行市场细分时遵循的（　　）。
   A. 适用原则
   B. 成长原则
   C. 易入原则
   D. 利润原则

8. 基金管理人委托基金销售机构办理基金销售时，应当签订（　　），明确双方的权利、义务。
   A. 书面委托协议
   B. 书面委托合约
   C. 书面合作协议
   D. 书面销售协议

9. 对符合大额交易标准的，在交易发生后（　　）个工作日内，基金销售机构应向中国反洗钱监测分析报告中心报告。
   A. 1　　　　　B. 5
   C. 7　　　　　D. 10

10. 投资基金市场销售的（　　）要求基金销售机构、基金监管人员在开展基金销售活动时，必须严格遵守基金销售活动的监管规定。
    A. 规范性　　　B. 专业性
    C. 服务性　　　D. 合法性

11. 基金销售机构在进行市场细分时，其原则不包括（　　）。
    A. 利润原则　　B. 成长原则
    C. 识别原则　　D. 适用原则

12. 不属于基金市场营销特殊性的是（　　）。
    A. 服务性　　　B. 专业性
    C. 持续性　　　D. 特定性

第九章

基金销售行为规范及信息管理

本章主要介绍基金销售的规范要求及对销售信息的管理要求。基金销售是按市场需求配置资源,实现基金产品交易的过程。规范基金销售,有助于销售人员依法合规地开展业务、促进基金行业的良性竞争,维护基金市场的健康发展。本章分为五节,分别阐述销售机构人员行为规范、基金宣传推介材料规范、基金销售费用规范、基金销售适用性、基金销售信息管理等内容。本章涉及的考点较多,在历次考试中一般会占4~10分。

本章属于次重要章节,在学习相关内容时,需要熟练掌握基金销售禁止性规范、基金销售的费用结构与费率水平、基金销售适应性原则和管理制度。针对这些重点的内容进行深入的理解,并注意可能出现的组合型选择题。

本章考点预览

基金销售行为规范及信息管理	第一节 基金销售机构人员行为规范	1. 基金销售人员的资格管理	★★
		2. 基金销售机构人员管理和培训	★★
		3. 基金销售机构人员行为规范	★★
	第二节 基金宣传推介材料规范	1. 宣传推介材料的范围	★★
		2. 宣传推介材料审批报备流程	★★
		3. 宣传推介材料的原则性要求及禁止性规定	★★★
		4. 宣传推介材料业绩登载规范	★★
		5. 宣传推介材料的其他规范	★★
		6. 宣传推介材料违规情形和监管处罚	★★
		7. 风险提示函的必要内容	★★
	第三节 基金销售费用规范	1. 基金销售费用原则性规范	★★★
		2. 基金销售费用结构和费率水平	★★★
		3. 基金销售费用其他规范	★★★
	第四节 基金销售适用性	1. 基金销售适用性指导原则及管理制度	★★★
		2. 基金销售渠道审慎调查	★★
		3. 基金产品风险评价	★★★
		4. 基金投资人风险承受能力调查和评价	★★★
		5. 基金销售适用性的实施保障	★★★

		续表
第五节 基金销售信息管理	1. 基金销售业务信息管理	★
	2. 基金客户信息的内容与保管要求	★
	3. 基金销售机构中的渠道信息管理	★

第一节 基金销售机构人员行为规范

考情分析：本节主要介绍基金销售人员的资格、管理、培训和行为规范，属于本章的基础内容。其中销售人员的基本行为规范和禁止规定是重点内容，可能会以组合型选择题形式出现。在最近的考试中，本节出现的考题在1道左右。

学习建议：本节的知识点较多，分散在不同的规范性条款当中。考试时，很容易出现干扰和混淆的选项，因此在学习时必须深入理解相关内容和含义，仔细加以辨别。

基金销售机构人员是指在基金管理公司、基金管理公司委托的基金销售机构中从事宣传推介基金、发售基金份额、办理基金份额申购或赎回等相关活动的人员。

为了加强对基金销售人员的管理，规范销售行为，提高基金销售人员的职业水准，证监会先后颁布了《证券投资基金销售管理办法》《证券投资基金销售机构内部控制指导意见》《中国证券投资基金销售人员职业守则》《中国证券业协会证券投资基金销售人员从业资质管理规则》等文件，对基金机构销售人员行为规范做出明确规定。

一、基金销售人员的资格管理（★★）

基金销售人员的资格管理相关内容如下。

（1）基金销售人员应当自觉遵守法律法规和所在机构的业务制度，忠于职守，规范服务，自觉维护所在行业及机构的声誉，保护投资者的合法利益。

（2）基金销售人员应当具备从事基金销售活动所必需的法律法规、金融、财务等专业知识和技能。

（3）根据有关规定取得中国证券投资基金业协会认可的基金从业人员资格。

① 负责基金销售业务的管理人员应取得基金从业资格。

② 证券公司总部及营业网点，商业银行总行、各级分行及营业网点，专业基金销售机构和证券投资咨询机构总部及营业网点从事基金宣传推介、基金理财业务咨询等活动的人员应取得基金销售业务资格。

以上从业人员须由所在机构进行执业注册登记，未经基金管理人或者基金销售机构聘任，任何人员不得从事基金销售活动。

二、基金销售机构人员管理和培训（★★）

基金销售机构应建立科学的聘用、培训、考评、晋升及淘汰等人力资源管理制度，确保销售人员具备相应的职业操守和专业能力。

（1）基金销售机构应完善销售人员招聘程序，明确资格条件，审慎考查应聘的人员。

（2）基金销售机构应建立员工培训制度，通过培训、考试等方式，确保员工理解及掌握相关法律法规和规章制度。员工培训应符合基金行业自律机构的相关要求，培训情况应记录、存档。

（3）基金销售机构应加强对销售人员的日常管理，建立管理档案，对销售人员的行为、诚信、奖惩等情况进行记录。

（4）基金销售机构应建立科学合理的销售绩效评价体系，健全激励、约束机制。

（5）基金销售机构对于通过基金业协会资质考核，并获得基金销售资格的基金销售人员，统一办理执业注册、后续培训和执业年检。

（6）基金销售机构对于所属已获得基金销售资格的从业人员，应参照《中国证券投资基金业协会从业人员后续职业培训大纲》的要求，组织与基金销售相关的职业培训。

（7）基金销售机构需要对基金销售人员的销售行为、流动情况、获取从业资质和业务培训等进行日常管理，建立健全基金销售人员管理档案。登记基金销售人员的基本资料和培训情况等。

（8）基金销售机构应通过网络或其他方式向社会公示本机构所属的取得基金销售从业资质的人员信息，公示内容包括但不限于姓名、从业资质证明及编号、所在营业网点等信息。

> 基金销售从业人员信息的公示内容可能还包括：取得相关资质的时间、在公司的职位、取得的相关业绩、联系方式等信息。

三、基金销售机构人员行为规范（★★）

（一）基金销售人员基本行为规范

（1）基金销售人员在与投资者交往中应热情诚恳，稳重大方，语言和行为举止文明礼貌。

（2）基金销售人员在向投资者推介基金时应首先自我介绍并出示基金销售人员身份证明及从业资格证明。

（3）基金销售人员在向投资者推介基金时应征得投资者的同意，如投资者不愿或不便接受推介，基金销售人员应尊重投资者的意愿。

（4）基金销售人员在向投资者进行基金宣传推介和销售服务时，应公平对待投资者。

（5）基金销售人员对其所在机构和基金产品进行宣传应符合中国证监会和其他部门的相关规定。

（6）基金销售人员分发或公布的基金宣传推介材料应为基金管理公司或基金代销机构统一制作的材料。

（7）基金销售人员应根据投资者的目标和风险承受能力推荐基金品种，并客观介绍基金的风险收益特征，明确提示投资者注意投资基金的风险。

> 基金销售时，应当引导投资者充分认识风险，并遵循适应性原则。

（8）基金销售人员在为投资者办理基金开户手续时，应严格遵守《证券投资基金销售机构内部控制指导意见》的有关规定，并注意如下事项：

① 有效识别投资者身份；

② 向投资者提供"投资人权益须知"；

③ 向投资者介绍基金销售业务流程、收费标准及方式、投诉渠道等；

④ 了解投资者的投资目标、风险承受能力、投资期限和流动性要求。

> 应当根据反洗钱法规相关要求识别客户身份，核对客户的有效身份证件，登记客户身份基本信息，确保基金账户持有人名称与身份证明文件中记载的名称一致，并留存有效身份证件的复印件或者影印件。

（9）基金销售人员应当积极为投资者提供售后服务，回访投资者，解答投资者的疑问。

（10）基金销售人员应当耐心倾听投资者的意见、建议和要求，并根据投资者的合理意见改进工作，如有需要应立即向所在机构报告。

（11）基金销售人员应当自觉避免其个人及其所在机构的利益与投资者的利益冲突，当无法避免时，应当确保投资者的利益优先。

（二）基金销售人员禁止性规范

基金销售人员禁止性规范内容如下。

（1）基金销售人员对基金产品的陈述、介绍和宣传，应当与基金合同、招募说明书等相符，不得进行虚假或误导性陈述，或者出现重大遗漏。

（2）基金销售人员在陈述所推介基金或同一基金管理人管理的其他基金的过往业绩时，应当客观、全面、准确，并提供业绩信息的原始出处，不得片面夸大过往业绩，也不得预测所推介基金的未来业绩。

（3）基金销售人员应向投资者表明，所推介基金的过往业绩并不预示其未来表现，同一基金管理人管理的其他基金的业绩并不构成所推介基金业绩表现的保证。

（4）基金销售人员应当引导投资者到基金管理公司、基金代销机构的销售网点、网上交易系统或其他经监管部门核准的合法渠道办理开户、认购、申购、赎回等业务手续，不得接受投资者的现金，不得以个人名义接受投资者的款项。

（5）基金销售人员应当按照基金合同、招募说明书以及基金销售业务规则的规定为投资者办理基金认购、申购、赎回等业务，不得擅自更改投资者的交易指令，无正当理由不得拒绝投资者的交易要求。

（6）基金销售人员获得投资者提供的开户资料和基金交易等相关资料后，应及时交所在机构建档保管，并依法为投资者保守秘密，不得泄露投资者买卖、持有基金份额的信息及其他相关信息。

（7）基金销售人员在向投资者办理基金销售业务时，应当按照基金合同、招募说明书和发行公告等销售法律文件的规定代扣或收取相关费用，不得收取其他额外费用，也不得对不同投资者违规收取不同费率的费用。

（8）基金销售人员从事基金销售活动的其他禁止性情形。

① 在销售活动中为自己或他人牟取不正当利益。

② 违规向他人提供基金未公开的信息。

③ 诋毁其他基金、销售机构或销售人员。

④ 散布虚假信息，扰乱市场秩序。

⑤ 同意或默许他人以其本人或所在机构的名义从事基金销售业务。

⑥ 违规接受投资者全权委托，直接代理客户进行基金认购、申购、赎回等交易。

⑦ 违规对投资者做出盈亏承诺，或与投资者以口头或书面形式约定利益分成或亏损分担。

⑧ 承诺利用基金资产进行利益输送。

⑨ 以账外暗中给予他人财物或利益或接受他人给予的财物或利益等形式进行商业贿赂。

⑩ 挪用投资者的交易资金或基金份额。

⑪ 从事其他任何可能有损其所在机构和基金业声誉的行为。

【例题】基金销售人员的禁止性规范不包括（　　）。

A．违规提供基金未公开信息
B．不得片面夸大过往业绩
C．不得预测所推介基金的未来业绩
D．不限制以个人名义接受投资者的款项

【解析】本题考查基金销售人员的禁止性规范。基金销售人员应当引导投资者到基金管理公司、基金代销机构的销售网点、网上交易系统或其他经监管部门核准的合法渠道办理开户、认购、申购、赎回等业务手续，不得接受投资者的现金，不得以个人名义接受投资者的款项。

【答案】D

第二节 基金宣传推介材料规范

考情分析：本节主要介绍基金宣传材料的范围、报备、原则性要求、登载规范、违规处罚等。基金宣传材料是投资基金对外展示的平台，也是投资者了解基金的主要渠道。监管部门对其有着较为严格的规定。本节需要理解的内容较多，在近年涉及本节的考题在1道左右。

学习建议：本节内容自成体系，并含有较多的数据，大纲要求掌握的部分相对较少。学习时，需要针对重点标注的考点进行强化记忆。

一、宣传推介材料的范围（★★）

按照《证券投资基金销售管理办法》的规定，基金宣传推介材料是指为推介基金向公众分发或者公布，使公众可普遍获得的书面、电子或者其他介质的信息。

为了避免夸大业绩或以诱导性的语言吸引投资者，基金宣传推介材料必须符合相关规范。基金宣传推介材料包括如下内容。

（1）公开出版资料。

（2）宣传单、手册、信函、传真、非指定信息披露媒体上刊发的与基金销售相关的公告等面向公众的宣传资料。

（3）海报、户外广告。

（4）电视、电影、广播、互联网资料、公共网站链接广告、短信及其他音像、通信资料。

（5）通过报眼及报花广告、公共网站链接广告、传真、短信、非指定信息披露媒体上刊发的与基金分红、销售相关的公告等可以使公众普遍获得的、带有广告性质的基金销售信息。

（6）中国证监会规定的其他材料。

二、宣传推介材料审批报备流程（★★）

（一）基金管理人的基金宣传推介材料审批报备流程

基金管理人的基金宣传推介材料，应当事先经基金管理人负责基金销售业务的高级管理人员和督察长检查，出具合规意见书，并自向公众分发或者发布之日起5个工作日内报主要经营活动所在地中国证监会派出机构备案。

（二）其他基金销售机构的基金宣传推介材料审批报备流程

其他基金销售机构的基金宣传推介材料，应当事先经基金销售机构负责基金销售业务和合规的高级管理人员检查，出具合规意见书，并自向公众分发或者发布之日起5个工作日内报工商注册登记所在地中国证监会派出机构备案。

注意不同的基金推介主体，出具合规意见书的人员也有所不同。

（三）基金管理公司和基金代销机构的基金宣传推介资料报送要求

基金管理公司和基金代销机构制作、分发或公布基金宣传推介材料，报送报告材料时，应当遵守的要求如表9-1所示。

表9-1 宣传推介资料报送要求

项目	内容
报送内容	报送内容包括：基金宣传推介材料的形式和用途说明、基金宣传推介材料、基金管理公司督察长出具的合规意见书、基金托管银行出具的基金业绩复核函或基金定期报告中相关内容的复印件，以及有关获奖证明的复印件。基金管理公司或基金代销机构负责基金营销业务的高级管理人员也应对基金宣传推介材料的合规性进行复核并出具复核意见
报送形式	书面报告报送基金管理公司或基金代销机构主要办公场所所在地证监局。报证监局时应随附电子文档
报送流程	基金管理公司或基金代销机构应当在分发或公布基金宣传推介材料之日起5个工作日内递交报告材料

【例题】下列关于宣传推介材料报送内容的说法错误的是（　　）。

A. 报送内容包括基金宣传推介材料的形式和用途说明、基金宣传推介材料

B. 基金管理公司督察长出具的合规意见书

C. 基金管理人银行出具的基金业绩复核函或基金定期报告中相关内容的复印件，以及有关获奖证明的复印件

D. 基金管理公司或基金代销机构负责基金营销业务的高级管理人员也应当对基金宣传推介材料的合规性进行复核并出具复核意见

【解析】本题考查宣传推介材料报送内容。按照有关要求，由基金托管银行出具的基金业绩复核函或基金定期报告中相关内容的复印件，以及有关获奖证明的复印件。

【答案】C

三、宣传推介材料的原则性要求及禁止性规定（★★★）

发布基金宣传推介材料应该遵循一些基本的原则性的要求，相关材料必须真实、准确，与基金合同、基金招募说明书相符，其具体要求如表9-2所示。

表9-2　基金宣传推介材料的原则性和禁止性规定

基金宣传推介材料	内容
原则性要求	（1）制作基金宣传推介材料的基金销售机构应当对其内容负责，保证其内容的合规性，并确保向公众分发、公布的材料与备案的材料一致 （2）基金管理公司和基金代销机构应当在基金宣传推介材料中加强对投资人的教育和引导，积极培养投资人的长期投资理念 （3）注重对行业公信力及公司品牌、形象的宣传，避免利用通过大比例分红等降低基金单位净值来吸引基金投资人购买基金的营销手段，或对有悖基金合同约定的暂停、打开申购等营销手段进行宣传
禁止性规定	基金宣传材料必须真实、准确，与基金合同、基金招募说明书相符，不得有以下情形： （1）虚假记载、误导性陈述或者重大遗漏 （2）预测基金的投资业绩 （3）违规承诺收益或者承担损失 （4）诋毁其他基金管理人、基金托管人或者基金销售机构，或者其他基金管理人募集或者管理的基金 （5）夸大或者片面宣传基金，违规使用安全、保证、承诺、保险、避险、有保障、高收益、无风险等可能使投资人认为没有风险的或者片面强调集中营销时间限制的表述 （6）登载单位或者个人的推荐性文字 （7）基金宣传推介材料所使用的语言表述应当准确清晰，应当特别注意： ①在缺乏足够证据支持的情况下，不得使用"业绩稳健""业绩优良""名列前茅""位居前列""首只""最大""最好""最强""唯一"等表述 ②不得使用"坐享财富增长""安心享受成长""尽享牛市"等易使基金投资人忽视风险的表述 ③不得使用"欲购从速""申购良机"等片面强调集中营销时间限制的表述 ④不得使用"净值归一"等误导基金投资人的表述 （8）中国证监会规定的其他情形

四、宣传推介材料业绩登载规范（★★）

基金宣传推介材料可以登载该基金、基金管理人管理的其他基金的过往业绩，但基金合同生效不足6个月的除外。

基金宣传推介材料登载过往业绩，应当符合以下要求。

（1）基金合同生效6个月以上但不满1年的，应当登载从合同生效之日起计算的业绩。

（2）基金合同生效1年以上但不满10年的，应当登载自合同生效当年开始所有完整会计年度的业绩，宣传推介材料公布日在下半年的，还应当登载当年上半年度的业绩。

（3）基金合同生效10年以上的，应当登载最近10个完整会计年度的业绩。

（4）业绩登载期间基金合同中投资目标、投资范围和投资策略发生改变的，应当予以特别说明。

基金宣传推介材料登载该基金、基金管理人管理的其他基金的过往业绩，应当遵守下列规定。

（1）按照有关法律法规的规定或者行业公认的准则计算基金的业绩表现数据。

（2）引用的统计数据和资料应当真实、准确，并注明出处，不得引用未经核实、尚未发生或者模拟的数据。

（3）真实、准确、合理地表述基金业绩和基金管理人的管理水平。

【名师点拨】基金业绩表现数据应当经基金托管人复核或者摘取自基金定期报告。

基金宣传推介材料登载基金过往业绩的，应当特别声明，基金的过往业绩并不预示其未来表现，基金管理人管理的其他基金的业绩并不构成基金业绩表现的保证。

【例题】下列关于基金宣传推介材料登载过往业绩的说法错误的是（　　）。

A．基金合同生效6个月以上但不满1年的，应当登载从合同生效之日起计算的业绩

B．基金合同生效1年以上但不满10年的，应当登载自合同生效当年开始所有完整会计年度的业绩，宣传推介材料公布日在下半年的，还应当登载当年上半年度的业绩

C．基金合同生效10年以上的，应当登载最近10个完整会计年度的业绩

D．业绩登载期间基金合同中投资目标、投资范围和投资策略发生改变，不需特别说明

【解析】本题考查宣传推介材料业绩登载规范。按照要求，基金宣传推介材料登载过往业绩，登载期间基金合同中投资目标、投资范围和投资策略发生改变的，应当予以特别说明。

【答案】D

五、宣传推介材料的其他规范（★★）

（1）基金宣传推介材料附有统计图表的，应当清晰、准确。

（2）基金宣传推介材料提及基金评价机构评价结果的，应当符合中国证监会关于基金评价结果引用的相关规范，并应当列明基金评价机构的名称及评价日期。

（3）基金宣传推介材料登载基金管理人股东背景时，应当特别声明基金管理人与股东之间实行业务隔离制度，股东并不直接参与基金财产的投资运作。

（4）基金宣传推介材料中推介货币市场基金的，应当提示基金投资人，购买货币市场基金并不等于将资金作为存款存放在银行或者存款类金融机构，基金管理人不保证基

金一定盈利，也不保证最低收益。

（5）基金宣传材料中推介保本基金的，应当充分揭示保本基金的风险，说明投资者投资于保本基金并不等于将资金作为存款存放在银行或者存款类金融机构，并说明保本基金在极端情况下仍然存在本金损失的风险。

保本基金在保本期间开放申购的，应当在相关业务公告以及宣传推介材料中，说明开放申购期间投资者的申购金额是否保本。

（6）基金宣传推介材料应当含有明确、醒目的风险提示和警示性文字，以提醒投资人注意投资风险，仔细阅读基金合同和基金招募说明书，了解基金的具体情况。有足够平面空间的基金宣传推介材料应当在材料中加入具有符合规定的必备内容的风险提示函。电视、电影、互联网资料、公共网站链接形式的宣传推介材料应当包括为时至少5秒钟的影像显示，提示投资人注意风险并参考该基金的销售文件。电台广播应当以旁白形式表达上述内容。

（7）基金宣传推介材料含有基金获中国证监会核准内容的，应当特别声明中国证监会的核准并不代表中国证监会对该基金的风险和收益做出实质性判断、推荐或者保证。

六、宣传推介材料违规情形和监管处罚（★★）

（一）基金管理公司或基金代销机构使用基金宣传推介材料的违规情形

相关违规情形主要包括如下几种。

（1）未履行报送手续。

（2）基金宣传推介材料和上报的材料不一致。

（3）基金宣传推介材料违反《证券投资基金销售管理办法》及其他情形。

（二）行政监管处罚措施

出现以上情形时，中国证监会或证监局可视违规程度依法采取下列行政监管或行政处罚措施。

（1）提示基金管理公司或基金代销机构进行改正。

（2）对基金管理公司或基金代销机构出具监管警示函。

（3）对在6个月内连续两次被出具监管警示函仍未改正的基金管理公司或基金代销机构，该公司或机构在分发或公布基金宣传推介材料前，应当事先将材料报送中国证监会。基金宣传推介材料自报送中国证监会之日起10日后，方可使用。

上述期限内，中国证监会发现基金宣传推介材料不符合有关规定的，可及时告知该公司或机构进行修改，材料未经修改的，该公司或机构不得使用。

（4）责令基金管理公司或基金代销机构进行整改，暂停办理相关业务，并对其立案调查。

（5）对直接负责的基金管理公司或基金代销机构高级管理人员和其他直接责任人员，采取监管谈话、出具警示函、记入诚信档案、暂停履行职务、认定为不适宜担任相关职务者等行政监管措施，或建议公司或机构免除有关高管人员的职务。

七、风险提示函的必要内容（★★）

证券投资基金作为一种长期投资工具，其主要功能是分散投资，降低由于投资单一证券所带来的个别风险。不同于银行储蓄和债券等金融工具，可以提供固定收益预期，基金投资人在购买基金后，既可能按其所持有份额分享基金投资所产生的收益，也可能承担基金投资所带来的损失。

（一）投资运作风险

基金在投资运作过程中可能面临各种风险，通常包括市场风险，基金自身的管理风险、技术风险和合规风险等。

巨额赎回风险是开放式基金所特有的一种风险，即当单个交易日基金的净赎回申请超过基金总份额的10%时，投资人将可能无法及时赎回持有的全部基金份额。

（二）不同类型基金的风险不同

基金可分为股票基金、混合基金、债券基金、货币市场基金等不同类型。投资不同类型的基金会获得不同的收益预期，也将承担不同程度的风险。一般而言，基金的收益预期越高，投资人承担的风险也越大。

投资人应当认真阅读基金合同、招募说明书等基金法律文件，了解基金的风险收益特征，并根据自身的投资目的、投资经验、投资期限、资产状况等判断基金是否与投资人的风险承受能力相适应。

投资人应当充分了解基金定期定额投资与零存整取等储蓄的区别。定期定额投资是引导投资人进行长期投资、平均投资成本的一种简单易行的投资方式。但是定期定额投资并不能规避基金投资所固有的风险，不能保证投资人获得收益，也不是替代储蓄的等效理财方式。

> **名师点拨** 在风险提示中，基金管理人提醒投资人基金投资的"买者自负"原则，承诺以诚信、勤勉尽责的原则管理和运用基金资产，但不能保证本基金盈利，也不能保证最低收益。提示基金的过往业绩及其净值高低并不会预示未来业绩。

第三节 基金销售费用规范

考情分析：关于基金销售费用的规定有很多，本节主要从销售费用的原则、费用结构、费率水平和其他规范等方面加以概括性说明。重点是掌握不同基金持有期限的收费情况和计入基金财产的比率，以及销售中被禁止的行为。本节内容在本章中相对重要，历年出现的考题在1~2道。

学习建议：从原则性、方向性上把握有关销售费用的要求。在学习和备考时，重点理清并记忆含有数字的考点。

一、基金销售费用原则性规范（★★★）

（1）基金管理人应根据有关法律法规以及《开放式证券投资基金销售费用管理规定》等，设定科学合理、简单清晰的基金销售费用结构和费率水平，并不断完善基金销售的信息披露，防止不正当竞争。

（2）基金管理人应该在基金合同、招募说明书或者公告中载明收取销售费用的项目、方式和条件，在招募说明书或公告中载明费率标准、费用计算方法。

（3）基金销售机构应根据有关法律法规以及《开放式证券投资基金销售费用管理规定》等，建立健全基金销售费用的相关监督和控制机制，持续提高服务质量，保证公平、有序、规范地开展基金销售业务。

 基金销售机构为基金投资人提供增值服务的，可以向基金投资人收取增值服务费。

二、基金销售费用结构和费率水平（★★★）

基金销售费用结构的设定要求，以及销售费率水平的要求如表9-3所示。

表9-3 基金销售费用结构和费率水平

项目	内容
销售费用结构	（1）基金销售费用包括基金的申购（认购）费、赎回费和销售服务费。基金管理人发售基金份额、募集基金，可以收取认购费。基金管理人办理基金份额的申购，可以收取申购费 （2）认购费和申购费可以采用在基金份额发售或者申购时收取的前端收费方式，也可以采用在赎回时从赎回金额中扣除的后端收费方式 （3）基金管理人可以对选择前端收费方式的投资人根据其申购（认购）金额的数量适用不同的前端申购（认购）费率标准 （4）基金管理人可以对选择后端收费方式的投资人根据其持有期限适用不同的后端申购（认购）费率标准。对于持有期低于3年的投资人，基金管理人不得免收其后端申购（认购）费用 （5）基金管理人办理开放式基金份额的赎回应当收取赎回费
销售费率水平	基金管理人应当在基金合同、招募说明书中约定按照以下费用标准收取赎回费： （1）收取销售服务费的基金，对持续持有期少于30日的投资人收取不低于0.5%的赎回费，并将上述赎回费全额计入基金财产 （2）对于不收取销售服务费的基金，由于持有期限不同，收取的相关费用及要求也不同 ①对持续持有期少于7日的投资人收取不低于1.5%的赎回费，对持续持有期少于30日的投资人收取不低于0.75%的赎回费，并将上述赎回费全额计入基金财产 ②对持续持有期少于3个月的投资人收取不低于0.5%的赎回费，并将不低于赎回费总额的75%计入基金财产 ③对持续持有期长于3个月但少于6个月的投资人收取不低于0.5%的赎回费，并将不低于赎回费总额的50%计入基金财产 ④对持续持有期长于6个月的投资人，应当将不低于赎回费总额的25%计入基金财产 （3）对于交易型开放式指数基金（ETF）、上市开放式基金（LOF）、分级基金、指数基金、短期理财产品基金等股票基金、混合基金以及其他类别基金，基金管理人可以参照上述标准在基金合同、招募说明书中约定赎回费的收取标准和计入基金财产的比例 （4）基金管理人可以从基金财产中计提一定的销售服务费，专门用于基金的销售与基金持有人的服务 （5）基金销售机构可以对基金销售费用实行一定的优惠

【例题】不收取销售服务费的基金，持续持有期长于6个月的投资人，应当将不低于赎回费总额的（　　）计入基金财产。

A. 5%　　　　　B. 10%

C. 20%　　　　D. 25%

【解析】本题考查销售费率水平。按照规定，对于不收取销售服务费的基金，由于持有期限的不同，收取的相关费用及要求也不同。对持续持有期长于6个月的投资人，应当将不低于赎回费总额的25%计入基金财产。

【答案】D

三、基金销售费用其他规范（★★★）

（1）基金销售机构应该根据相关法律法规的要求，完善内部控制制度和业务执行系统，健全内部监督和反馈系统，加强后台管理系统对费率的合规控制，强化对分支机构基金销售费用的统一管理和监督。

（2）基金销售机构应当按照基金合同和招募说明书的约定向投资人收取销售费用；未经招募说明书载明并公告，不得对不同投资人适用不同费率。

（3）基金管理人与基金销售机构应在基金销售协议及其补充协议中约定，双方在申购（认购）费、赎回费、销售服务费等销售费用的分成比例，并据此就各自实际取得的销售费用确认基金销售收入，如实核算、记账，依法纳税。

（4）基金销售机构销售基金管理人的基金产品前，应与基金管理人签订销售协议，约定支付报酬的比例和方式。基金管理人与基金销售机构可以在基金销售协议中约定依据销售机构销售基金的保有量提取一定比例的客户维护费，用以向基金销售机构支付客户服务及销售活动中产生的相关费用。客户维护费从基金管理费中列支。

基金业协会可以在自律规则中规定基金销售费用的最低标准。

（5）基金管理人和基金销售机构应当在基金销售协议中明确约定销售费用的结算方式和支付方式，除客户维护费外，不得就销售费用签订其他补充协议。

（6）基金管理人不得向销售机构支付非以销售基金的保有量为基础的客户维护费，不得在基金销售协议之外支付或变相支付销售佣金或报酬奖励。

（7）基金销售机构在基金销售活动中，不得出现以下行为：

① 在签订销售协议或销售基金的活动中进行商业贿赂；

② 以排挤竞争对手为目的，压低基金的收费水平；

③ 未经公告擅自变更向基金投资人的收费项目或收费标准，或通过先收后返、财务处理等方式变相降低收费标准；

④ 采取抽奖、回扣或者送实物、保险、基金份额等方式销售基金；

⑤ 其他违反法律、行政法规的规定，扰乱行业竞争秩序的行为。

（8）在招募说明书及基金份额发售公告中，基金管理人应当载明有关基金销售费用的信息内容包括：

① 基金销售费用收取的条件、方式、用途和费用标准；

② 以简单明了的格式和举例方式向投资人说明基金销售费用水平；

③ 中国证监会规定的其他有关基金销售费用的信息事项。

（9）基金管理人应在基金半年度报告和年度报告中披露，从基金财产中计提的管理费、托管费、基金销售服务费的金额，并说明管理费中支付给基金销售机构的客户维护费总额。

（10）基金管理人应当在每季度的监察稽核报告中列明，基金销售费用的具体支付项目和使用情况以及从管理费中支付的客户维护费总额。

第四节 基金销售适用性

考情分析：本章介绍基金适用性的概念、管理制度和实施保障等。对证券投资基金销售适用性进行规范，是为了规范基金销售机构的销售行为，确保基金和相关产品销售的适用性，提示投资风险，促进证券投资基金市场健康发展。本节属于次重点内容，在近年的考试中大约出现1道题目。

学习建议：本节内容重点突出、易于理解，可以出考题部分也比较明显，属于送分的章节。在学习和复习时，抓住要点即可。

一、基金销售适用性指导原则及管理制度（★★★）

（一）基金销售适用性

基金销售适用性是指基金销售机构在销售基金和相关产品的过程中，注重根据基金投资人的风险承受能力销售不同风险等级的产品，把合适的产品卖给合适的基金投资人。

（二）基金销售适用性的指导原则和管理制度

基金销售适用性的指导原则和管理制度如表9-4所示。

表9-4 基金销售适用性的指导原则和管理制度

项目	内容
指导原则	（1）投资人利益优先原则。当基金销售机构或基金销售人员的利益与基金投资人的利益发生冲突时，应当优先保障基金投资人的合法利益 （2）全面性原则。基金销售机构应当将基金销售适用性作为内部控制的组成部分，将基金销售适用性贯穿于基金销售的各个业务环节，对基金管理人（或产品发起人）、基金产品（或基金相关产品）和基金投资人都要了解并做出评价 （3）客观性原则。基金销售机构应当建立科学合理的方法，设置必要的标准和流程，保证基金销售适用性的实施。对基金管理人、基金产品和基金投资人的调查和评价，应当尽力做到客观准确，并作为基金销售人员向基金投资人推介合适基金产品的重要依据 （4）及时性原则。基金产品的风险评价和基金投资人的风险承受能力评价应当根据实际情况及时更新
管理制度	（1）对基金管理人进行审慎调查的方式和方法 （2）对基金产品的风险等级进行设置，对基金产品进行风险评价的方式或方法 （3）对基金投资人风险承受能力进行调查和评价的方式和方法 （4）对基金产品和基金投资人进行匹配的方法

二、基金销售渠道审慎调查（★★）

基金销售渠道审慎调查包括基金代销机构对基金管理人的审慎调查，还包括基金管理人对基金代销机构的审慎调查。基金销售的适用性要求基金管理人与基金代销机构之间相互进行审慎调查，包括以下四个方面。

（1）基金代销机构对基金管理人进行审慎调查，了解基金管理人的诚信状况、投资管理能力、经营管理能力和内部控制情况。调查结果可以成为是否代销该基金管理人的基金产品或者是否向基金投资人优先推介该基金管理人的重要依据。

（2）基金管理人对基金代销机构进行审慎调查，了解基金代销机构的内部控制情况、账户管理制度、信息管理平台建设、销售人员能力和持续营销能力。调查结果可以成为选择基金代销机构的重要参考依据。

（3）基金销售机构在研究和执行对基金管理人、基金产品和投资人调查、评价的方法、流程和标准时，应当尽力减少主观、人为因素的干扰，尽量做到客观准确，并且有合理的理论依据。

（4）开展审慎调查时，应优先依据被调查方公开披露的信息进行；接受被调查方提供的非公开信息，必须对信息的适当性进行尽职甄别。

知识拓展 基金销售机构使用的基金销售业务信息管理平台，应当支持基金销售适用性在基金销售中的运用。

【例题】开展审慎调查应当优先根据被调查方的（　　）信息进行。

A. 财务
B. 历史
C. 内幕
D. 公开披露

【解析】本题考查基金销售渠道审慎调查。按照相关要求，开展审慎调查时，应优先依据被调查方公开披露的信息进行；接受被调查方提供的非公开信息，必须对信息的适当性进行尽职甄别。

【答案】D

三、基金产品风险评价（★★★）

基金产品风险评价以基金产品的风险等级来反映，至少应包括三个等级：低风险等级、中风险等级、高风险等级。根据实际状况，基金销售机构可以在三个等级的基础上进行风险细分。基金产品风险评价至少应当考察四个因素。

（1）基金招募说明书中明示的投资方向、投资范围和投资比例。

（2）基金的历史规模和持仓比例。

（3）基金的过往业绩以及基金净值的历史波动程度。

（4）基金成立以来有无违规行为。

基金销售机构使用的基金产品风险评价方法和说明，应当向基金投资人公开。定期更新基金产品风险评价的结果，记录并保存过往的评价结果。

对于基金产品的风险评价，可由基金销售机构的特定部门完成，也可由第三方的基金评级与评价机构提供。如果由基金评级与评价机构提供相关服务，基金销售机构应要求其提供基金产品风险评价方法及说明。

基金产品风险评价结果是基金销售机构向基金投资人推介基金产品的重要依据。

【例题】以下关于基金产品风险等级说法正确的选项是（　　）。

　　A．分为推荐级、限制级和垃圾级
　　B．分为低风险等级、中风险等级和高风险等级
　　C．分为一级高风险、二级中风险和三级低风险
　　D．分为推荐级、限制级和特殊级

【解析】本题考查基金产品风险评价。按照风险等级，基金至少应包括三个等级：低风险等级、中风险等级、高风险等级。

【答案】B

四、基金投资人风险承受能力调查和评价（★★★）

（1）对投资人进行调查、评价前，基金销售机构应当对基金投资人施行身份认证，核查投资人的投资资格，切实履行反洗钱等义务。

根据基金投资人的不同风险承受能力，至少包括三个类型：保守型、稳健型、积极型。根据实际状况，基金销售机构可以在这三个类型的基础上进行风险承受能力细分。

（2）基金销售机构应当在基金投资人首次开立基金交易账户时或首次购买基金产品前对基金投资人的风险承受能力进行调查和评价；对于已经购买基金产品的基金投资人，基金销售机构应当追溯调查，评价其风险承受能力。

（3）如果基金投资人放弃接受调查，基金销售机构应通过其他合理的规则或方法评价其风险承受能力。基金销售机构可采用当面、信函、网络或分析已有的客户信息等方式，对基金投资人的风险承受能力进行调查，并及时向其反馈评价结果。

（4）进行风险承受能力调查，至少应从调查结果中了解基金投资人的如下情况：投资目的、投资期限、投资经验、财务状况、短期风险承受水平、长期风险承受水平。

（5）如果采用问卷调查，基金销售机构应制定统一的问卷格式。并在问卷的显著位置提示基金投资人核对自己的风险承受能力和基金产品风险的匹配情况。基金销售机构应进行定期或不定期地提示，重新要求基金投资人接受风险承受能力调查，也可以通过对已有的客户信息进行分析的方式更新评价；过往的评价结果应当作为历史记录进行保存。

【例题】按基金投资人的（　　）来划分，可分为保守型、稳健型和积极型。

　　A．期望收益率
　　B．投资收益预期
　　C．资产规模大小
　　D．风险承受能力

【解析】本题考查基金投资人风险承受能力调查。按照有关要求，基金投资人评价应以基金投资人的风险承受能力类型来具体反映，应当至少包括以下三个类型：保守型、稳健型、积极型。
【答案】D

五、基金销售适用性的实施保障（★★★）

（1）基金销售机构应通过内部控制保障基金销售适用性实施于基金销售各个业务环节。

基金销售机构总部应当负责制定与基金销售适用性相关的制度和程序，建立销售的基金产品池，在销售业务信息管理平台中建设并维护与基金销售适用性相关的功能模块。基金销售机构分支机构应当在总部的指导和管理下，实施与基金销售适用性相关的制度和程序。

（2）基金销售机构还应当就基金销售适用性的理论和实践对销售人员进行专题培训。

（3）基金销售机构应制定基金产品与基金投资人匹配的方法，由销售业务信息管理平台完成风险匹配检验。

该匹配方法至少应当在基金产品的风险等级和基金投资人的风险承受能力类型之间建立合理的对应关系。在建立对应关系的基础上，将基金产品风险超过基金投资人风险承受能力的情况定义为风险不匹配。

（4）在基金认购或申购时，基金销售机构应当在申请中加入基金投资人意愿声明内容。

如果出现投资人主动认购或申购的基金产品风险超越其风险承受能力的情况，则应要求基金投资人在进行确认，并在销售业务信息管理平台上记录该确认信息。禁止基金销售机构违背基金投资人意愿销售与其风险承受能力不匹配的产品。

（5）中国证监会及其派出机构在对基金销售活动进行现场检查时，有权对与基金销售适用性相关的制度建设、推广实施、信息处理和历史记录等进行询问或检查。对于发现的问题，可以对基金销售机构进行必要的指导。基金业协会有权对基金销售适用性的执行情况进行自律管理。基金管理人、已取得基金代销业务资格的机构及拟申请基金代销业务资格的机构，均应按照上述要求制订基金销售适用性的长期推行计划，逐步达到各项要求。

【例题】（　　）在对基金销售活动进行现场检查时，有权对与基金销售适用性相关的制度建设、推广实施、信息处理和历史记录等进行询问或检查。
A．中国证监会及其派出机构
B．中国基金监管委员会
C．证券业协会
D．基金业协会
【解析】本题考查基金销售适用性的实施保障。按照有关要求，中国证监会及其派出机构在对基金销售活动进行现场检查时，有权对与基金销售适用性相关的制度建设、推广实施、信息处理和历史记录等进行询问或检查。
【答案】A

第五节　基金销售信息管理

考情分析：本节主要就基金销售信息的业务系统、功能和要求进行了介绍，阐述了基金客户信息的分类、保密、保存，以及基金销售渠道信息。本节内容看似较多，但都属于非重点内容。在考试中涉及本节的题目在 1 道左右。

学习建议：重点把握信息管理平台的内容，以及含有数字的相关规定。进行题目练习时，注意少量的组合型选择题。

一、基金销售业务信息管理（★）

证券投资基金销售业务信息管理平台是基金销售机构使用的与基金销售业务相关的信息系统，主要包括：前台业务系统、后台管理系统以及应用系统的支持系统。信息管理平台的建立、维护应遵循安全性、实用性、系统化原则。

 这里的基金销售机构是指依法办理基金份额的认购、申购和赎回的基金管理人，以及取得基金代销业务资格的其他机构。

（一）前台业务系统

信息管理平台的前台业务系统的概念、分类和功能如表9-5所示。

表9-5 前台业务系统

项目	内容
概念	前台业务系统是直接面对基金投资人，或者与基金投资人的交易活动直接相关的应用系统
分类	前台业务系统可分为自助式和辅助式两种类型： （1）辅助式前台系统是由基金销售机构提供的，具备相关资质要求的专业服务人员辅助基金投资人完成业务操作所必需的软件应用系统 （2）自助式前台系统是指由基金销售机构提供的，基金投资人可独自完成业务操作的应用系统。它包括基金销售机构网点现场自助系统以及通过互联网、移动通信、电话等非现场方式实现的自助系统
功能	（1）通过与后台管理系统的网络连接，实现各项业务功能 （2）为基金投资人以及基金销售人员提供投资资讯的功能 （3）对基金交易账户以及基金投资人信息进行管理的功能 （4）基金认购、申购、赎回、转换、变更分红方式和中国证监会认可的其他交易功能 （5）为基金投资人提供服务的功能

（二）自助式前台系统

在满足前台业务系统要求的前提下，自助式前台系统还应具备以下条件。

（1）基金销售机构须为基金投资人提供核实前台系统真实身份、资质的方法。

（2）通过自助式前台系统为基金投资人开立基金交易账户时，应要求基金投资人提供证明身份的资料，并采取等效实名制方式核实其身份。

（3）对基金投资人自助服务的操作，自助式前台系统应具有核实身份的功能，以及合法有效的抗否认措施。

（4）基金交易账户存在余额、在途交易或在途权益时，基金投资人不得通过自助式前台系统进行基金交易账户销户或指定银行账户变更等重要操作。

此时，基金投资人必须持有效证件前往柜台办理。

（5）基金销售机构应当在自助式前台系统上设定基金交易项目限额。

（6）自助式前台系统的各项功能设计，应当界面友好、方便易用，具有防止或纠正基金投资人误操作的功能。

（三）后台管理系统

后台管理系统的主要作用是实现对前台业务系统功能的数据支持和集中管理。后台管理系统功能限定于基金销售机构内部使用。后台管理系统应当具备的功能如下。

（1）能够记录基金销售机构、基金销售分支机构、网点和基金销售人员的相关信息，并具有对基金销售分支机构、网点和基金销售人员的管理、考核、行为监控等功能。

（2）能够记录和管理基金风险评价、基金管理人与基金产品信息、投资资讯等相关信息。

（3）对基金交易开放时间以外收到的交易申请进行正确处理，防止发生基金投资人盘后交易的行为。

（4）具备交易清算、资金处理的功能，以便完成与基金注册登记系统、银行系统的数据交换。

（5）具有对所涉及的信息流和资金流进行对账作业的功能。

> 【例题】证券投资基金销售业务信息管理系统平台不包括（　　）。
> A．应用系统的支持系统
> B．前台业务系统
> C．后台业务系统
> D．后台管理系统
> 【解析】本题考查证券投资基金销售业务信息管理平台是基金销售机构使用的与基金销售业务相关的信息系统，主要包括：前台业务系统、后台管理系统以及应用系统的支持系统。
> 【答案】C

二、基金客户信息的内容与保管要求（★）

基金公司加强客户规范管理，有利于解决交易委托纠纷，保护广大投资者合法权益；有利于保障基金经营机构信息系统的安全运行，保证客户资产及交易安全，提高交易中断的后期处理能力；有利于建立网上交易身份认证机制，提高网上交易安全防范能力。

（一）基金客户信息的内容

基金经营机构的客户信息主要分为客户账户信息和客户交易记录信息两类，如图9-1所示。

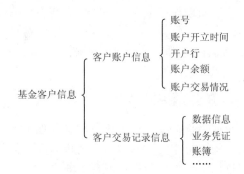

图9-1　基金客户信息

（1）客户账户信息。该信息包括账号、账户开立时间、开户行、账户余额、账户交易情况等。

（2）客户交易记录信息。该信息包括关于每笔交易的数据信息、业务凭证、账簿以及有关规定要求的反映交易真实情况的合同、业务凭证、单据、业务函件和其他资料。客户交易记录主要包括客户交易终端信息，主要内容是客户通过基金经营机构下达交易指令的交易终端特征代码。

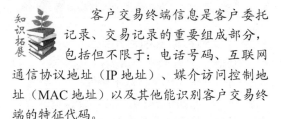

客户交易终端信息是客户委托记录、交易记录的重要组成部分，包括但不限于：电话号码、互联网通信协议地址（IP地址）、媒介访问控制地址（MAC地址）以及其他能识别客户交易终端的特征代码。

（二）基金经营机构客户信息管理保密要求

（1）基金经营机构应当建立健全内部控制制度，对于容易发生客户信息泄露的环节进行充分排查。明确规定各部门、岗位及人员的管理责任。加强对客户信息管理的权限设置，形成相互监督、相互制约的管理机制，防止发生信息泄露或滥用事件。

（2）基金经营机构应完善信息安全技术防范措施，确保客户信息在收集、传输、加工、保存和使用等环节中不被泄露。基金经营机构不得篡改或违法使用客户信息。使用客户信息时，不得出现下列行为：①出售客户信息；②向本基金机构以外的其他机构和个人提供客户信息，但为客户办理相关业务所必需并经客户本人书面授权或同意的，以及法律法规和相关监管机构另有规定的除外；③在客户提出反对时，将客户信息用于该信息源以外的金融机构其他营销活动。

（3）基金经营机构通过格式条款取得客户书面授权或同意的，应当在协议中明确授权或同意所适用的向他人提供客户信息的范围和具体情形。同时，在协议的醒目位置使用通俗易懂的语言提示该授权或同意的可能后果，并在客户签署协议时提醒其注意。

（三）基金经营机构客户信息保存期限有关规定

基金管理部门对于不同类型的客户信息的保管期限有不同的规定。

（1）客户身份资料自业务关系结束当年或者一次性交易记账当年计起至少保存5年。

（2）客户交易记录自交易记账当年计起至少保存5年。其中，对于客户交易终端信息，基金公司应当按照技术规范对客户的主要开户资料进行电子化，并妥善保存在信息系统中。在18个月内对新增账户实施开户资料电子化，对存量的正常交易类账户应在36个月内完成开户资料电子化。

基金经营机构应妥善保存客户交易终端信息以及开户资料电子化信息，保存期限不得少于20年。基金经营机构应妥善保存交易时段客户交易区的监控录像资料，保存期限不得少于6个月。

> 名师点拨 **注意**：与身份资料、交易记录相比较，交易终端信息、电子化信息的保存时间更长。

> 【例题】对于不同类型的客户信息的保管期限，基金管理部门有着不同的规定，客户交易记录自交易记账当年计起至少保存（　）年。
> A. 5
> B. 10
> C. 15
> D. 20
> 【解析】本题考查基金客户信息的内容与保管要求。对于不同类型的客户信息的保管期限，基金管理部门有着不同的规定，客户交易记录自交易记账当年计起至少保存5年。
> 【答案】A

三、基金销售机构中的渠道信息管理（★）

（一）基金销售机构账户信息管理

基金销售机构应建立完善的基金份额持有人账户和资金账户的管理制度，以及份额持有人资金的存取程序和授权审批制度。基金销售机构应建立健全档案管理制度，妥善保管份额持有人的开户资料、与销售业务有关的其他资料。

基金份额登记机构在处理基金份额的登记过户、存管和结算业务时，应确保安全、准确、及时、高效。基金份额登记机构的主要职责包括：

（1）建立并管理投资人基金份额账户；
（2）负责基金份额的登记；
（3）基金交易确认；
（4）代理发放红利；
（5）建立并保管基金份额持有人名册；
（6）登记代理协议规定的其他职责。

基金管理人变更基金份额登记机构，应当在变更前将相关的变更方案报中国证监会备案。基金份额登记机构、基金销售机构应通过证监会指定的技术平台进行数据交换，并完成注册登记数据在证监会指定机构的集中备份存储。相关数据交换应当符合证监会的规范要求。

（二）基金销售机构风险评估信息管理

基金销售机构应当建立基金销售适用性管理制度，至少应包括如下内容。

（1）对基金管理人进行审慎调查的方式和方法。

（2）对基金产品的风险等级进行设置，对基金产品进行风险评价的方式和方法。

（3）对基金投资人风险承受能力进行调查、评价的方式和方法。

（4）对基金产品和基金投资人进行匹配的方法。

基金销售机构所使用的基金产品风险评价方法及说明应向基金投资人公开。基金管理人在选择基金销售机构时，应对基金销售机构进行审慎调查；基金销售机构选择销售基金产品时，也应当对基金管理人进行审慎调查。

在销售基金产品时，如果基金销售机构委托其他机构对客户身份进行识别，应当通过合同、协议或者其他书面文件，明确双方在客户身份识别、客户身份资料和交易记录保存与信息交换、大额交易和可疑交易报告等方面的反洗钱职责及程序。

过关测试题

1. 基金销售渠道审慎调查的内容包括（　　）。

Ⅰ．基金代销机构对基金管理人的审慎调查

Ⅱ．基金管理人对基金代销机构的审慎调查

Ⅲ．基金托管人对基金代理机构的审慎调查

Ⅳ．基金代理机构对基金托管人的审慎调查

A．Ⅰ、Ⅱ、Ⅲ、Ⅳ
B．Ⅰ、Ⅱ
C．Ⅲ、Ⅳ
D．Ⅰ、Ⅲ

2. 基金投资人评价应以基金投资人的风险承受能力类型来具体反映，其类型有（　　）。

Ⅰ．保守型
Ⅱ．稳健型
Ⅲ．平衡型
Ⅳ．积极型

A．Ⅰ、Ⅱ、Ⅲ
B．Ⅰ、Ⅱ、Ⅳ
C．Ⅱ、Ⅲ、Ⅳ
D．Ⅰ、Ⅲ、Ⅳ

3. 基金宣传推介材料可以登载基金、基金管理人管理的其他基金的过往业绩，但基金合同生效不足（　　）个月的基金除外。

A．1　　　　B．2
C．3　　　　D．6

4. 在账户信息管理中，基金销售机构的主要责任不包括（　　）。

A．建立投资人基金份额账户
B．建立基金份额持有人名册
C．代理发放红利
D．基金份额的注册

5. 基金销售人员禁止性规范包括（　　）。

Ⅰ．不得进行虚假或误导性陈述，或者出现重大遗漏

Ⅱ．在陈述所推介基金时，应当客观、全面、准确

Ⅲ．可以预测所推介基金的未来业绩

Ⅳ．不得以个人名义接受投资者的款项

A．Ⅰ、Ⅱ、Ⅲ
B．Ⅰ、Ⅳ
C．Ⅱ、Ⅲ、Ⅳ

D. Ⅰ、Ⅱ、Ⅲ、Ⅳ

6. 下列关于基金适用性的说法正确的是（　　）。
Ⅰ. 基金销售机构应当更多提供风险适中的基金产品
Ⅱ. 基金销售机构应当建立销售适用性管理制度
Ⅲ. 基金销售适用性应贯穿各个销售环节
Ⅳ. 基金销售机构应该根据投资人的风险承受能力销售不同的基金
A. Ⅰ、Ⅱ、Ⅲ
B. Ⅱ、Ⅲ、Ⅳ
C. Ⅲ、Ⅳ
D. Ⅰ、Ⅱ、Ⅲ、Ⅳ

7. 基金的销售机构人员在销售基金时，不正确的行为是（　　）。
A. 进行基金投资人风险承受能力调查
B. 根据投资者的风险偏好，推荐其合适的基金产品
C. 采取赠送基金份额方式进行销售
D. 介绍投资人想要了解的基金产品情况

8. 基金销售机构在销售活动中，可以采取的行为是（　　）。
A. 采取抽奖方式销售基金
B. 依靠服务质量销售基金
C. 赠送基金份额销售基金
D. 低于基金销售成本销售

9. 基金宣传推介材料允许（　　）。
A. 完整宣传基金业绩表现
B. 预测基金投资收益
C. 突出强调基金销售时间
D. 使用机构投资者的推荐信

10. 下列不属于基金销售机构人员从事的工作范围的是（　　）。
A. 分析基金走势
B. 宣传推介基金
C. 发售基金份额
D. 办理基金份额申购和赎回

11. 基金销售人员在陈述所推介基金或同一基金管理人管理的其他基金的过往业绩时，应当（　　），并提供业绩信息的原始出处，不得片面夸大过往业绩，也不得预测所推介基金的未来业绩。
A. 公平、公开、公正
B. 客观、全面、准确
C. 及时、认真、高效
D. 认真、准确、客观

12. 对于基金投资人主动认购或申购的基金产品风险超越基金投资人风险承受能力的情况，（　　）。
A. 在基金投资人认购或申购基金后告知基金投资人
B. 以基金公司的风险准备金作为担保
C. 要求基金投资人在认购或申购基金的同时进行确认
D. 隐瞒风险

13. 基金经营机构应妥善保存交易时段客户交易区的监控录像资料，保存期限不得少于（　　）个月。
A. 1　　　　　　B. 3
C. 6　　　　　　D. 12

14. 基金管理人发售基金份额、募集基金，可以收取（　　）。
A. 发行手续费　　B. 销售管理费
C. 申购费　　　　D. 认购费

15. 不收取销售服务费的，对持续持有期少于3个月的投资人收取不低于（　　）的赎回费，并将上述赎回费总额的（　　）计入基金财产。
A. 0.5%；75%
B. 0.75%；50%
C. 0.5%；50%
D. 0.75%；75%

16. 基金销售人员从事基金销售活动的其他禁止性情形包括（　　）。
Ⅰ. 在销售活动中为自己或他人牟取不正当利益
Ⅱ. 承诺利用基金资产进行利益输送

Ⅲ．散布虚假信息，扰乱市场秩序

Ⅳ．同意或默许他人以其本人或所在机构的名义从事基金销售业务

A．Ⅰ、Ⅱ
B．Ⅰ、Ⅱ、Ⅳ
C．Ⅰ、Ⅲ、Ⅳ
D．Ⅰ、Ⅱ、Ⅲ、Ⅳ

17．以下选项不属于基金销售机构人员行为规范的是（　　）。

A．基金销售人员在向投资者进行基金宣传推介和销售服务时，应公平对待投资者

B．基金销售人员在向投资者推介基金时应征得投资者的同意，如投资者不愿或不便接受推介，基金销售人员应持续向投资者营销

C．基金销售人员在向投资者推介基金时应首先自我介绍并出示基金销售人员身份证明及从业资格证明

D．基金销售人员在与投资者交往中应热情诚恳，稳重大方，语言和行为举止文明礼貌

18．下列不属于基金销售机构在实施基金销售适用性的过程中应当遵循的原则是（　　）。

A．投资人利益优先原则
B．客观性原则
C．全面性原则
D．持续性原则

第十章

基金客户服务

本章介绍基金客户服务内容、流程、个性化服务和投资者教育等内容。基金客户服务是基金销售中不可或缺的环节,有着重要的意义。本章共分三节,首先从基本概要入手,介绍客户服务的理念、原则、内容和特点。在此基础上剖析了基金宣传、交流、投诉处理、跟踪评价等具体服务流程。最后深入探讨投资者教育原则、形式和内容。

本章属于本书的次重点部分,各节自成体系,同时又能细分为很多细小的知识点,但理解难度不大,重点较为突出,考点容易掌握,在历次考试中本章一般会占2～6分。

本章考点预览

基金客户服务	第一节 基金客户服务概述	1. 基金客户服务的意义	★★
		2. 基金客户服务的特点	★★★
		3. 基金客户服务的原则	★★★
		4. 基金客户服务的内容	★
	第二节 基金客户服务流程	1. 基金客户服务宣传与推介	★
		2. 基金投资咨询与互动交流	★
		3. 基金客户投诉处理	★
		4. 基金投资跟踪与评价	★
		5. 基金客户档案管理与保密	★
		6. 基金客户服务提供方式	★
		7. 基金客户个性化服务	★
	第三节 投资者教育工作	1. 投资者教育工作的概念和意义	★
		2. 投资者教育的基本原则与内容	★★★
		3. 投资者教育工作的形式	★★

第一节 基金客户服务概述

考情分析:本节主要涉及基金客服意义、特点、原则和内容。除客户服务内容外,其余知识点都需要熟练掌握。本节属于基础性内容,考题难度不大,在近年的考试中有0～1题。

学习建议:本节的考点不多、重点突出。在学习和备考时,可以抓住小标题反复记忆。

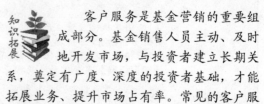

客户服务是基金营销的重要组成部分。基金销售人员主动、及时地开发市场,与投资者建立长期关系,奠定有广度、深度的投资者基础,才能拓展业务、提升市场占有率。常见的客户服务内容包括基金账户信息查询、基金信息查询、基金管理公司信息查询、人工咨询、客户投诉处理、资料邮寄、基金转换、修改账户资料、非交易过户、挂失和解挂等。

一、基金客户服务的意义（★★）

基金客户服务是基金销售机构或人员为解决客户的问题而提供的系列活动。其意义如下。

（1）有助于树立起销售机构良好的品牌形象。

（2）有助于提升销售机构的市场竞争力，让销售机构拥有一批稳定、忠诚、高附加值的客户。

（3）有助于为企业带来巨大的经济效益，有效防止客户的流失。

二、基金客户服务的特点（★★★）

基金客户服务具有四个特点：专业性、规范性、持续性、时效性。其具体内容如表10-1所示。

表10-1 基金客户服务的特点

特点	具体内容
专业性	（1）服务人员必须具备一定的金融知识基础 （2）服务人员需要深入掌握各类基金产品的专业知识
规范性	（1）基金的认购、申购、赎回等交易都会涉及具有详细的业务规则 （2）销售机构在提供服务时必须要遵守法律、法规和业务规则
持续性	客户到销售机构购买基金份额不是一次简单的买卖活动。销售机构应保持长时间的、持续的服务以满足客户的需求
时效性	基金产品时效性的特点决定了客户服务的时效性。例如，开放式基金在每个工作日的份额净值都可能发生改变。基金净值的高低与投资者的利益直接相关，任何失误都将造成重大问题，因此对客户服务的时效性要求也很高

三、基金客户服务的原则（★★★）

基金客户服务的宗旨是"客户永远是第一位"，要求从客户的实际需求出发，为客户提供真正有价值的服务，帮助客户更好地使用产品。该宗旨体现了"良好的客服形象、良好的技术、良好的客户关系、良好的品牌"的核心服务理念。

基金客户服务必须遵守四个方面的原则：客户至上原则、有效沟通原则、安全第一原则、专业规范原则，其具体内容如表10-2所示。

表10-2 基金客户服务的原则

原则	具体内容
客户至上原则	（1）企业的生存离不开客户，令客户满意是客户服务追求的目标 （2）"客户至上"是每一位客户服务人员在客户服务过程中应遵循的原则
有效沟通原则	（1）客户服务人员应站在客户的角度，一切为客户着想，为客户提供高品质、高效率的服务 （2）发生分歧时，更要急客户之所急，耐心细致地与客户沟通，不臆测客户的需求，切忌草率行事
安全第一原则	（1）销售机构应建立严格的基金份额持有人信息管理制度、保密制度，及时维护、更新份额持有人的信息 （2）相关信息应严格保密，防范投资人资料被不当运用 【知识拓展】基金投资涉及投资者的相关信息包括身份、地位和财富等信息
专业规范原则	（1）基金的认购、申购、赎回等交易都涉及详细的业务规则 （2）销售机构在提供服务时必须遵守法律法规和业务规则

【例题】基金客户服务的原则不包括（　　）。
　A．客户至上　　B．热情耐心
　C．有效沟通　　D．专业规范
【解析】本题考查基金客户服务原则。其原则有，客户至上原则、有效沟通原则、安全第一原则和专业规范原则。
【答案】B

四、基金客户服务的内容（★）

基金客户服务内容可以分为售前服务、售中服务和售后服务三个部分，三者互为补充，缺一不可，具体内容如表10-3所示。

表10-3　基金客户服务的内容

服务内容	内容
售前服务	售前服务是指在开始基金投资操作前为客户提供的各项服务。主要包括以下内容： （1）介绍证券市场基础知识、基金基础知识，普及基金相关法律知识 （2）介绍基金管理人投资运作情况，让客户充分了解基金投资的特点 （3）开展投资者风险教育
售中服务	售中服务是指客户在基金投资操作过程中享受的服务。主要包括以下内容： （1）协助客户完成风险承受能力测试并细致解释测试结果 （2）推介符合适用性原则的基金 （3）介绍基金产品 （4）协助客户办理开立账户、申购、赎回、资料变更等基金业务
售后服务	售后服务是指在完成基金投资操作后为投资者提供的服务。主要包括以下内容： （1）提醒客户及时核对交易确认 （2）向客户介绍客户服务、信息查询等的办法和路径 （3）定期提供产品净值信息 （4）基金公司、基金产品发生变动时及时通知客户

第二节　基金客户服务流程

考情分析：本节主要介绍基金客户服务的流程，提供服务的方式，以及对客户进行个性化的服务。整节内容属于非重点内容，在理解上难度不大。在近年的考试中，涉及本节考题0～1道。

学习建议：仔细阅读并理解本节内容，在学习和备考时重点关注小标题和标示重点的内容，并进行记忆。

为了满足客户的需求，基金销售机构应建立完善的客户服务流程与制度，建立有效的客户反馈系统和投诉处理机制。客户服务流程包括：服务宣传与推介、投资咨询与基金咨询、互动交流、受理投诉、投资跟踪与评价、客户档案管理与保密等。

一、基金客户服务宣传与推介（★）

基金销售机构应制定客户服务标准，规范服务对象、内容、程序等。主要包括以下六个方面。

（1）收集、评价、总结历史销售数据，针对拟销售的目标市场识别潜在客户，找到有吸引力的市场机会。

（2）在宣传与推介时，综合运用公众普遍可获得的书面、电子或其他介质的信息，主要包括公开出版资料、宣传单、手册、电视、广播以及互联网等宣传手段。

（3）遵循销售适用性原则，关注投资人

的风险承受能力与基金产品风险收益特征的匹配性。建立评价基金投资人风险承受能力和基金产品风险等级的方法体系。

（4）在投资人开立基金交易账户时，提供投资人权益须知，保证投资人了解相关权益。及时准确地为投资人办理各类基金销售业务手续，对客户有效身份进行识别，严格管理投资人账户。

（5）为基金份额持有人提供良好的持续服务，保障其有效了解所投基金的相关信息。基金代销机构在同时销售多只基金时，不得有歧视性的宣传推介活动及销售政策。

（6）规范基金销售人员行为，产品推介应遵循如下注意事项：

① 陈述、宣传和介绍基金产品时，应当与基金合同、招募说明书等相符，不得虚假或误导性陈述，或出现重大遗漏；

② 陈述所推介基金或统一基金管理人管理的其他基金的过往业绩时，应该客观、全面、准确，并提供业绩信息的原始出处，不得片面夸大过往的业绩，也不得预测所推介基金的未来业绩；

③ 应向投资者表明，基金的过往业绩并不能预示其未来的表现，同一基金管理人管理的其他基金的业绩并不构成所推介基金业绩的保证。

名师点拨 基金销售人员在推介时不得使用"业绩优良""业绩稳健""名列前茅""首只""最大""最好""最强""唯一"等词语，也不得使用"坐享财富增长""尽享牛市""欲购从速"和"申购良机"等表述语句。

二、基金投资咨询与互动交流（★）

在投资咨询过程中，基金管理公司可以提供有关证券投资的研究分析成果、投资信息与具体操作建议、策略等咨询服务。在咨询过程中，如果知悉投资者的个人信息及财产状况应保密。与此同时，提醒客户未经销售机构允许，禁止将证券投资的研究分析成果或建议内容泄露给他人。

互动交流是基金销售机构与投资者深入探讨的重要方式，交流的内容如下。

（1）深入了解客户的投资需求，确定并记录客户服务标准。

（2）及时向客户传递重要的市场资讯、持仓品种信息及最新的投资报告。

（3）做好客户服务日志、客户资料的更新、完备工作。

（4）拟定、组织、实施及评估年（季、月）度客户关怀计划。

（5）进行所有新客户的首次和定期电话回访，改善客户体验，提升客户满意度。

（6）做好客户回访日志，记录并处理潜在风险隐患、客户建议和意见。

（7）及时接听外部客户的呼入电话、公司客户中心转接及投资顾问转入的电话，做好电话咨询日志。

三、基金客户投诉处理（★）

（一）客户投诉处理的意义

（1）基金销售机构可以从投诉中发现经营缺陷，改善并提高服务水平；

（2）通过妥善处理投诉可以再次赢得客户、建立和巩固企业形象。

（二）客户投诉处理的具体内容

基金销售机构应建立完备的客户投诉处理体系，具体内容如下。

（1）设立独立的客户投诉受理和处理协调部门或者岗位。

（2）向社会公布投诉的电话、信箱地址及投诉处理规则。

（3）耐心倾听投资者的意见、建议及要求，准确记录客户投诉的内容。

客户的所有投诉应完整记录并存档,投诉电话应录音。

(4)评估客户投诉风险,采取适当措施,及时妥善处理客户投诉。

(5)根据客户的投诉总结相关问题,及时发现业务风险,并根据投资者的合理意见改进工作,完善内控制度,如有需要应立即向所在机构报告。

四、基金投诉跟踪与评价(★)

基金投资跟踪与评价的核心是对基金销售业务以及人际关系的维护。基金投诉跟踪与评价的措施如下。

(1)积极为投资者提供售后服务,进行回访,解答投资者的疑问。

(2)对客户进行调查,征询对已使用产品和服务的满意程度,注意新发现的问题和改正产品与服务的机会。

(3)建立异常交易监控、记录和报告制度,重点关注基金销售业务中的异常交易行为。

(4)制定完善的业务流程与销售人员职业操守评价制度,并建立应急处理措施的管理制度。

【例题】基金投资跟踪与评价的核心是( )。
A. 回访投资者,解答投资者的疑问
B. 重点关注基金销售业务中的异常交易行为
C. 对基金销售业务以及人际关系的维护
D. 建立应急处理措施的管理制度

【解析】本题考查基金投资跟踪与评价的内容。基金投资跟踪与评价是客户服务流程的重要组成部分,其核心是对基金销售业务以及人际关系的维护。

【答案】C

五、基金客户档案管理与保密(★)

(一)基金客户档案管理与保密意义

(1)基金客户档案管理是基金销售管理的重要内容和基础,基金客户档案管理是对客户资料的收集、整理和存档;

(2)建立完善的档案管理系统、规程以及保密制度,对于提高营销效率、扩大市场占有率以及与客户建立长期稳定的业务联系具有重要意义。

(二)客户档案管理与保密的主要内容

客户档案管理与保密的主要内容包括以下六个方面。

(1)建立严格的基金份额持有人信息管理制度和保密制度,及时维护、更新基金份额持有人信息,对该信息严格保密,防范投资人资料被不当运用。

(2)明确对基金份额持有人信息的维护和使用权限并留存相关记录。

(3)建立完善的档案管理制度,妥善保管相关业务资料。客户身份资料,自业务关系结束当年计起至少保存15年,交易记录自交易记账当年计起至少保存15年。

客户身份资料和交易记录都至少保存15年,但注意起始的时间点不同。

(4)对于数据的保存,应逐日备份并异地妥善存放,对系统运行数据中涉及基金投资人信息和交易记录的备份在不可修改的介质上至少保存15年。

(5)对于人员的限制,应在内部建立完善的信息管理体系,设置必要的信息管理岗位,信息技术负责人和信息安全负责人不能由同一人兼任,对重要业务环节实行双人双岗。

(6)实行信息技术开发、运营维护、业务操作等人员的岗位分离制度,限制信息技术开发、运营维护等技术人员介入实际的业务操作。

六、基金客户服务提供方式（★）

基金管理人或者代销机构通常会设立独立的客户服务部门，采用如表10-4所示的7种方式提供并优化客户服务。

表10-4 基金客户服务提供方式

提供方式	内容阐述
电话服务中心	通常以计算为基础，设置人工与语音系统。对一些标准化的基金投资操作可通过自动语音系统完成。同时，也提供人工服务选项
邮寄服务	向基金持有者邮寄基金账户卡、交易对账联、季度对账单、基金通讯、投资策略报告、理财月刊等定期或不定期材料
自动传真、电子信箱与手机短信	对于行文较长的信息资料、定期或临时公告适合采用自动传真、电子信箱进行传递。而短信主要是用于发送简洁、明了的信息
"一对一"专人服务	对投资额较大的个人投资者和机构投资者提供的个性化服务。一般安排较为固定的投资顾问，将"一对一"服务贯穿售前、售中以及售后的全过程
互联网的应用	投资者可以通过互联网随时随地获取账户信息、行情、开放式基金净值等信息服务，以及基金交易、资讯等服务
媒体和宣传手册的应用	基金销售机构通过电视、电台、报刊等媒体定期或不定期向投资者传达专业信息，传输正确的投资理念
讲座、推介会和座谈会	通过这种方式可以为投资者提供一个面对面交流的机会，也能有效地推介基金产品，并跟进投资者的反馈，改善客户服务

【例题】基金客户服务方式不包括（   ）。
A．电话服务
B．邮寄服务
C．公共关系
D．互联网的应用

【解析】本题考查基金客户服务方式。基金客户服务方式有7种：电话服务中心，邮寄服务，自动传真、电子信箱与手机短信，"一对一"专人服务，互联网的应用，媒体和宣传手册的应用，讲座、推介会和座谈会，不包含公共关系。

【答案】C

七、基金客户个性化服务（★）

投资者的需求存在差异，因而基金销售机构要通过提供个性化服务，来满足客户潜意识的心理需求，进而强化客户的忠诚度。基金客户个性化服务应注意的事项如表10-5所示。

表10-5 基金客户个性化服务

项目	内容
做好客户的动态分析	利用平时市场走访收集的客户营销资料等方面的信息对客户的投资活动进行分析，特别针对异常情况，及时了解原因，通过对客户的了解、咨询和分析，增强客户服务的针对性、有效性和及时性，提高市场走访的效率和服务效果
通过加强客户沟通了解客户深度需求	深度挖掘客户需求是基金公司提供个性化服务的基础。充满竞争的市场上客户需求不断升级，基金销售机构以及基金公司应通过开展实地拜访、现场咨询等特定服务挖掘基金客户的深度需求，通过有针对性的客户服务满足其个性化需求
做好客户的参谋	研发市场行情，揭示市场风险是客户服务的重要内容，基金公司及销售机构的信息咨询服务是客户了解市场行情的主要途径，基金公司应该通过增大研发投入提升市场分析能力，并将市场信息及风险准确客观地提供给基金客户。但基金公司在市场行情分析中仅有提供信息咨询以及风险揭示的义务，不能承担客户决策的责任

基金公司有提供信息咨询、揭示风险的义务，但不能承担客户决策的责任。

第三节 投资者教育工作

考情分析：本节主要介绍投资教育工作的概念、意义、原则、内容和形式。开展投资者教育工作可以更好地保护投资者的权益，防范基金销售机构与投资者的潜在纠纷。本节需要重点掌握投资者教育的原则与内容。在历次的考题中会出0~1道。

学习建议：本节内容不多，重点也比较突出，仔细阅读不难理解。学习时可以结合题目抓住考点进行记忆。

一、投资者教育工作的概念和意义（★）

（一）概念

投资者教育，是针对个人投资者所进行的有目的、有计划、有组织地传播有关投资知识，传授有关投资经验，培养有关投资技能，倡导理性的投资观念，提示相关的投资风险，告知投资者的权利和保护途径，提高投资者素质的一项系统的社会活动。

投资者教育的目的就是用简单的语言向投资者解释在投资过程中面临的各种问题以及应对措施。

进行投资者教育也是基金市场基础建设的重要内容。

（二）意义

（1）构建我国证券市场投资者教育体系的目标，就是要培育投资者的理性投资理念，克服过度的非理性投资行为。

（2）加强我国证券市场投资者教育工作是保护我国证券市场投资者利益，维护我国证券市场长期稳定健康发展的需要。

投资者权益保护是国际证监会组织（IOSCO）提出的证券监管三大目标之一，良好的投资者教育是投资者权益保护的重要手段。投资者教育是各国或地区监管机构和自律组织的一项重要工作，也是一项长期的、基础性和常规性的工作。

二、投资者教育的基本原则与内容（★★★）

（一）投资者教育的基本原则

可以参考国际证监会组织为投资者教育工作设定的六项基本原则。

（1）投资者教育应有助于监管者保护投资者。

（2）投资者教育不应被视为对市场参与者监管工作的替代。

（3）证券经营机构应当承担各项产品和服务的投资者教育义务，将投资者教育纳入各业务环节。

（4）投资者教育没有一个固定的模式。相反地，它可以有多种形式，这取决于监管者的特定目标、投资者的成熟度和可供使用的资源。

（5）鉴于投资者的市场经验和投资行为成熟度的层次不一，因此并不存在广泛适用的投资者教育计划。

（6）投资者教育不能也不应等同于投资咨询。

（二）投资者教育的内容

综合当前的理论及实践，投资者教育主要包含表10-6所示的三个方面。

表10-6 投资者教育的内容

事项	内容阐述
投资决策教育	1. 概念 投资决策就是对投资产品和服务做出选择的行为或过程，它是整个投资者教育体系的基础 2. 影响因素 影响投资决策的因素较多，大致可分为个人背景和社会环境两类 ① 个人背景包括：投资者受教育程度、年龄、投资知识、社会阶层、个人资产、性格、心理承受能力、法律意识、价值取向和生活目标等 ② 社会环境因素包括：政治、经济、社会制度、科技发展、伦理道德等。投资决策教育在指导投资者分析投资问题、获得必要信息、进行理性选择的同时，致力于改善投资者决策条件中的某些变量 【知识拓展】各国投资者教育机构在制定投资者教育策略时，都首先致力于普及证券市场知识和宣传证券市场法规
资产配置教育	资产配置教育是指导投资者对个人资产进行科学的计划和控制。处置个人资产的方式很多，证券投资只是资产配置中的一个方法或环节。个人财产计划将对投资决策、策略产生重大影响。因此，投资者教育的范围应超越投资者的具体投资行为，深入整个个人资产配置中，这样才能从根本上解决投资者的困惑
权益保护教育	权益保护教育即号召投资者为改变投资决策的社会和市场环境进行主动参与、保护自身权益。这是市场化的要求，同时也是公平原则在投资者教育领域中的体现。营造一个公正的政治、经济、法律环境，在此条件下，当投资者在受到欺诈或不公平待遇时都能得到充分的法律救助 【知识拓展】针对投资者进行的风险教育、风险提示，提供维权服务，已经成为各国投资者教育的重要内容 各国在投资者教育策略安排及方式选择上，基本都是围绕以上三个方面进行。投资决策教育、资产配置教育和权益保护教育相辅相成，缺一不可

【例题】（　　）是证券市场投资者教育体系的基础。
A. 风险控制教育
B. 投资决策教育
C. 资产配置教育
D. 权益保护教育

【解析】本题考查投资者教育的内容。投资者教育包含投资决策教育、资产配置教育和权益保护教育三个方面，没有风险控制教育。其中，投资决策就是对投资产品和服务做出选择的行为或过程，它是整个投资者教育体系的基础。

【答案】B

三、投资者教育工作的形式（★★）

中国基金业的投资者教育工作在内容和形式越来越多样化，行业协会、基金公司、代销机构等多层次、多角度开展了内容丰富、形式多样的活动，切实改善了投资者教育的效果。

（1）从宣传介质上看，基金投资者教育工作开展形式包括纸质形式和电子形式两类。纸质形式包括报纸、杂志以及印刷的基金宣传材料等方式；电子形式主要依托互联网，通过网页、基金业协会及基金公司官网，电视等渠道展开。相对而言，电子形式的投资者教育方式更具有吸引力，接受效率也较高。

（2）从投资者教育工作形式的时空角度看，可分为现场与非现场两种形式。现场形式主要包括基金业协会和基金公司组织的报告会、行业主题沙龙、专题讨论会等；非现场形式主要是除现场形式以外的各种宣传教育形式。投资者现场教育开展灵活，通常以某一主题为活动主线，进行现场的互动交流。

投资者多层次、多角度的教育工作的形式。

基金公司通过报纸、电视、网络等媒体，开设专栏、制作专题节目、进行各类咨询活动向社会公众宣讲证券市场基础知识，提示投资风险。基金代销机构也结合客户和自身特点、优势开展投资者教育工作。制作投资者教育手册免费进行发放，在营业网点设立投资者教育园地等。

中国证券投资基金业协会、基金公司采用在线路演、专题讲座、培训会、行业主题沙龙、全国巡回报告会等形式传播基金知识。基金业协会又将各种宣传材料开发成基金知识动画片、投资者教育游戏，有声有色地开展投资者教育工作。

过关测试题

1. （　　）是指针对个人投资者所进行的有目的、有计划、有组织地传播有关投资知识，传授有关投资经验，培养有关投资技能，倡导理性的投资观念，提示相关的投资风险，告知投资者的权利和保护途径，提高投资者素质的一项系统的社会活动。

A. 投资者教育
B. 投资者服务
C. 基金公司宣传
D. 基金公司风险提示

2. （　　）是为投资额较大的个人投资者和机构投资者提供的最具个性化的服务。

A. 电话服务中心
B. 自动传真、电子邮箱与手机短信
C. "一对一"专人服务
D. 邮寄服务

3. 从投资者教育工作形式的时空角度看，基金公司组织的专题讨论会属于（　　）的投资者教育工作。

A. 现场形式
B. 非现场形式
C. 电子形式
D. 纸质形式

4. 以下关于投资者教育工作的形式的说法错误的是（　　）。

A. 基金公司通过报纸、电视、网络等新闻媒体，以开设投资者教育专栏、制作专题节目、举办各类咨询活动等方式向社会公众宣讲证券市场基础知识，提示投资风险
B. 从投资者教育工作形式的时空角度看，可分为座谈会和讲座两种形式
C. 基金代销机构也结合客户和自身业务特点开展了投资者教育工作
D. 中国证券投资基金业协会多层次、多角度地开展有声有色的投资者教育工作

5. （　　）就是要在指导投资者分析投资问题、获得必要信息、进行理性选择的同时，致力于改善投资者决策条件中的某些变量。

A. 资产配置教育
B. 投资决策教育
C. 权益保护教育
D. 投资风险教育

6. 下列关于投资者教育的内容的说法错误的是（　　）。

A. 投资决策教育
B. 资产配置教育
C. 权益保护教育
D. 投资风险教育

7. 基金客户个性化服务的基础是（　　）。

A. 深度挖掘客户需求
B. 利用平时时常走访收集的客户营销资料
C. 研究市场行情
D. 揭示市场风险

8. 基金客户服务的特点不包括（　　）。

A. 专业性　　B. 规范性
C. 约束性　　D. 持续性

9. 协助客户完成风险承受能力测试并细

致解释测试结果属于（　　）。
A．基金客户售前服务
B．基金客户售中服务
C．基金客户售后服务
D．基金客户理财服务

10．以下关于基金客户服务方式的说法错误的是（　　）。
A．互联网的应用
B．自动传真、电子信箱与手机短信
C．电话服务中心
D．派专人服务

11．建立完善的档案管理制度，妥善保管相关业务资料。客户身份资料，自业务关系结束当年计起至少保存（　　）年。
A．5　　　　　　B．10
C．12　　　　　D．15

12．（　　）是每一位客户服务人员在客户服务中应遵守的原则。
A．客户至上　　B．有效沟通
C．安全第一　　D．专业规范

第十一章

基金管理人的内部控制

本章介绍基金管理人内部控制的概念、原则、内容和有关保障机制。内部控制是基金运作不可或缺的组成部分,也是规范基金管理人运作、防范和规避风险、保证基金安全、保障投资者利益的重要措施。随着国内基金行业的不断发展,基金公司、监管机构和投资者越发重视基金管理人的内部控制。本章分为四节,分别介绍内部控制的三目标与五原则、内部控制机制的层次与要素、内部控制制度和主要内容等。本章属于次重点章节,部分知识点在理解方面有一定的难度,部分小节记住重点标记的知识点和小标题即可。在近年考试中,涉及本章的平均分值在5分左右。

本章考点预览:

基金管理人的内部控制	第一节 内部控制的目标和原则	1. 基金管理人内部控制的重要性	★★
		2. 内部控制的基本概念及含义	★★
		3. 内部控制的三目标	★★★
		4. 内部控制的五原则	★★★
	第二节 内部控制机制	1. 内部控制机制的四个层次	★★★
		2. 内部控制的基本要素	★★★
	第三节 内部控制制度	1. 内部控制制度概述	★★
		2. 内部控制制度的主要内容	★★
	第四节 内部控制的主要内容	1. 基金公司前、中、后台的内部控制	★★
		2. 投资管理业务控制	★★
		3. 信息披露控制	★★
		4. 信息技术系统控制	★★
		5. 会计系统控制	★★
		6. 监察稽核控制	★★

第一节 内部控制的目标和原则

考情分析: 本节是内部控制的基础性内容,主要介绍基金管理人内部控制的概念、含义、目标和原则等。内部控制是一系列组织内部防范、化解风险的措施体系。近年来常考到内部控制的三目标、五原则,在历次考试中涉及本节的题目有0~1道。

学习建议：充分认识和理解基金管理人内部控制的概念和含义，熟练掌握其目标和原则，有重点、有针对性地进行记忆。

根据《证券投资基金法》，基金管理人、基金托管人在管理、运用基金财产，从事证券投资基金活动，应遵循自愿、公平、诚实信用的原则，不得损害国家利益及社会公共利益。基金财产应独立于基金管理人、基金托管人的固有财产，不得将基金财产归入其固有财产。

基金持有人与基金管理人之间建立的是一种信托关系。在信息不对称的情况下，信托关系可能出现道德风险和逆向选择。因此，加强基金管理人的内部控制机制建设是一种重要的手段。

一、基金管理人内部控制的重要性（★★）

1999年12月，10家基金管理公司和5大商业银行的基金托管部共同制定《证券投资基金行业公约》，加强行业自律。约定守法自律、规范经营，加强基金管理人内部控制、保护基金持有人利益，禁止从事操纵市场、内幕交易、不当关联交易、贬损同行等行为。

2001年9月，诞生的第一只开放式基金——华安创新，标志着证券投资基金业的发展向规范运作转变。2002年2月出台了《证券投资基金管理公司内部控制指导意见》。

自2007年首例"证券投资基金业从业人员利用未公开信息交易行为"被发现以来，加强基金管理人内部控制、保护基金持有人利益的要求不断加强。

二、内部控制的基本概念及含义（★★）

国内外基金行业的发展表明，基金管理人的内部控制与公司内部控制体系和风险管理的框架设计密切相关。

（一）内部控制

基金管理人的内部控制是指公司为防范和化解风险，保证经营运作符合公司的发展规划，在充分考虑内外部环境的基础上，通过建立组织机制、运用管理方法、实施操作程序与控制措施而形成的系统。

内部控制要求部门设置体现出权责明确、相互制约的原则，包括严格授权控制；建立完善的岗位责任制度和科学、严格的岗位分离制度；严格控制基金财产的财务风险；建立完善的信息披露制度；建立严格的信息技术系统管理制度；强化内部监督稽核和风险管理系统。

（二）风险管理

企业风险管理基本框架包括八个要素：内部环境、目标设定、事项识别、风险评估、风险应对、控制活动、信息与沟通和行为监控。

2004年9月，普华永道会计师事务所在内部控制框架的基础上，提出企业风险管理的概念。

1. 内部环境

基金管理人的内部环境是其他所有风险管理要素的基础，为其他要素提供规则和结构。内部环境的要素包括：全体员工的诚信、道德价值观和胜任能力；管理层的理念和经营风格；管理层分配权力和划分责任，组织、开发员工的方式，以及董事会给予的关注、指导。

> 经理层的风险偏好是内部环境中特别重要的因素。

2. 目标设定

基金管理人的风险管理就是为企业管理层提供一个适当的过程，将目标与企业的任务或预期联系起来，保证制定的目标与企业的风险偏好相一致。

3. 事项识别

风险管理要求对基金管理人目标产生影

响的所有重要情况或事项进行辨别。对事项的相关因素进行分析并加以分类是事项识别的基础,从而区分事项潜在的风险与机会。

4. 风险评估

风险评估是识别、分析与实现目标相关的风险,为确定管理风险奠定基础。根据不同的情况,风险评估可采用定性与定量相结合的方法。

5. 风险应对

基金管理人要对每一个重要的风险及其对应的回报进行评价和平衡,采取包括回避、接受、共担或降低这些风险等措施,风险应对是企业风险管理的整体重要组成部分。

6. 控制活动

控制活动包括在公司内部使用的审核、批准、授权、确认以及对经营绩效考核、资产安全管理、不相容职务分离等方法。

7. 信息与沟通

员工的风险信息交流意识是风险管理的重要组成部分。鼓励员工就其意识到的重要风险与公司管理层进行交流,管理层也应当重视员工的意见。

8. 行为监控

行为监控以日常经营中发生的事件和交易为对象,包括基金管理人的经理层和监控人员的活动。

【例题】企业风险管理基本框架中不包括的要素是( )。
A. 目标设定
B. 内部评估
C. 风险应对
D. 控制活动
【解析】本题考查企业风险管理基本框架的要素,主要有八个要素:内部环境、目标设定、事项识别、风险评估、风险应对、控制活动、信息与沟通和行为监控。
【答案】B

三、内部控制的三目标(★★★)

内部控制目标是决定公司内部控制运行方式和方向的关键。内部控制目标也是认识内部控制基本理论的出发点。基金管理人内部控制的总体目标如下。

(一)保证公司经营运作严格遵守法律法规和行业监管规则,自觉形成守法经营、规范运作的经营思想和经营理念

内部控制系统必须保证基金管理人遵循各项相关的法律法规和行业监管规则,引导所有员工形成自觉的规范运作理念。基金管理人必须服从外部控制,例如法律法规、职业道德规则等。

内部控制系统的目标是直接促进组织目标的实现,所有的组织活动、控制行为必须以促进实现组织的最高目标为依据。基金管理人拥有优秀的基金经理、管理人员和先进的信息管理系统及设备。将这些条件充分地运用于专业的资产管理服务,就可以获得高效的回报。

(二)防范和化解经营风险,提高经营管理效益,确保经营业务的稳健运行和受托资产的安全完整,实现公司的持续、稳定、健康发展

风险是指事件的不确定性,具有客观性。风险可分为外部风险和内部风险。外部风险主要包括:法律法规、社会、经济、文化与自然等方面。内部风险主要有:决策失误、执行不力、操作风险等。

(1)为了规避经营风险,企业应建立完善的内部控制体系。

(2)在风险评估基础上,基金管理人可以通过加强内部控制,建立风险防范机制,主要包括:建立企业风险评估机构,制定防范或规避风险的措施,设立风险信息反馈机制,制定防范风险的奖惩制度等。

（3）内部控制的目标是在一定的范围内降低或消除经营风险，提高基金管理人的经营效益。

（三）确保基金和基金管理人的财务和其他信息真实、准确、完整、及时

（1）基金管理人内部控制与信息的关系密切。

管理者需要利用信息监督和控制组织行为，同时，决策信息系统特别是财务信息系统也须依赖内部控制系统提供相关、可靠和及时的信息。因此，内部控制系统必须与确保信息收集、处理和报告正确性的控制相联系。

（2）基金及其管理人的财务信息真实、完整既是基金管理人内部控制的基本目标，也是企业内部控制基本的、非常重要的手段。

（3）基金管理人内部控制是一个动态的系统工程。

财务信息对基金管理人和基金持有人的影响很大，内部控制可以提高证券市场的运行和基金运作的效率。

四、内部控制的五原则（★★★）

内部控制的五原则包括健全性原则、有效性原则、独立性原则、相互制约原则和成本效益原则。

（一）健全性原则

健全性是指内部控制应包括公司的各项业务、各个部门（或机构）和各级人员，并涵盖到决策、执行、监督、反馈等各环节。

（1）基金管理人内部控制必须覆盖所有人员，要求各部门之间、人员之间应相互配合、协调同步、紧密衔接，既相互牵制，又相互协调，避免出现只顾相互牵制而不管办事效率的做法，防止不必要的扯皮和脱节。

（2）基金管理人要注重监督职能人员在思想道德上、技能上、心理素质上和行为方式上能够达到实施内部控制的基本要求，从而体现出健全性原则。

> 【例题】（ ）要求内部控制应当包括公司的各项业务、各个部门或机构和各级人员，并涵盖到决策、执行、监督、反馈等各个环节。
> A．健全性原则
> B．有效性原则
> C．独立性原则
> D．成本效益原则
> 【解析】本题考查内部控制的五原则。这些原则分别是，健全性原则、有效性原则、独立性原则、相互制约原则和成本效益原则。其中，健全性原则指内部控制应当包括公司的各项业务、各个部门（或机构）和各级人员，并涵盖到决策、执行、监督、反馈等各个环节。
> 【答案】A

（二）有效性原则

有效性是指内部控制必须讲求效率和效果，所有的控制制度都必须得到贯彻执行。内部控制应约束涉及基金管理工作的所有人员，任何个人不得拥有超越内部控制的权利。

基金管理人内部控制的有效性包含以下两层含义。

一是指基金管理人所实施的内部控制政策、措施是否能适应基金监管相关法律法规的要求；

二是指内部控制在设计完整、合理的前提下，基金管理运作能够得到持续的贯彻执行并发挥作用，为提高公司经营效率、财务信息的可靠性和法律法规的遵守提供合理保证。

（三）独立性原则

独立性指基金管理人各机构、部门和岗位职责应当保持相对独立，基金资产、自有资产以及其他资产的运作应当分离。

基金管理人设立内部控与其管理模式紧密联系。应按照管理模式设立相应的工作岗

位，赋予其责、权、利，规定独立的操作规程和处理程序。其中，责任和权力是岗位责任原则的关键因素。对相应的岗位责任，要赋予该岗位完成任务所必需的权力，切忌出现岗位职责不明确、权力不清楚等情况。

岗位职责主要解决不相容职务的分离，在设置岗位时必须考虑到授权岗位和执行岗位的分离；执行岗位和审核岗位的分离；保管岗位和记账岗位的分离等。

通过将不相容职责进行划分，保证各部门和人员之间的独立性，防止员工"合谋"舞弊。

基金管理人可能管理自有资产、基金资产和其他资产，这些资产之间可能出现利益输送。基金管理人必须建立不同资产运作的控制目标，使相关的基金经理、投资经理明晰其各自的责任，一方面让员工懂得如何完成工作，即操作规程和处理程序；另一方面让员工明白严格遵守规章制度履行职责的重要性。

（四）相互制约原则

相互制约指基金管理人内部部门和岗位的设置应当权责分明、相互制衡。

（1）基金管理人内部的某项业务，如果有两个以上的相互制约环节对其进行监督、核查，出现错弊现象的概率就会很低。

（2）从内部控制的措施来看，相互牵制应考虑横向控制和纵向控制两个方面。经过横向和纵向关系的核查和制约，才能使错弊减少到较低限度，或者尽早发现问题，及时进行纠正。

横向关系是，完成某个环节的工作须有来自彼此独立的两个部门或人员协调运作、相互制约、相互监督、相互证明；纵向关系是，完成某个工作须经过互不隶属的两个或两个以上的岗位和环节，使下级受到上级监督，上级受到下级牵制。

（五）成本效益原则

成本效益指基金管理人运用科学化的经营管理方法降低运作成本，提高经济效益，以合理的控制成本达到最佳的内部控制效果。

（1）如果参与控制的人员和环节越多，控制活动的成本就越高。在设计基金管理人内部控制制度时，要考虑控制成本与产出效益之比。

（2）一般而言，在业务处理过程中发挥作用大、影响范围广的关键控制点（如投资、交易和研究）应严格加以控制。

（3）对于只在局部发挥作用、影响特定范围的一般控制点，能起到监控作用即可，不必花费大量的人力、物力进行控制。

此外，还应防止关键控制点设立过多、手续操作繁杂，造成经营管理活动不能正常、迅捷地运转。设定控制点的数量须根据实际情况，科学设立，争取以最小的控制成本取得最大的内控效果。

第二节 内部控制机制

考情分析：本节主要介绍基金管理人内部控制的机制。对机制的四个层次和五大基本要素进行了具体阐述。整节内容都非常重要，需要熟练掌握。在近年的考试中，出现本节知识点考题在2道左右。

学习建议：仔细阅读并理解关于内部控制机制的内容和层次，在理解的基础上能准确识别各内控要素的要求，并掌握其表现形式。

一、内部控制机制的四个层次（★★★）

（一）内部控制机制含义

内部控制机制，简称内控机制，是公司的内部组织结构及其相互之间的运作制约关系，即为了实现计划目标，防范和减少风险，由全体员工共同参与,企业对内部组织机构业务流程进行全过程的介入及监控,采取权力分配、相互制衡手段,制定出系统的、制度保证的运行过程。

（二）内部控制机制的四个层次

基金管理人内部控制机制的四个层次以及内部控制机制建设应加强的四个方面内容如表11-1所示。

表11-1 内部控制机制的四个层

项目	内容
内部控制机制的四个层次	（1）员工自律 （2）各部门主管（包括监察稽核）的检查监督 （3）公司管理层对人员和业务的监督控制 （4）董事会或者其领导下的专门委员会的检查、监督、控制和指导
内部控制机制的机制建设	（1）在设置内部控制机构上,不能重眼前商业利润、不注重专职内部控制机构建立的偏向 （2）在建立内部控制制度上,不能重内部管理制度建立、不注重内部核心部门"防火墙"制度建立的偏向 （3）在执行内部控制制度上,不能重非经常性发生事项控制、不注重经常性发生事项控制的偏向 （4）在监督内部控制上,不能重程序监督、不注重对"内部人"监督的偏向 【知识拓展】首先,要加强对基金管理人的内部控制监督,建立基金管理人重大决策集体审批等制度,以杜绝业务管理层负责人独断专行；其次,要加强对基金管理人部门管理的控制监督,建立部门之间相互牵制的制度,以杜绝部门权力过大或集体徇私舞弊；同时,要加强对关键岗位管理人员的控制监督,建立关键岗位轮岗和定期稽查制度,以杜绝基金管理人中层经理人员以权谋私或串通作案,从而建立健全企业内部控制监督机制

二、内部控制的基本要素（★★★）

基金管理人内部控制的基本要素包括：控制环境、风险评估、控制活动、信息沟通和内部监控。基金管理人内部控制的基本要素的具体内容如表11-2所示。

表11-2 基金管理人内部控制的基本要素的具体内容

基本要素	内容阐述
控制环境	控制环境构成公司内部控制的基础,包括经营理念和内控文化、公司治理结构、组织结构、员工道德素质等内容 （1）基金管理人管理层应当牢固树立内控优先和风险管理理念,并培养全体员工的风险防范意识,营造内控文化的浓厚氛围 （2）基金管理人应当健全法人治理结构,充分发挥独立董事和监事会的监督职能,严格禁止不正当关联交易、利益输送和内部人控制等现象,保护投资者利益和公司合法权益 （3）基金管理人的组织结构应当体现出职责明确、相互制约的原则。各部门相互独立操作,有明确的授权分工 （4）基金管理人应当依据自身经营特点,设立顺序递进、权责统一、严密有效的内控防线： ① 各岗位职责明确,有详细的岗位说明书和业务流程。在各岗位人员上岗之前均应知悉并以书面方式承诺遵守,在授权范围内承担责任 ② 建立重要业务处理凭据传递和信息沟通制度,相关部门和岗位之间相互监督制衡 ③ 公司督察长和内部监察稽核部门应独立于其他部门,并对内部控制制度的执行情况实行严格检查和反馈
风险评估	（1）基金管理人应建立科学严密的风险评估体系,对于公司内外部风险进行识别、评估和分析,及时防范和化解风险 （2）风险评估系统可以对基金运作情况发出预警、报警讯号；对基金管理中的风险指标,由独立的风险业绩评估小组提供每日、每周及月度评估报告,作为决策参考依据 （3）基金管理人应运用现代信息科技,促进风险管理的数量化和自动化

续表

基本要素	内容阐述
控制活动	基金管理人应通过授权控制来控制业务活动的运作。授权控制的主要内容有： （1）股东会、董事会、监事会和管理层应当充分了解和履行各自的职权，建立健全公司授权标准和程序，确保授权制度的贯彻执行 （2）公司各业务部门、分支机构和公司员工应当在规定授权范围内行使相应的职责 （3）公司重大业务的授权应当采取书面形式，授权书应当明确授权内容和时效 （4）公司授权要适当，对已获得授权的部门、人员应建立有效的评价和反馈机制，对已不适用的授权应及时修改或取消 【名师点拨】授权控制应贯穿于公司经营活动的始终 公司应当建立完善的资产分离制度，基金资产与公司资产、不同基金的资产和其他委托资产应实行独立运作、分别核算。应建立科学、严格的岗位分离制度，划分各岗位职责。投资和交易、交易和清算、基金会计和公司会计等重要岗位人员不得重叠，重要业务部门和岗位应当采取物理隔离 公司还应制订切实有效的应急应变措施，建立危机处理机制及程序。其中，包括信息泄密、交易程序故障等紧急事件发生后的应变措施
信息沟通	（1）基金管理人应当维护畅通的信息沟通渠道，建立清晰的报告系统 （2）公司管理层有责任保证所有员工得到最新的、充分的公司规章制度以及应知的信息 （3）定期与员工进行沟通，保证其及时知悉公司的战略方向、经营方针、近期和长期目标等 （4）在公司管理和基金运作中，各部门应保持独立向管理层报告的渠道
内部监控	（1）基金管理人应建立有效的内部监控制度，设置督察长和独立的监察稽核部门，对公司内部控制制度的执行情况进行持续的监督，保证内部控制制度的落实 （2）公司应当定期评价内部控制的有效性，根据新的法律法规、市场环境、新的金融工具、新的技术应用等情况适时进行改进

【例题】（　　）构成公司内部控制的基础，包括经营理念和内控文化、公司治理结构、组织结构、员工道德素质等内容。

A．内部监控
B．控制活动
C．控制环境
D．信息沟通

【解析】本题考查内部控制的基本要素。内部控制的基本要素中，控制环境构成公司内部控制的基础，包括经营理念和内控文化、公司治理结构、组织结构、员工道德素质等内容。

【答案】C

第三节　内部控制制度

考情分析：本节主要介绍基金管理人内部控制的制度，包括其概念、组成、内容和制定原则等。本节内容较少，按照大纲要求都需要进行理解。在近年的考试中属于次重点，出现考题0～1道。

学习建议：本节知识点能出考题的地方不多，在学习和备考时可以关注标记重点的部分，避免在本节花费太多的时间和精力。

一、内部控制制度概述（★★）

（一）内部控制制度的含义

内部控制制度是基金管理人为了保护其资产的安全、完整，保证其经营活动符合国家法律、法规和内部规章要求，提高经营管理效率，防止舞弊，控制风险等目的，而在公司内部采取的一系列相互联系、相互制约的制度和方法。

（二）内部控制制度组成

内部控制制度由内部控制大纲、基本管理制度、部门业务规章等部分组成。

（三）制定内部控制制度应遵守的原则

基金管理人制定内部控制制度时应遵守如表 11-3 所示的原则。

表 11-3　制定内部控制制度应遵守的原则

遵守原则	内容阐述
合法、合规性原则	公司内控制度应当符合国家法律、法规、规章和各项规定
全面性原则	内部控制制度应当涵盖公司经营管理的各个环节，不得留有制度上的空白或漏洞
审慎性原则	公司内部控制的核心是风险控制，制定内部控制制度应当以审慎经营、防范和化解风险为出发点
适时性原则	内部控制制度的制定应当随着有关法律法规的调整和公司经营战略、经营方针、经营理念等内外部环境的变化进行及时的修改或完善

【例题】内部控制必须随着有关法律、法规的调整和公司经营战略等内外部环境的变化进行及时的修改或完善，体现出制度的（　　）原则。

A. 适时性　　B. 合法、合规性
C. 审慎性　　D. 全面性

【解析】本题考查内部控制制度的制定原则。其中，适时性原则要求制定内部控制制度应当随着有关法律法规的调整和公司经营战略、经营方针、经营理念等内外部环境的变化进行及时的修改或完善。

【答案】A

二、内部控制制度的主要内容（★★）

（一）公司内部控制大纲

公司内部控制大纲是对公司章程规定的内控原则的细化、展开，是各项基本管理制度的纲要和总揽。内部控制大纲应明确内控目标、内控原则、控制环境、内控措施等内容。

（二）基本管理制度

基本管理制度应当至少包括风险控制、投资管理、基金会计、信息披露、信息技术管理、监察稽核、公司财务、业绩评估考核、资料档案管理和紧急应变等。

（三）部门规章

部门规章是在基本管理制度的基础上，对各部门的主要职责、岗位设置、岗位责任、操作守则等做出具体说明。

（四）业务操作手册

业务操作手册是在基金管理人确定相关业务的基础上，对业务的性质、种类以及相关管理规定、操作流程及要求进行明确的说明。该手册也是业务人员上岗操作的指南。

【例题】内部控制大纲应明确的内容不包括（　　）。

A. 内控原则
B. 控制环境
C. 岗位设置
D. 内控措施

【解析】本题考查内部控制制度。公司内部控制大纲是对公司章程规定的内控原则的细化、展开，是各项基本管理制度的纲要和总揽。内部控制大纲应明确内控目标、内控原则、控制环境、内控措施等内容。而岗位设置是部门规章的内容。

【答案】C

第四节　内部控制的主要内容

考情分析：本节主要介绍基金管理人前中后台的内部控制，以及在投资管理、信息披露、信息技术系统、会计系统和监察稽核等方面的控制要求。本部分属于次重要的章节，近年出现的考题在 1~2 道。

学习建议：本节涉及的知识点较多，六项内控内容又可细化为具体的要求。因此，在学习时应加强理解，对有代表性和特殊的控制要求强化记忆。

一、基金公司前、中、后台的内部控制（★★）

基金公司前、中、后台的部门设置及其控制内容如表 11-4 所示。

表 11-4　前、中、后台的部门设置及内控

分类	包含部门	主要服务	目的
前台	行政前台、投资、研究、销售等	为客户提供综合服务	客户满意度最大化
中台	市场营销、风险控制、财务部、监察稽核和产品研发等	为公司前台部门提供支持	保障客户服务的持续性
后台	行政管理、人事部、清算、信息技术等	为前中台部门提供支持	保证基金管理人战略的实施和效果

前台部门直接与客户进行接触，其行为应当符合基金管理人的相关规定，并避免出现虚假承诺、泄密等违规行为。

中台部门不会与客户直接接触，但必须与前台部门建立隔离机制，否则会出现前后台投资决策信息的泄密以及中台与前台部门的沟通效率低下，影响基金的整体运作。

后台部门要与监管部门、机构投资者、政府其他相关部门、法律顾问、审计师等进行沟通、联系，因而对后台部门人员业务行为实施控制就变得十分重要。

部分基金管理人尝试将前后台部门的业务进行外包，这就对基金管理人内部控制，前、中、后台控制提出了更高要求。

二、投资管理业务控制（★★）

基金管理人应自觉遵守有关的法律法规，根据投资管理业务的性质、特点严格制定管理规章、操作流程和岗位手册，明确不同业务可能存在的风险点，并采取控制措施。

研究业务控制、投资决策业务控制和基金交易业务控制的主要内容如表 11-5 所示。

表 11-5　投资管理业务控制

项目	主要内容
研究业务控制	（1）研究工作应保持独立、客观 （2）建立严密的研究工作业务流程，形成科学、有效的研究方法 （3）建立投资对象备选库制度，研究部门根据基金契约要求，在充分研究的基础上建立和维护备选库 （4）建立研究与投资的业务交流制度，保持通畅的交流渠道 （5）建立研究报告质量评价体系
投资决策业务控制	（1）投资决策应当严格遵守法律法规的有关规定，符合基金契约所规定的投资目标、投资范围、投资策略、投资组合和投资限制等要求 （2）健全投资决策授权制度，明确界定投资权限，严格遵守投资限制，防止越权决策

续表

项目	主要内容
	（3）投资决策应当有充分的投资依据，重要投资要有详细的研究报告和风险分析支持，并有决策记录 （4）建立投资风险评估与管理制度，在设定的风险权限额度内进行投资决策 （5）建立科学的投资管理业绩评价体系，包括投资组合情况、是否符合基金产品特征和决策程序、基金绩效分析等内容
基金交易业务控制	（1）基金交易应实行集中交易制度，基金经理不得直接向交易员下达投资指令或者直接进行交易 （2）公司应当建立交易监测系统、预警系统和交易反馈系统，完善相关的安全设施 （3）投资指令应当进行审核，确认其合法、合规与完整后方可执行，如出现指令违法违规或者其他异常情况，应当及时报告相应部门与人员 （4）公司应当执行公平的交易分配制度，确保不同投资者的利益能够得到公平对待 （5）建立完善的交易记录制度，每日投资组合列表等应当及时核对并存档保管 （6）建立科学的交易绩效评价体系

基金管理人应建立严格有效的投资管理业务制度，防止不正当关联交易损害基金持有人利益。针对场外交易、网下申购等特殊交易，应根据内部控制的原则制定相应的流程、规则。

基金投资涉及关联交易，应当在相关投资研究报告中进行特别说明，并报公司相关机构批准。

三、信息披露控制（★★）

信息披露是基金管理人的一项义务。信息披露可能对证券的市场价格和投资者交易行为产生重大影响。加强信息披露控制，是保障证券市场公开、公平和公正三原则的重要支持。

（1）基金管理人应当依法依规，建立完善的信息披露制度，保证公开披露的信息真实、准确、完整、及时，有相应的部门或岗位负责信息披露工作，进行信息的组织、审核和发布。

（2）基金管理人应加强对信息披露的检查和评价，对于存在的问题应及时提出改进办法，对披露出现的失误提出处理意见，并追究有关人员的责任。

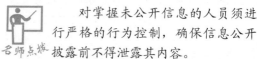
对掌握未公开信息的人员须进行严格的行为控制，确保信息公开披露前不得泄露其内容。

四、信息技术系统控制（★★）

基金管理人应依据法律法规，遵循安全性、实用性、可操作性原则，严格制定信息系统的管理制度。

（1）基金管理信息技术系统的设计开发应该符合国家、金融行业软件工程标准的要求，编写完整的技术资料；实现业务电子化时，应设置保密系统和相应控制机制，保证计算机系统的可稽性；在信息技术系统投入运行前，应经过业务、运营、监察稽核等部门的联合验收。

可稽是指可以考证、核查、检查。

（2）应当通过严格的授权制度、岗位责任制度、门禁制度、内外网分离制度等管理措施，确保系统安全运行。计算机的机房、设备、网络等硬件应当符合有关标准。在设备运行、维护的整个过程中，实施明确的责任管理，严格划分业务操作、技术维护等方面的职责。

(3) 公司软件的使用应充分考虑软件的安全性、可靠性、稳定性和可扩展性,并应具备身份验证、访问控制、安全保护、故障恢复、分权制约等功能。信息技术的系统设计、软件开发等技术人员不得介入实际的业务操作。定期更换用户使用的密码口令,不得透露给他人。数据库和操作系统的密码口令应当由不同的人员保管。

(4) 公司应对信息数据实行严格的管理,保证信息数据的安全、真实和完整,能及时、准确地传递到会计等各职能部门;严格规范计算机交易数据的授权修改程序,坚持落实电子信息数据的定期查验制度。

(5) 基金管理人应建立电子信息数据的即时保存和备份制度,重要数据应当异地备份并且长期保存。信息技术系统定期稽核检查,完善业务数据保管等安全措施。进行排除故障、灾难恢复演习,确保系统运行的可靠、稳定与安全。

> 【例题】基金管理人应建立电子信息数据的( )和备份制度,重要数据应当异地备份并且长期保存。
> A. 即时保存
> B. 定期保存
> C. 强制保存
> D. 妥善维护
>
> 【解析】本题考查信息技术系统控制。按照有关要求,基金管理人应建立电子信息数据的即时保存和备份制度,重要数据应当异地备份并且长期保存。信息技术系统定期稽核检查,完善业务数据保管等安全措施。
>
> 【答案】A

五、会计系统控制(★★)

根据《会计法》《金融企业会计制度》《证券投资基金会计核算办法》等法律、法规,基金管理人应制定基金会计制度、公司财务制度、会计工作操作流程和会计岗位工作手册,并对各风险控制点建立严密的会计系统控制。

公司应在岗位分工的基础上明确各会计岗位职责,严禁相互监督的岗位由一人独自操作。公司应当以基金为会计核算主体,独立建账、独立核算,保证不同基金之间在名册登记、账户设置、资金划拨、账簿记录等方面相互独立。

各基金会计核算应当独立于公司会计核算。

基金管理人应采取适当的会计控制措施,以确保会计核算系统的正常运转。

(1) 应当建立凭证制度,通过凭证设计、登录、传递、归档等一系列凭证管理制度,确保正确记载经济业务,明确经济责任。

(2) 应当建立账务组织和账务处理体系,正确设置会计账簿,有效控制会计记账程序。

(3) 应当建立复核制度,通过会计复核和业务复核防止会计差错的产生。

(4) 应当采取合理的估值方法和科学的估值程序,公允反映基金所投资的有价证券在估值时点的价值。

(5) 应当规范基金清算交割工作,在授权范围内,及时准确地完成基金清算,确保基金资产的安全。

(6) 应当建立严格的成本控制和业绩考核制度,强化会计的事前、事中和事后监督。

(7) 应制定完善的会计档案保管和财务交接制度,财会部门应妥善保管密押、业务用章、支票等重要凭据和会计档案,严格会计资料的调阅手续,防止会计数据的毁损、散失和泄密。严格制定财务收支审批制度和费用报销管理办法,自觉遵守国家财税制度和财经纪律。

六、监察稽核控制（★★）

（1）基金管理人应设立监察稽核部门，开展监察稽核工作，并对公司经营层负责。公司应保证监察稽核部门的独立性、权威性。明确监察稽核部门及内部各岗位的具体职责，配备充足的监察稽核人员，严格其专业任职条件，严格监察稽核的操作程序和组织纪律。

（2）基金管理人应当设立督察长，对董事会负责，经董事会聘任，报证券监督管理机构核准。根据监察稽核工作的需要和董事会授权，督察长可以列席公司的相关会议，调阅公司的相关档案，就内部控制制度的执行情况独立地履行检查、报告、评价、建议职能。

（3）基金管理人应强化内部检查制度，通过定期或不定期检查内部控制制度的执行情况，确保公司的各项经营管理活动有效运行。基金管理人董事会和管理层应重视并支持监察稽核工作，对违反法律、法规和公司内部控制制度的，应追究有关部门、人员的责任。

过关测试题

1. 基金管理公司的督察长直接对（　　）负责。
   A. 董事会
   B. 股东大会
   C. 中国证监会
   D. 监事会

2. （　　）部门包括市场营销、风险控制、财务部、监察稽核和产品研发部门，主要是为公司前台部门提供支持，保障公司为客户提供服务的持续性。
   A. 前台
   B. 中台
   C. 后台
   D. 以上都不是

3. 基金管理人的内部控制机制的层次包括（　　）。
   Ⅰ. 员工自律
   Ⅱ. 各部门主管的检查监督
   Ⅲ. 公司管理层对人员和业务的监督控制
   Ⅳ. 董事会或者其领导下的专门委员会的检查、监督、控制和指导
   A. Ⅰ、Ⅱ、Ⅲ
   B. Ⅰ、Ⅱ、Ⅲ、Ⅳ
   C. Ⅲ、Ⅳ
   D. Ⅱ、Ⅲ、Ⅳ

4. 内部控制的原则包括（　　）。
   Ⅰ. 独立性原则
   Ⅱ. 相互制约原则
   Ⅲ. 有效性原则
   Ⅳ. 成本效益原则
   A. Ⅰ、Ⅲ、Ⅳ
   B. Ⅰ、Ⅱ、Ⅳ
   C. Ⅰ、Ⅱ、Ⅲ
   D. Ⅰ、Ⅱ、Ⅲ、Ⅳ

5. 在进行投资决策业务控制时，应建立（　　），在设定的风险权限额度内进行投资决策。
   A. 投资决策授权制度
   B. 业务交流制度
   C. 投资风险评估与管理制度
   D. 实质性审查制度

6. 下列不属于基金管理公司内部控制制度组成部分的是（　　）。
   A. 基本管理制度
   B. 内部控制大纲
   C. 部门业务规章
   D. 法律规范

7. （　　）是对公司章程规定的内控原则的细化和展开，是各项基本管理制度的纲要和总揽。
   A. 内部控制大纲
   B. 基本管理制度
   C. 部门规章

D. 业务操作手册

8. （　　）包括在公司内部使用的审核、批准、授权、确认以及对经营绩效考核、资产安全管理、不相容职务分离等方法。
   A. 控制活动
   B. 行为监控
   C. 事项识别
   D. 风险应对

9. 公司内部控制的核心是（　　）。
   A. 明确责任
   B. 权力制衡
   C. 风险控制
   D. 严格授权

10. 内部控制的（　　）是指基金管理人各机构、部门和岗位职责应当保持相对独立，基金资产、自有资产、其他资产的运作应当分离。
    A. 有效性原则
    B. 独立性原则
    C. 相互制约原则
    D. 成本效益原则

11. （　　）是指基金管理公司内部部门和岗位的设置应当权责分明、相互制衡。
    A. 成本效益原则
    B. 独立性原则
    C. 有效性原则
    D. 相互制约原则

12. （　　）构成公司内部控制的基础。
    A. 控制环境
    B. 风险评估
    C. 信息沟通
    D. 内部监控

13. 以下关于内部控制目标的说法错误的是（　　）。
    A. 保证公司经营运作严格遵守国家有关法律法规和行业监管规则，自觉形成守法经营、规范运作的经营思想和经营理念
    B. 确保基金和基金管理人的财务和其他信息真实、准确、完整、及时
    C. 为了提高投资者收益率，把投资者的利益放在第一位
    D. 防范和化解经营风险，提高经营管理效益，确保经营业务的稳健运行和受托资产的安全完整，实现公司的持续、稳定、健康发展

14. 下列属于企业风险管理基本框架内容的是（　　）。
    Ⅰ. 外部环境
    Ⅱ. 事项识别
    Ⅲ. 风险评估
    Ⅳ. 控制活动
    Ⅴ. 风险应对
    A. Ⅰ、Ⅱ、Ⅲ、Ⅴ
    B. Ⅱ、Ⅲ、Ⅳ、Ⅴ
    C. Ⅲ、Ⅳ、Ⅴ
    D. Ⅰ、Ⅱ、Ⅲ、Ⅳ

15. （　　）是在基本管理制度的基础上，对各部门的主要职责、岗位设置、岗位责任、操作守则等的具体说明。
    A. 内控大纲
    B. 业务操作手册
    C. 部门规章
    D. 基本管理制度

16. 下列不属于基金管理人内部控制的基本要素的是（　　）。
    A. 风险控制
    B. 控制环境
    C. 控制活动
    D. 内部监控

17. （　　）是指基金管理人运用科学化的经营管理方法降低运作成本，提高经济效益，以合理的控制成本达到最佳的内部控制效果。
    A. 独立性
    B. 有效性
    C. 成本效益
    D. 相互制约

18. 在内部控制的主要内容中，不属于

投资管理业务控制的是（　　）。
A．明确揭示研究业务和投资决策业务可能存在风险
B．按照投资管理业务的性质和特点严格制定各项管理制度
C．明确揭示交易业务中可能存在的风险并采取控制措施
D．严格制定信息系统的管理制度

第十二章

基金管理人的合规管理

本章介绍合规管理的概念、机构、内容和风险。为保障基金份额持有人的合法权益，基金管理人的合规管理就要在内部控制体系中严格内部人员的合规行为，使各项业务持续、稳定、顺利、健康的运行。本章分四节，分别介绍了基金管理人合规管理的原则、重要性和现实意义，合规管理部门设置及各主体的职责，合规管理主要内容、操作要点及程序，合规风险的概念、主要措施等内容。

本章属于本书的重点部分，部分内容理解难度相对较大，考点相对集中。需要重点关注合规管理机构中主体应履行的职责以及合规风险的内容，部分小节记住重点标题即可。在历次考试中，本章一般会占 3～7 分。

本章考点预览

基金管理人的合规管理	第一节 合规管理概述	1. 合规管理的概念	★
		2. 合规管理的意义	★
		3. 合规管理的目标	★
		4. 合规管理的基本原则	★★
	第二节 合规管理机构设置	1. 合规管理部门的设置及其责任	★
		2. 董事会的合规责任	★★
		3. 监事会的合规责任	★★
		4. 督察长的合规责任	★★
		5. 管理层的合规责任	★★
		6. 业务部门的合规责任	★★
	第三节 合规管理的主要内容	1. 合规管理活动概述	★
		2. 合规文化	★
		3. 合规政策	★
		4. 合规审核	★
		5. 合规检查	★
		6. 合规培训	★
		7. 合规投诉处理	★
	第四节 合规风险	1. 合规风险及其种类	★★
		2. 投资合规性风险	★★
		3. 销售合规性风险	★★
		4. 信息披露合规性风险	★★
		5. 反洗钱合规性风险	★★

第一节 合规管理概述

考情分析：本节主要介绍合规管理的概念、目标和原则。合规管理对基金管理人自身的风险管理和基金持有人的权益保障具有非常重要的现实意义。本节是次重要章节，重点要求理解合规管理的独立性、目标和五项原则，在近年的考试中涉及本节的题目在1道左右。

学习建议：本节的知识点不多，理解难度较小，重点和常考点相对突出，学习和备考时不必花费太多的时间和精力。

一、合规管理的概念（★）

"合规"，是指基金管理人的经营管理活动与法律、规则和准则相一致。合规管理是一种风险管理，是对业务活动是否遵守法律、监管规定、规则、行业自律准则等的一种鉴证行为。

基金管理人的合规管理可定义为"对基金管理人的相关业务是否遵循法律、监管规定、规则、自律性组织制定的有关准则以及公众投资者的基本需求等行为进行风险识别、检查、通报、评估、处置的管理活动"。

应该遵循的相关规则包括：立法机关和证监会发布的基本法律规则；基金业协会和证券业协会等自律性组织制定的全行业的规范、标准、惯例等；公司章程和企业的各种内部规章制度以及应当遵守的诚实、守信的职业道德。

二、合规管理的意义（★）

合规管理可以控制违规风险，减少违规处罚导致的损失以及由声誉风险导致的潜在损失。加强合规管理对基金管理人和基金行业都具有长远的战略意义。

真正发挥合规管理的作用，应确保合规独立性。合规独立性是指基金管理人的合规管理应在体制机制、组织架构、人力资源、管理流程等多方面独立于内部的其他业务部门、风险部门、内部审计部门等。

独立性原则是合规管理的关键性原则，是合规管理独立于基金管理人的业务经营活动，真正起到牵制制约的作用。

合规独立性包括部门、机制和问责等的独立性。其中，合规部门的独立性最为重要。合规管理部门的独立性主要包括如下内容。

（1）合规管理部门在公司内部享有正式的地位，并在公司的合规政策或其他正式文件中予以规定。

（2）合规风险管理部门的员工特别是其负责人在职位安排上，应避免其合规风险管理职责与其承担的任何其他职责之间，产生可能的利益冲突。

（3）合规管理部门员工为履行职责，应能够享有相应的资源，能够获取和接触必需的信息及人员。合规管理部门的独立，实质上是"人"的独立性，这直接关系到能否有效揭示合规风险。

根据监管规则、基金公司内部控制和防范合规风险等要求，在基金公司内部建立并完善合规风险管理的体制机制，建立独立的合规部门，鼓励并保障合规部门发表独立的合规管理意见，可以更好地履行其职能。这样也有助于法律规则和监管部门的监管意图在基金公司得到全面有效地贯彻，避免承担不必要的风险和损失。

三、合规管理的目标（★）

合规管理的目标是建立健全基金管理人合规风险管理体系，实现对合规风险的有效识别和管理，促进基金管理人全面风险管理体系的建设，确保依法合规经营。

基金管理人应建立起良好的内部治理结构，明确股东会、董事会、监事会和高级管理人员的职责权限，确保各部门的合规运作。公司的组织结构应体现出职责明确、相互制约的原则，各部门有明确的授权分工，相互独立操作。建立决策科学、运营规范、管理高效的运行机制，决策程序和管理议事规则民主、透明，业务执行系统高效、严谨，内部监督和反馈系统健全、有效。此外，基金管理人通过开展合规自律探讨和合规文化活动，提高全体员工对合规重要性的认识。

四、合规管理的基本原则（★★）

合规管理应遵守以下五个基本原则，具体内容如表12-1所示。

表12-1　合规管理的基本原则

基本原则	内容阐述
独立性原则	独立性原则主要是指合规部门和督察长在基金公司组织体系中有独立的地位，合规管理应独立于其他各项业务活动
客观性原则	客观性原则是指合规人员应依照相关的法规，客观评价违规事实，避免出现合规人员与业务人员合谋的违规行为
公正性原则	公正性原则是指合规人员核查业务部门时，应坚持采用统一标准来对违规行为风险进行评估、报告
专业性原则	专业性原则是指合规人员应当熟悉业务制度，了解基金管理人的各种业务运作流程，准确理解和把握法律法规的规定及变动趋势
协调性原则	协调性原则是指合规人员应正确处理与公司其他部门以及监管部门的关系，努力营造公司的合规合力，避免内部消耗

【例题】下列选项中，不属于合规管理基本原则的是（　　）。
A. 客观性原则
B. 审慎性原则
C. 协调性原则
D. 公正性原则
【解析】本题考查合规管理的基本原则。其原则包括：独立性原则、客观性原则、公正性原则、专业性原则和协调性原则。
【答案】B

第二节　合规管理机构设置

考情分析：本节主要介绍合规部门的设置、职责，基金管理人内部相关机构的合规责任。合规管理旨在保护投资者合法权益，提高基金公司内控及事前风险防范的水平，因此各部门都负有相应的责任。本节属于重点、必考内容，近年考试中有关本节的题目在2～3道，需要引起重视。

学习建议：本节知识点较多，需要从总体上把握合规管理部门的设置，重点是掌握有关董事会、监事会、督察长和业务部门的合规要求。学习时应注意各项责任细节，能够排除题目中的干扰选项。

一、合规管理部门的设置及其责任（★）

（一）合规管理部门的设置

负责合规管理的部门可能有专门的合规部，也可称为法律合规部或监察稽核部。基金管理人在董事会和管理层会设立专门的风险控制委员会,安排督察长分管合规管理部的工作。

(二)合规管理部门的责任

(1)合规管理部门主要负责基金公司合规工作的具体组织和执行,负责公司各部门和全体员工的合规管理工作。依照所规定的职责、权限、方法及程序独立开展工作,合规管理部门对总经理负责。

(2)合规管理部门须制定人员岗位责任制,明确任务、落实责任。

名师点拨 合规管理部门的人员应坚持原则、忠于职守、公正无私、廉洁奉公,具备相应的专业知识。

(3)合规管理部门应根据国家的有关法律法规、公司章程、基金合同以及公司内部管理制度,在所赋予的权限内,按照规定的程序、方法,对行为对象进行公正客观的检查、监督并提出处理建议。

(三)合规管理部门的职责

在督察长的管理下,合规管理部门须协助高级管理层对合规风险进行有效识别和管理,履行下列基本职责。

(1)持续关注法律、规则和准则的最新发展,正确理解法律、规则和准则的规定及其精神,准确把握法律、规则和准则对基金经营的影响,为高级管理层及时提供合规建议。

(2)制订并执行风险为本的合规管理计划,包括特定政策、程序的实施与评价、合规风险评估、合规性测试、合规培训与教育等。

(3)审核评价基金管理人的各项政策、程序和操作指南是否合规。组织、协调和督促各业务条线、内部控制部门,对各项政策、程序和操作指南进行梳理和修订,确保各项政策、程序和操作指南符合法律、规则和准则的要求。

(4)协助相关培训和教育部门对员工进行合规培训,包括新员工的合规培训、所有员工的定期合规培训,并作为员工咨询合规问题的内部联络部门。

(5)组织制定合规管理程序、合规手册、员工行为准则等合规指南,评估合规管理程序、合规指南的适当性,指导员工恰当执行法律、规则和准则。

(6)积极主动地识别和评估与基金管理人经营活动相关的合规风险,包括为新产品、新业务的开发提供必要的合规性审核和测试,识别及评估新业务方式的拓展、新客户关系的建立以及客户关系的性质发生重大变化等所产生的合规风险。

(7)收集、筛选可能预示潜在合规问题的数据,如消费者投诉增长数、异常交易等,建立合规风险监测指标。按照风险矩阵衡量合规风险发生的可能性及影响,确定合规风险的优先考虑序列。

(8)实施充分且有代表性的合规风险评估、测试,包括现场审核各项政策和程序的合规性,询问政策及程序存在的缺陷,并进行调查。按照基金管理人的内部风险管理程序,通过合规风险报告路线,向上报告合规性测试结果,确保各项政策和程序符合法律、规则和准则的要求。

(9)保持与监管机构日常的工作联系,跟踪和评估监管意见及监管要求的落实情况。

知识拓展 基金管理合规部门可就基金募集、管理人员变动、基金投资等运作情况主动与监管机构进行沟通,通过监管机构反馈的相关信息避免合规风险的发生。

二、董事会的合规责任(★★)

基金管理人董事会负责公司整体的风险预防和控制,对公司风险控制制度的有效执行进行审核、监督,可以下设合规与风险管理委员会,对公司经营管理与基金运作的风险控制及合法合规性进行审议、监督和检查，草拟公司风险管理战略，并评估公司风险管理状况。

董事会对公司的合规管理承担最终责任，履行下列合规职责。

（1）审议批准合规政策，监督合规政策的实施，对实施情况进行年度评估。

（2）审议批准公司年度合规报告，对年度合规报告中反映的问题，采取解决措施。

（3）根据总经理的提名决定合规负责人的聘任、解聘及薪酬事项。

（4）决定公司合规管理部门的设置及职能。

（5）保证合规负责人独立与董事会、董事会相关委员会，如审计委员会或者其他专业委员会沟通。

（6）公司章程规定的其他合规责任。

> **知识拓展**：证监会对基金管理公司的监管要求、整改通知及处罚措施等应列入董事会的通报事项。经理层制定的整改方案以及公司合规运作情况的汇报应列入董事会的审议范围。

> 【例题】下列选项不属于董事会的合规责任的是（　　）。
> A. 出具报表审核意见
> B. 审议批准合规政策
> C. 决定公司合规管理部门的设置
> D. 决定合规负责人的聘任
>
> 【解析】本题考查董事会的合规责任。按照相关要求，审核董事会编制的提供给股东会的各种报表，并把审核意见向股东会报告，这是监事会的合规责任。
>
> 【答案】A

三、监事会的合规责任（★★）

基金管理人设监事会，监事会向股东会负责。为了完成合规监督，基金管理人的监事会不仅要进行会计监督，还要进行业务监督。要有事后监督，也要有事前、事中监督（即计划、决策时的监督）。

监事会对经营管理的业务监督、代表公司的特殊情况、行使的职权等相关职责的具体内容如表12-2所示。

表12-2　监事会的有关职责

项目	内容
监事会对经营管理的业务监督	（1）通知业务机构停止其违法行为。当董事或经理人员执行业务违反法律法规、公司章程以及从事登记营业范围之外的业务时，监事有权通知他们停止其行为 （2）随时调查公司的财务状况，审查账册文件，并有权要求董事会向其提供情况 （3）审核董事会编制的提供给股东会的各种报表，并把审核意见向股东会报告 （4）当监事会认为有必要时，一般是在公司出现重大问题时，可以提议召开股东会
监事会代表公司的特殊情况	（1）当公司与董事间发生诉讼时，除法律另有规定外，由监事会代表公司作为诉讼一方处理有关法律事宜 （2）当董事自己或他人与本公司有交涉时，由监事会代表公司与董事进行交涉 （3）当监事调查公司业务及财务状况，审核账册报表时，有权代表公司委托律师、会计师或其他第三方人员协助调查
监事会行使的职权	基金管理人设监事会，监事会对股东会负责，监事会依法行使下列职权： （1）检查公司的财务 （2）对公司董事、总经理和其他高级管理人员执行公司职务时违反法律、行政法规或者公司章程的行为进行监督 （3）当公司董事、总经理和其他高级管理人员的行为损害公司利益时，要求前述人员予以纠正 （4）提议召开临时股东会 （5）列席董事会会议 （6）公司章程规定的其他职权

监事会每年至少召开一次会议。监事会会议有全体监事出席时方可举行，每名监事有一票表决权。监事会决议至少须经半数以上监事投票通过。

【例题】基金管理人设监事会，监事会向（　　）负责；监事会每年至少召开（　　）次会议。
A. 股东会；一
B. 董事会；一
C. 股东会；两
D. 董事会；两
【解析】本题考查监事会的合规职责。按照有关规定，基金管理人设监事会，监事会向股东会负责；监事会每年至少召开一次会议。
【答案】A

四、督察长的合规责任（★★）

基金管理人应保证督察长的独立性。督察长负责组织、指导公司监察稽核工作，其职责范围应涵盖基金及公司运作的所有业务环节。

（一）督察长履行职责应重点关注的内容

（1）基金销售是否遵守法律法规、基金合同和招募说明书的相关规定，是否存在误导、欺诈投资人和不正当竞争等违法违规行为。

（2）基金投资是否符合法律法规和基金合同的规定，是否遵守公司所制定的投资业务流程等相关制度，是否存在内幕交易、操纵市场等行为以及利益输送、不正当关联交易和不公平对待不同投资人的行为。

（3）基金及公司的信息披露是否真实、完整、准确、及时，是否存在虚假记载、误导性陈述或者重大遗漏等问题。

（4）基金运营是否安全，信息技术系统运行是否稳定，客户资料和交易数据是否备份及有效保存，是否出现延时交易、数据遗失等情况。

（5）公司资产是否安全完整，是否出现被抽逃、挪用、冻结、违规担保等情况。

> 【名师点拨】一旦发现基金和公司运作中有违法违规行为，督察长应及时予以制止，重大问题应报告中国证监会及其派出机构。

（二）督察长监督检查公司内部风险控制情况，应重点关注的内容

（1）公司是否按照法律、法规和证监会的规定制定和修改各项业务规章制度及业务操作流程。

（2）公司是否对各项业务制定、实施相应的风险控制制度。

（3）公司员工是否严格有效地执行公司规章制度。

督察长应对新产品、开展新业务的合法合规性提出意见，关注员工的合规与风险意识，促进公司内部风险控制水平的提高及合规文化的形成。督察长应指导、督促公司妥善处理投资人的重大投诉，保护投资人的合法权益。

定期或不定期向全体董事报送工作报告。在董事会及董事会下设的相关专门委员会定期会议上，报告运作的合法合规情况以及公司内部风险控制情况。督察长还应积极配合中国证监会及其派出机构的监管工作。

> 【名师点拨】督察长享有充分的知情权和独立调查权。督察长根据履行职责的需要，有权参加或者列席公司董事会以及公司业务、投资决策、风险管理等相关会议，有权调阅公司相关文件、档案。

（三）采取的措施及报告

如果督察长发现基金及公司的运作中存在问题，应及时告知公司总经理和相关业务

负责人，提出处理意见、整改建议，并监督整改措施的制定和落实。面对存在的问题，若基金公司总经理不整改或者整改未达到要求，督察长应向公司董事会、证监会及相关派出机构报告。

督察长应及时向公司董事会、证监会及相关派出机构报告的情形如下。

（1）基金及公司发生违法违规行为。

（2）基金及公司存在重大经营风险或者隐患。

（3）督察长依法认为需要报告的其他情形。

（4）中国证监会规定的其他情形。

出现以上情形，督察长应密切跟踪后续整改措施，向公司董事会、中国证监会及相关派出机构报告处理情况。

【例题】督察长应当定期或不定期向（　　）报送工作报告。在董事会及董事会下设的相关专门委员会定期会议上，报告运作的合法合规情况以及公司内部风险控制情况。

A．合规管理部门
B．证券监管机构
C．总经理
D．全体董事

【解析】本题考查督察长的合规责任。按照有关要求，督察长应当定期或不定期向全体董事报送工作报告。在董事会及董事会下设的相关专门委员会定期会议上，报告运作的合法合规情况以及公司内部风险控制情况。

【答案】D

五、管理层的合规责任（★★）

基金管理人可设总经理一人，副总经理若干人。

（1）经理层人员任职应符合法律、行政法规和中国证监会规定的条件，取得证监会核准的任职资格。

公司章程应明确总经理和副总经理等人员的提名、任免程序、任期、权利、义务等内容。

（2）经理层人员应熟悉相关法律、行政法规以及证监会的监管要求，依法合规、勤勉、审慎地行使职权，促进基金财产的高效运作，为基金份额持有人谋取最大利益。

（3）经理层人员应维护公司的统一性和完整性，在职权范围内对公司的经营活动进行独立、自主决策，不受他人干预。经理层人员不得将其经营管理权让渡给股东或者其他机构和人员。

（4）经理层人员应构建企业文化，保持公司内部机构和人员责任体系、报告路径的清晰、完整。经理层人员不得违反规定的报告路径，防止在内部责任体系、报告路径和内部员工之间出现割裂。

（5）经理层人员应按照公司章程、制度和业务流程的规定开展工作，不得越权干预研究、投资、交易等具体业务，不得利用职务之便向股东、本人及他人进行利益输送。

（6）经理层人员应公平对待所有股东，不得接受任何股东及其实际控制人超越股东会、董事会的指示，不得偏向于任何一方股东。经理层人员应公平对待公司所管理的不同基金财产和客户资产，不得在不同基金财产之间、基金财产与委托资产之间进行利益输送。

（7）经理层人员应当抵制：股东虚假出资、抽逃或者变相抽逃出资、以任何形式占有或者转移公司资产等行为以及为股东提供融资或者担保等不当要求，并立即向证监会及相关派出机构报告。

总经理负责公司的日常经营管理工作，执行董事会决议，定期向董事会报告公司的经营情况、财务状况、业务创新、风险状况等。总经理应支持督察长和监察稽核部门的工作，不得阻挠、妨碍其检查、监督等活动。

本着保护基金份额持有人利益的原则，公司应建立紧急应变制度，处理突发事件等非常时期的业务。当总经理不能履行职责或者缺位时，公司应对总经理职责的履行做出规定。

经理层可下设投资决策委员会、风险控制委员会等专门委员会。公司应对专门委员会的人员组成、职责、议事规则、决策程序等做出明确规定。

六、业务部门的合规责任（★★）

（一）业务部门的合规规定

（1）基金管理人各业务部门及其员工应遵守合规规定。所有员工在从事业务活动时必须做到忠诚、诚实以及公平交易，并以最高水准要求自己，勤勉尽责、谨慎从事。

（2）为谋取客户合法利益的最大化，公司对客户负有忠实义务。在不违反法律、法规的前提下，公司为客户进行的所有交易、给客户的所有建议都应本着客户利益第一的原则。为客户进行交易时，公司必须合理、谨慎地关注以保证交易对手的可靠性及交易条件在可得到的范围内为最佳。公司应确认客户的真实身份，了解客户的有关信息及投资目标，以备监管机构的监管。

公司须采取合理措施向有咨询需求的客户提供及时、可理解的信息，以便客户充分掌握信息后做出投资决定。公司提供的客户账户信息应完整、正确。

（3）公司应委托独立的、声誉良好的托管人对客户资产进行托管；公司及其分公司均应与监管者、审计师和法律顾问保持坦诚的合作关系，应向对方公开的信息应及时进行通知。

（4）公司及其员工应避免与客户利益发生冲突。如果发生，则须以信息披露、内部保密规则等制度公平对待所有的客户；公司不得将自身利益不公平地置于客户之上；对于是否存在利益冲突及解决冲突应采取的步骤有疑问时，员工应首先咨询监察稽核部，或报告公司有关部门及领导后方可采取进一步的行动；公司及其员工在某一业务上存在利益冲突时，不得做出影响客户利益的投资决策。

（二）公司员工不得违反忠实义务的行为

公司所有员工不得违反以下忠实义务的行为。

（1）以任何行为欺骗或欺诈任何公司现有或将来的客户。

（2）对重大事实作虚假陈述或隐瞒重要事实，隐瞒该事实会使得其陈述具有误导性质。

（3）参与任何对客户或将来的客户构成欺诈或欺骗的行为、实践或商业交往。

（4）参与任何操纵市场的行为。

（5）向任何其他人透露（除非是代表客户履行职责的行为）关于客户、公司的任何证券交易或与此有关的信息。

（三）禁止参与的市场行为

基金公司、部门及员工不得参与以下市场行为。

（1）通过单独或合谋包括集中资金优势、持股优势或者利用信息优势联合或者连续买卖，操纵证券市场价格。

（2）与他人串通，以事先约定的时间、价格和方式相互进行证券交易或者相互买卖并不持有的证券，影响证券交易价格或者证券成交量。

（3）以自己为交易对象，进行不转移所有权的自买自卖，影响证券交易价格或者证券成交量。

（4）以获取利益或减少损失为目的，利用资金、信息等优势或滥用职权操纵市场，影响证券市场价格，制造证券市场假象，诱导或者致使投资者在不了解事实真相的情况下做出投资决定，扰乱证券市场秩序。

【例题】下列选项不属于公司员工违反忠实义务的行为的是（　　）。
A．参与任何操纵市场的行为
B．代表客户履行职责的行为
C．对重大事实作虚假陈述或隐瞒重要事实
D．欺骗或欺诈任何公司现有或将来的客户

【解析】本题考查业务部门的合规职责。除选项中的要点外，还包括：不得参与任何对客户或将来的客户构成欺诈或欺骗的行为、实践或商业交往。不得向任何其他人透露（除非是代表客户履行职责的行为）关于客户、公司的任何证券交易或与此有关的信息。

【答案】B

第三节 合规管理的主要内容

考情分析：基金管理人合规管理的内容覆盖基金业务运作的全部流程。本节主要介绍合规管理活动的内容，关于合规文化、政策、审核、检查的概念、要点和有关规范，合规培训和合规投诉处理的概况。本节属于非重要内容，在近年的考试中出现的题目在1道左右。

学习建议：本节涉及知识点较多也较为分散，但考试的要求不高。因此在学习和备考时，需要参考以往考过的要点，有针对性地进行把握。

一、合规管理活动概述（★）

基金管理人的合规管理包括风险控制、公司治理、投资管理、监察稽核等内容。具体内容如下：

（1）定期传达监管要求，营造公司合规文化、提高员工合规意识。

（2）审核各业务部门对外签订的合同，控制风险，防范商业贿赂；审核各业务部门修订的制度；负责审核公司对外披露的各类信息。

（3）根据法律、法规及公司制度的要求，检查评估基金发行及日常运作中（销售、投资、运营）各项活动的合规性，防范运作风险。

（4）梳理整合各项法律法规、规章制度，开展合规培训。

（5）参与基金管理人的组织构架和业务流程再造，为推出新产品提供合规支持。

（6）开展法律咨询，协助外部律师共同处理公司法律纠纷及投诉。

> **名师点拨** 合规管理旨在建立基金公司的监督系统，对决策系统、执行系统进行全程、动态的合规监控，监督对象覆盖经营管理的全部内容。

二、合规文化（★）

合规文化建设是合规风险管理的一部分，也是企业文化建设的组成部分。基金管理人是典型的风险管理型企业，基金的经营活动始终与风险相伴。所有员工都须职业谨慎、具有诚信正直的个人品行以及良好的风险意识和行为规范。

基金管理人的合规文化建设需要管理层亲自参与和重视，所有员工包括高层管理人员在开展业务时都应遵守法律、规则和相关的标准。同时，通过各种文化活动，形成自觉合规的文化环境。

加强合规文化建设，基金管理人还应注意以下四个方面。

（1）基金管理人管理层对合规文化建设工作足够重视。公司领导应将合规文化建设同经营效益一齐抓。经理层要带头践行合规文化，把合规理念转化为合规行动，把合规行动升华为合规文化,把合规文化打造成为合规价值。

(2) 加强合规管理部门与业务部、监察稽核部等各部门之间的信息交流和良好的互动性,实现资源共享。业务部门应主动寻求合规部门的支持和帮助。合规部门在分析评估风险信息后,向业务部门提供建设性的意见。

(3) 有效落实合规考核机制。将合规考核结果与绩效、竞聘相结合,落实奖惩政策,使全体员工对合规考核心生畏惧,进而自觉遵守规章制度,按规矩办事。

(4) 积极推行全员合规理念,加强合规文化思想教育。在建设合规文化时,要充分发挥员工的主观能动性,全员参与各负其责,将合规理念贯穿到各操作环节和每笔业务中,逐步形成合规团队文化。

三、合规政策(★)

(一) 合规政策含义

合规政策是基金管理人体现合规理念、培育合规文化、实现合规目标的纲领性、指导性的文件,对基金管理人开展合规工作提出了原则性要求。

(二) 合规政策的制定

基金管理人的高级管理层负责制定书面的合规政策,并根据合规风险管理状况和法律、规则和准则的变化适时修订合规政策,报经董事会审议批准后传达给全体员工定期评价各项合规政策和执行状况。

对合规管理职能的有关事项的规定至少应包括如下内容。

(1) 合规管理部门的功能和职责。

(2) 合规管理部门的权限,包括享有与基金管理人任何员工进行沟通并获取履行职责所需的任何记录或档案材料的权利等。

(3) 合规负责人的合规管理职责。

(4) 保证合规负责人和合规管理部门独立性的各项措施,包括确保合规负责人和合规管理人员的合规管理职责与其承担的任何其他职责之间不产生利益冲突等。

(5) 合规管理部门与其他部门之间的协作关系。

(6) 设立业务条线和分支机构合规管理部门的原则。

(三) 合规政策的落实

(1) 公司经理层负责贯彻执行合规政策,确保发现违规事件时及时采取适当的纠正措施,并追究违规责任人的相应责任。

(2) 各业务部门应当遵循公司合规政策,研究制定本部门或业务单元业务决策和运作的各项制度流程并组织实施,定期对本部门的合规风险进行评估,对其合规管理的有效性负责。

(3) 合规与风险控制部为合规风险的日常管理部门,主要负责识别、评估和监控基金管理人面临的合规风险,并向高级管理层和董事会提出合规建议和报告。

 若发现重大的合规问题,管理层必须立即向董事会汇报。

【例题】对基金管理人开展合规工作提出了原则性要求的是( )。
A. 公司章程
B. 合规文化
C. 基金合同
D. 合规政策

【解析】本题考查合规政策。按照合规政策的有关概念,合规政策是基金管理人体现合规理念、培育合规文化、实现合规目标的纲领性、指导性的文件,对基金管理人开展合规工作提出了原则性要求。

【答案】D

四、合规审核(★)

合规审核是基金管理人的内部合规管理

活动，目标是把外部监督可能发现的问题及时在内部发现，并进行有效的处理，将公司可能受到的处罚降到最低。

一般来说，合规审核包含的程序有：制定合规审核机制、合规审核调查和合规审核评价。

（一）制定合规审核机制

基金管理人在开展合规工作，须制定合规审核计划，列出审核的目标、步骤及流程。审核一旦开始，不能随意变更计划。一旦扩大审核工作规模，也须及时修正审核机制。

（二）合规审核调查

基金管理人在公司内部开展合规审核时，可能面临内部人员不配合、刻意隐瞒实情等情况。这时就需要合规部门人员进行合规审核调查。调查需要利用包括数据分析技术在内的先进技术，但审核调查的手段不能干扰公司的日常业务运作。

（三）合规审核评价

合规审核工作须进行阶段性的评估。这种评估可以引入第三方评估，并将合规审核评价作为下一次制订审核计划的重要依据。同时，对审核人员的工作绩效也能起到评价作用，以便改进合规部门的工作。

【例题】下列选项不属于合规审核程序的是（　　）。
A. 合规审核评价
B. 合规审核调查
C. 合规审核处理
D. 制定合规审核机制

【解析】本题考查合规审查。一般来说，合规审核包含的程序有：制定合规审核机制、合规审核调查和合规审核评价。

【答案】C

五、合规检查（★）

合规检查主要是检查制度、程序和流程的执行情况。无论是基金公司的财务管理、治理结构，或者投资管理，每项检查内容都有专门的法律、法规及公司制度进行规范。合规检查主要看业务部门是否落实这些法律、法规和公司制度。

一般而言，基金管理人合规部门的合规检查包括如下几点。

（1）公司是否独立运作。股东会、董事会、监事会是否有效制衡；董事、监事是否按照相关的法律、法规和公司章程履行职责，特别是独立董事是否独立、客观、公正地发表意见；公司相关会议的原始记录及会议纪要是否真实、准确、完整，是否按规定存档。

（2）公平交易制度的建设及执行情况。检查公平交易分析的方法及其有效性，是否有违反公平交易的行为；公司管理的不同性质基金账户之间，是否遵循公平交易原则。

（3）重大关联交易的执行情况，检查基金管理人运用基金财产买卖基金管理人、基金托管人及其控股股东、实际控制人或者与其有其他重大利害关系的公司发行的证券或承销期内承销的证券，或者从事其他重大关联交易，是否遵循基金份额持有人利益优先的原则，是否存在利益输送，是否履行信息披露义务等。

（4）公司员工特别是投资、研究人员及其配偶、利害关系人的证券投资活动管理制度是否健全有效，是否存在利用基金未公开信息获取利益的情况。

（5）基金公司进行投资决策的依据，以及公司的规定和投资决策流程是否有被突破。例如按照规定，每家公司基金经理的权限都有一定的授权，在实际操作时，基金经理的授权是否有被突破，基金经理的买卖是否突破了股票库的管理。

（6）风险管理制度是否涵盖不同风险控制环节。是否涵盖对各类产品、业务的各类风险的管理；是否涵盖基金运作及公司日常管理主要的业务风险，特别是投资风险、后台运营风险和信息技术系统风险等；是否建立有效的子公司业务风险管理制度和母子公司业务防火墙制度、关联交易制度等，防范可能出现的风险传递、利益冲突和利益输送。

六、合规培训（★）

进行合规培训管理，通过一套完善的系统监控、跟踪和评估流程，保证员工能符合国家的法律和法规、公司最新的合规政策以及流程规范等，从而有效降低运作风险。使合规培训最终成为基金管理人降低成本的关键。

基金管理人合规培训的具体内容包括：

（1）国家制定颁布的与基金行业有关的法律法规；

（2）公司内部的员工守则和各项业务的合规制度；

（3）案例警示教育。

名师点拨 培训内容涉及风险管理指引、风险管理经验、基金公司及子公司内控评价，以及相关案例讲解等，也包括了解公司管理层的合规要求及经理层合规要求等。

七、合规投诉处理（★）

正确进行投诉处理，是合规管理中的重要项目。合规部门须收集事实、准确调查数据，以便确认问题。

对基金管理人的投诉集中在基金业绩不理想、销售服务质量较差等方面。大多数的基金公司都建立了客户投诉的管理办法等制度，建立了完整的投诉处理流程，明确了客服中心负责受理通过来访、电话、传真、网络、信函等方式的投诉，区分普通投诉与重大投诉，规定了相关处理的权限范围、流程与时限等。

第四节 合规风险

考情分析：本节主要介绍合规风险的概念、种类，以及投资合规性风险、销售合规性风险、信息披露合规性风险和反洗钱合规性风险的概念和主要管理措施。本节属于重点章节，全部内容都需要进行深入理解。近年考试中涉及本节的考题有1~2道。

学习建议：充分认识和理解本节的四项合规风险，能判断管理措施所对应的风险种类。可以通过归纳、对比的方式掌握各项风险的概念。

一、合规风险及其种类（★★）

（一）合规风险含义

合规风险是指因公司及员工违反法律法规、基金合同和公司内部规章制度等，从而导致公司可能遭受法律制裁、监管处罚、重大财务损失和声誉损失的风险。

（二）合规风险的种类

合规风险的主要种类包括投资合规性风险、销售合规性风险、信息披露合规性风险和反洗钱合规性风险。

不能简单地将合规风险视同为操作风险、声誉风险及道德风险。绝大多数情况下，合规风险发生在基金管理人的制度决策层面和各级管理人员身上，往往预示制度缺陷和治理结构缺失。因此，合规风险管理是基金管理人全面风险管理体系的重要组成部分。

知识拓展 声誉风险是指由于基金管理人的经营、管理及其他行为或外部事件，导致利益相关方对公司形成负面评价的风险；道德风险是指基金管理人的员工为谋求私利故意采取不利于公司和行业的行为，从而导致的风险。

二、投资合规性风险（★★）

（一）投资合规性风险的含义

投资合规性风险是指基金管理人投资业务人员违反相关法律法规和公司内部规章带

来的处罚和损失风险。

（二）风险表现和管理措施

投资业务是基金管理人的核心业务，投资运作部门在基金管理人的内部组织体系中具有特殊的地位。投资合规性风险的表现和主要管理措施如表12-3所示。

表12-3 投资合规性风险

项目	内容
风险表现	（1）基金管理投资合规性风险涉及基金管理人未按法规及基金合同规定建立和管理投资对象备选库 （2）基金管理人利用基金财产为基金份额持有人以外的第三人牟取利益 （3）利用因职务便利获取的内幕信息以外的其他未公开信息，从事或者明示、暗示他人相关交易活动，运用基金财产从事操纵证券交易价格及其他不正当的证券交易活动 （4）不公平对待不同投资组合，直接或者通过与第三方的交易安排在不同投资组合之间进行利益输送 （5）基金收益分配违规失信以及公司内控薄弱、从业人员未勤勉尽责，导致基金操作失误等风险事件
管理措施	根据《基金管理公司风险管理指引（试行）》，投资合规性风险管理的主要措施有： （1）建立有效的投资流程和投资授权制度 （2）通过在交易系统中设置风险参数，对投资的合规风险进行自动控制，对于无法在交易系统自动控制的投资合规限制，应通过加强手工监控、多人复核等措施予以控制 （3）重点监控投资组合投资中是否存在内幕交易、利益输送和不公平对待不同投资者等行为 （4）对交易异常行为进行定义，并通过事后评估对基金经理、交易员和其他人员的交易行为（包括交易价格、交易品种、交易对手、交易频度、交易时机等）进行监控，加强对异常交易的跟踪、监测和分析 （5）每日跟踪评估投资比例、投资范围等合规性指标执行情况，确保投资组合投资的合规性指标符合法律法规和基金合同的规定 （6）关注估值政策和估值方法隐含的风险，定期评估第三方估值服务机构的估值质量，对于以摊余成本法估值的资产，应特别关注影子价格及两者的偏差带来的风险，进行情景压力测试并及时制定风险管理情景应对方案

【例题】基金管理人利用基金财产为基金份额持有人以外的第三人牟取利益，属于（　　）风险。

A．销售合规性风险
B．反洗钱合规性风险
C．投资合规性风险
D．信息披露合规性风险

【解析】本题考查投资合规性风险。投资合规性风险是指基金管理人投资业务人员违反相关法律法规和公司内部规章带来的处罚和损失风险。其风险表现之一就是，基金管理人利用基金财产为基金份额持有人以外的第三人牟取利益。

【答案】C

三、销售合规性风险（★★）

销售环节是基金市场竞争的核心，业务人员为了提高销售业绩、争抢客户，违反相关法律法规和公司规章，为基金管理人带来处罚和声誉损失的风险，称为销售合规性风险。

根据相关规定，销售合规性风险管理有以下主要措施。

（1）对宣传推介材料进行合规审核。

（2）对销售协议的签订进行合规审核，对销售机构签约前进行审慎调查，严格选择合作的基金销售机构。

（3）制定适当的销售政策和监督措施，防范销售人员违法违规和违反职业操守。

（4）加强销售行为的规范和监督，防止延时交易、商业贿赂、误导、欺诈和不公平对待投资者等违法违规行为的发生。

四、信息披露合规性风险（★★）

信息披露合规性风险是指基金管理人在信息披露过程中，违反相关法律法规和公司规章，对基金投资者形成了误导或对基金行业造成了不良声誉，受到处罚和声誉损失的风险。

根据相关规定，信息披露合规性风险管理主要措施有如下两种。

（1）建立信息披露风险责任制，将应披露的信息落实到各相关部门，并明确其对提供的信息的真实、准确、完整和及时性负全部责任。

（2）信息披露前应经过必要的合规性审查。

五、反洗钱合规性风险（★★）

反洗钱合规性风险是基金管理人违反相关法律法规和公司内部规章，违反公平交易原则，利用不同身份账户进行非法资金转移，受到相关处罚和损失的风险。基金管理人是资本市场反洗钱的主要金融机构。

根据相关规定，反洗钱合规性风险管理措施主要有如下几种。

（1）建立风险导向的反洗钱防控体系，合理配置资源。

（2）制定严格有效的开户流程，规范对客户的身份认证和授权资格的认定，对有关客户的身份证明材料予以保存。

（3）从严监控客户核心资料信息修改、非交易过户和异户资金划转。

（4）严格遵守资金清算制度，对现金支付进行控制和监控。

（5）建立符合行业特征的客户风险识别和可疑交易分析机制。

过关测试题

1. 基金管理公司督察长履行职责的范围是（　　）。
A. 仅负责基金投资运作的所有环节
B. 仅负责公司份额登记的所有环节
C. 仅负责公司稽核部的人员设置及业务管理
D. 基金及公司运作的所有业务环节

2. 下列关于经理层人员，说法错误的是（　　）。
A. 经理层人员应当熟悉相关法律、行政法规及中国证监会的监管要求，依法合规、勤勉、审慎地行使职权，促进基金财产的高效运作，为基金份额持有人谋求最大利益
B. 经理层人员应当维护公司的统一性和完整性，在其职权范围内对公司经营活动进行独立、自主决策，不受他人干预，不得将其经营管理权让渡给股东或者其他机构和人员
C. 经理层人员应当构建公司自身的企业文化，保持公司内部机构和人员责任体系、报告路径的清晰、完整，不得违反规定的报告路径，防止在内部责任体系、报告路径和内部员工之间出现割裂的情况
D. 经理层人员应当区别对待公司管理的不同基金财产和客户资产，可以在不同基金财产之间、基金财产与委托资产之间进行利益输送

3. 关于投资合规性风险管理主要措施，说法不正确的是（　　）。
A. 对宣传推介材料进行合规审查
B. 建立有效的投资流程和投资授权制度
C. 通过在交易系统中设置风险参数，对投资的合规风险进行自动控制
D. 重点监控投资组合投资中是否存在内幕交易、利益输送和不公平对待不同投资者等行为

4. 合规管理部门对（　　）负责。
   A. 董事会
   B. 监事会
   C. 总经理
   D. 督察长

5. 下列属于合规管理的基本原则的是（　　）。
   Ⅰ. 独立性原则
   Ⅱ. 客观性原则
   Ⅲ. 公正性原则
   Ⅳ. 协调性原则
   A. Ⅰ、Ⅱ
   B. Ⅱ、Ⅲ、Ⅳ
   C. Ⅰ、Ⅲ、Ⅳ
   D. Ⅰ、Ⅱ、Ⅲ、Ⅳ

6. 关注公司资产是否安全完整，是否出现被抽逃、挪用、违规担保、冻结等情况，应当属于（　　）的职责。
   A. 合规管理部门
   B. 管理层
   C. 督察长
   D. 监事会

7. 下列选项中，属于基金管理人进行合规管理时应当遵循的有关准则的是（　　）。
   Ⅰ. 基金业协会和证券业协会等自律性组织制定的适用于全行业的规范、标准、惯例等
   Ⅱ. 立法机关和证监会发布的基本法律规则
   Ⅲ. 公司章程以及企业的各种内部规章制度
   Ⅳ. 应当遵守的诚实、守信的职业道德
   A. Ⅰ、Ⅱ、Ⅲ
   B. Ⅱ、Ⅲ
   C. Ⅰ、Ⅳ
   D. Ⅰ、Ⅱ、Ⅲ、Ⅳ

8. （　　）是指合规人员核查业务部门时，应坚持采用统一标准来对违规行为风险进行评估、报告。
   A. 专业性原则
   B. 协调性原则
   C. 客观性原则
   D. 公正性原则

9. 基金管理人可设总经理（　　），副总经理（　　）。
   A. 一人；若干人
   B. 若干人；一人
   C. 两人；若干人
   D. 若干人；两人

10. 董事会对公司的合规管理承担最终责任，履行的合规职责不包括（　　）。
    A. 审议批准合规政策，监督合规政策的实施，并对实施情况进行年度评估
    B. 审议批准公司季度合规报告，对季度合规报告中反映的问题，采取措施解决
    C. 根据总经理提名决定合规负责人的聘任、解聘及薪酬事项
    D. 决定公司合规管理部门的设置及其职能

11. 根据监管规则和基金公司内部控制和防范合规风险的要求，在基金公司内部建立和完善合规风险管理的体制机制，建立独立的合规部门，鼓励和保障合规部门独立发表合规管理意见的意义不包括（　　）。
    A. 能够更好地履行合规风险管理的职能
    B. 使法律规则和监管部门的监管规则及监管意图在基金公司得到全面有效地贯彻落实
    C. 避免基金管理人遭受法律制裁或监管处罚
    D. 避免基金持有人遭受重大财务损失或声誉损失的风险

12. 制定严格有效的开户流程，规范对客户的身份认证和授权资格的认定，对有关客户的身份证明材料予以保存。上述内容属于（　　）的主要管理措施。
    A. 投资合规性风险
    B. 销售合规性风险

C. 信息披露合规性风险
D. 反洗钱合规性风险

13. 下列选项不属于合规风险的是（   ）。
   A. 审核合规性风险
   B. 销售合规性风险
   C. 反洗钱合规性风险
   D. 信息披露合规性风险

14. 不属于基金管理人合规管理目标的是（   ）。
   A. 实现对合规风险的有效识别和管理
   B. 建立适当的合规管理部门明确授权
   C. 建立健全基金管理人合规风险管理体系
   D. 促进基金管理人全面风险管理体系的建设

15. （   ）主要是指合规部门和督察长在基金公司组织体系中应当有独立地位，合规管理应当独立于其他各项业务经营活动。
   A. 专业性原则
   B. 公正性原则
   C. 主观性原则
   D. 独立性原则

16. 基金管理人的合规政策应明确所有员工和业务条线需要遵守的基本原则，以及识别和管理合规风险的主要程序，内容不包括（   ）。
   A. 合规管理部门的功能和职责
   B. 合规管理部门的权限
   C. 合规负责人的合规管理职责
   D. 合规管理部门的薪资待遇

17. 下列关于合规投诉处理的说法错误的是（   ）。

   A. 正确处理投诉是合规管理中的重要项目
   B. 客服中心受理的投诉方式不包括信函
   C. 投诉集中在基金业绩不理想、销售服务质量较差等方面
   D. 合规部门须收集事实和调查准确数据以便确认问题

18. 董事会对公司的合规管理承担最终责任，履行的合规职责不包括（   ）。
   A. 审议批准合规政策，监督合规政策的实施，并对实施情况进行年度评估
   B. 审议批准公司季度合规报告，对季度合规报告中反映的问题，采取措施解决
   C. 根据总经理提名决定合规负责人的聘任、解聘及薪酬事项
   D. 决定公司合规管理部门的设置及职能

19. 当公司董事、总经理和其他高级管理人员的行为损害公司的利益时，要求其予以纠正，这是属于（   ）的职责。
   A. 业务部门
   B. 监事会
   C. 督察长
   D. 管理层

20. 合规人员应当正确处理与公司其他部门及监管部门的关系，努力形成公司的合规合力，避免内部消耗。这属于合规管理的（   ）。
   A. 独立性原则
   B. 客观性原则
   C. 专业性原则
   D. 协调性原则

过关测试题参考答案及解析

第一章 金融、资产管理与投资基金

1. C【解析】本题考查资本市场的内涵。资本市场是融资期限在1年以上的金融市场。

2. D【解析】本题考查资产管理的特征。资产管理具有的特征是从参与方来看，资产管理包括委托方和受托方，委托方为投资者；从受托资产来看，主要为货币等金融资产；从管理方式来看，资产管理主要通过投资于银行存款、证券、期货、基金、保险或实体企业股权等资产实现增值。

3. A【解析】本题考查金融市场中交易的组织方式。按照金融工具交易时采取的形式，主要有以下三种组织方式：①有固定场所的组织、有制度、集中进行交易的方式，如交易所交易方式；②在各金融机构柜台上买卖双方进行面议的、分散交易的方式，如柜台交易方式；③电信网络交易方式，即没有固定场所，交易双方也不直接接触，主要借助电子通信或互联网络技术手段来完成交易的方式。

4. C【解析】本题考查居民理财的方式。理财是对财务进行管理，以实现财产的保值、增值。目前，居民理财的主要方式是货币储蓄与投资两类。

5. D【解析】本题考查金融市场中金融工具的内涵。金融工具是金融市场上进行交易的载体。金融工具最初被称为信用工具，它是证明债权债务关系并据以进行货币资金交易的合法凭证。

6. D【解析】本题考查金融市场的构成。与商品市场一样，一个完整的金融市场需要有一些必备的市场要素。金融市场有以下几个主要构成要素：①市场参与者；②金融工具；③金融交易的组织方式。

7. B【解析】本题考查金融资产的分类。金融资产是代表未来收益或资产合法要求权的凭证，标示了明确的价值，表明了交易双方的所有权关系和债权关系。一般分为债权类金融资产和股权类金融资产两类。债权类金融资产以票据、债券等契约型投资工具为主，股权类金融资产以各类股票为主。

8. C【解析】本题考查金融几个的特征。金融市场的参与者主要包括政府、中央银行、金融机构、个人和企业居民。其中，金融机构的作用较为特殊。首先，它是金融市场上最重要的中介机构，是储蓄转化为投资的重要渠道。其次，金融机构在金融市场上充当资金的供给者、需求者和中间人等多重角色，它既发行、创造金融工具，也在市场上购买各类金融工具；既是金融市场的中介人，也是金融市场的投资者、货币政策的传递者和承受者。金融机构作为机构投资者在金融市场具有支配性的作用。

9. B【解析】本题考查投资基金的属性。投资基金主要是一种间接投资工具。

10. D【解析】本题考查金融市场分类中的金融工具。衍生金融工具在金融交易中具有套期保值、防范风险的作用。

第二章 证券投资基金概述

1. B【解析】本题考查证券投资基金的特点。证券投资基金是一种组合投资、专业管理、利益共享、风险共担的集合投资。

2. B【解析】本题考查证券投资基金的概念与特点。为切实保护投资者的利益，增强投资者对基金投资的信心，各国（地区）基金监管机构都对证券投资基金业实行严格的监管，对各种有损于投资者利益的行为进行严厉的打击，并强制基金进行及时、准确、充分的信息披露。

3. C【解析】本题考查证券投资基金的运作与参与主体。基金估值核算是指基金会计核算、估值及相关信息披露等业务活动。

4. A【解析】本题考查证开放式基金的价格形成方式。开放式基金的买卖价格以基金单位资产净值为基础，不受市场供求的影响。封闭式基金的交易价格受二级市场供求关系的影响。

5. A【解析】本题考查我国证券投资基金业的发展历程。2003年10月28日，十届全国人大常委会第五次会议审议通过了《中华人民共和国证券投资基金法》。

6. B【解析】本题考查证券投资基金的特点。通常情况下，股票价格的波动性较大，是一种高风险、高收益的投资品种；债券可以给投资者带来较为确定的利息收入，波动性也较股票要小，是一种低风险、低收益的投资品种；基金的投资收益和风险取决于基金种类以及其投资的对象，总体来说由于基金可以投资于众多金融工具或产品，能有效分散风险，是一种风险相对适中、收益相对稳健的投资品种。

7. D【解析】本题考查证券投资基金的发展历程。基金发展线索主要有以下几种：①基金业的主管机构从中国人民银行过渡为中国证监会；②基金的监管法规从地方行政法规起步，到国务院证券委员会出台行政条例，再到全国人民代表大会通过并修订《证券投资基金法》，中国证监会根据基金法制定一系列配套规则；③基金市场的主流品种从不规范的"老基金"，到封闭式基金，再到开放式基金，乃至各类基金创新产品纷纷出现；④随着居民财产收入的增加和理财意识的觉醒，中国百姓对证券投资基金从不熟悉到熟悉，投资基金逐渐成为人们选择家庭金融理财工具时的主要对象。

8. A【解析】本题考查证券投资基金在金融体系中的地位和作用。证券投资基金具有优化金融机构、促进经济增长的作用，是通过扩大直接融资比例来实现的。对所投资证券进行深入研究有利于促进信息的利用与传播，最终有利于稳定证券市场。

9. D【解析】本题考查证券投资基金市场的参与主体。其主体分为基金当事人、基金市场服务机构、基金监管机构和自律组织三大类。

10. C【解析】本题考查封闭式基金的交易价格的形成方式。其价格主要受二级市场供求关系的影响。当需求旺盛时，封闭式基金二级市场的交易价格会超过基金份额净值出现溢价交易现象；反之，当需求低迷时，交易价格会低于基金份额净值出现折价交易现象。

11. A【解析】本题考查证券投资基金的法律形式和运作方式。证券投资基金依据法律形式的不同，基金可分为契约型基金与公司型基金。目前，我国的证券投资基金均为契约型基金，公司型基金则以美国的投资公司为代表。

12. D【解析】本题考查证券投资基金的称谓。各国或地区对投资基金的称谓各不相同，证券投资基金在美国被称为"共同基金"；在英国和中国香港特别行政区被称为"单位信托基金"；在欧洲一些国家被称为"集合投资基金"或"集合投资计划";在日本和中国台湾地区被称为"证券投资信托基金"。

13. D【解析】本题考查证券投资基金的参与主体。我国的证券投资基金依据基金合同设立,基金份额持有人、基金管理人与基金托管人是基金合同的当事人,简称基金当事人。

14. B【解析】本题考查证券投资基金的参与主体。基金管理人和基金托管人既是基金当事人,又是基金市场的主要服务机构。

15. B【解析】本题考查证券投资基金的特点。其特点有:①集合理财、专业管理;②组合投资、分散风险;③利益共享、风险共担;④严格监管、信息透明;⑤独立托管、保障安全。

16. A【解析】本题考查证券投资基金的监管机构和自律组织。中国证券投资基金业协会成立于2012年6月7日。

17. C【解析】本题考查封闭式基金与开放式基金的区别。封闭式基金是指基金份额在基金合同期限内固定不变,基金份额可以在依法设立的证券交易所交易,但基金份额持有人不得申请赎回的一种基金运作方式。封闭式基金一般有一个固定的存续期。封闭式基金份额在证券交易所上市交易。

18. B【解析】本题考查证券投资基金的特点。为基金提供服务的基金托管人、基金管理人一般按基金合同的规定从基金资产中收取一定比例的托管费、管理费,并不参与基金收益的分配。

19. A【解析】本题考查证券投资基金运作方式。根据不同的运作方式,可以将基金分为封闭式和开放式基金。

20. C【解析】本题考查契约型基金的运作方式。契约型基金的投资者对基金的重要投资决策通常不具有发言权。

第三章 证券投资基金的类型

1. C【解析】本题考查伞形基金的特点。系列基金又称为伞形基金,是指多个基金共用一个基金合同,子基金独立运作,子基金之间可以进行相互转换的一种基金结构形式。从基金公司管理的角度看,采取伞形结构比单一结构具有优势,表现在以下两个方面:简化管理、降低成本,强大的扩张功能。

2. C【解析】本题考查货币市场基金禁止投资的范围。货币市场基金不得投资于可转换债券。

3. A【解析】本题考查增长型基金的含义。增长型基金是指以追求资本增值为基本目标的基金,主要以具有良好增长潜力的股票为投资对象。

4. D【解析】本题考查保本基金的内容。关于保本基金风险投资额,风险资产投资额 = 放大倍数 × 安全垫,风险资产投资额 = 放大倍数 ×(投资组合现时净值 − 价值底线),风险资产投资比例 = 风险资产投资额 ÷ 基金净值。

5. B【解析】本题考查各类基金的投资风格和风险。基金投资人的风险承受能力类型至少包括以下三个类型:保守型、稳健型、积极型。股票基金的风险较高,但预期收益也较高,因此,积极型的投资者一般会选择股票型基金。

6. C【解析】本题考查货币市场基金特点。货币市场基金具有风险低、流动性好的特点。货币市场基金是厌恶风险、对资产流动性和安全性要求较高的投资者进行短期投资的理想工具,或是暂时存放现金的理想场所。需要注意的是,货币市场基金的长期收益率较低,并不适合长期投资。

7. B【解析】本题考查货币市场特点。货币市场工具通常是指到期日不足1年的短期金融工具。货币市场与股票市场的一个主要区别在于货币市场进入门槛很高，很大程度上限制了一般投资者的进入。

8. C【解析】本题考查股票按规模分类的类型。对股票规模的划分并不严格，通常有两种划分方法。一种方法是依据市值的绝对值进行划分。如通常将超过 20 亿元人民币的公司归为大盘股。另一种方法是依据相对规模进行划分。如将一个市场的全部上市公司按市值大小排名：市值较小、累计市值占市场总市值 20% 以下的公司归为小盘股；市值排名靠前、累计市值占市场总市值 50% 以上的公司为大盘股。

9. C【解析】本题考查 ETF 的特点。ETF 本质上是一种指数基金，因此对 ETF 的需求主要体现在对指数产品的需求上。当同一商品在不同市场上价格不一致时就会存在套利交易。具体而言，当二级市场 ETF 交易价格低于其份额净值，即发生折价交易时，大的投资者可以通过在二级市场低价买进 ETF，然后在一级市场赎回（高价卖出）份额，再于二级市场上卖掉股票而实现套利交易。相反，当二级市场 ETF 交易价格高于其份额净值，即发生溢价交易时，大的投资者可以在二级市场买进一篮子股票，于一级市场按份额净值转换为 ETF（相当于低价买入 ETF）份额，再于二级市场上高价卖掉 ETF 而实现套利交易。

10. C【解析】本题考查特殊类型基金的含义。根据投资对象可以将基金分为股票基金、债券基金、货币市场基金和混合基金等。80% 以上的基金资产投资于其他基金份额的，为基金中的基金。

11. C【解析】本题考查 ETF 的特点。ETF 具有下列三大特点：①被动操作的指数基金；②独特的实物申购、赎回机制，ETF 有"最小申购、赎回份额"的规定，只有资金达到一定规模的投资者才能参与 ETF 一级市场的实物申购、赎回；③实行一级市场与二级市场并存的交易制度。

12. D【解析】本题考查货币市场基金的特点。与其他类型基金相比，货币市场基金具有风险低、流动性好的特点。货币市场基金是厌恶风险、对资产流动性和安全性要求较高的投资者进行短期投资的理想工具，或是暂时存放现金的理想场所。需要注意的是，货币市场基金的长期收益率较低，并不适合长期投资。货币市场工具通常指到期日不足 1 年的短期金融工具。由于货币市场工具到期日非常短，因此也称为现金投资工具。货币市场工具通常由政府、金融机构以及信誉卓著的大型工商企业发行。货币市场工具流动性好、安全性高，但其收益率与其他证券相比则非常低。

13. C【解析】本题考查保本基金的保本策略。对冲保险策略主要是依赖金融衍生产品。如股票期权、股指期货等，实现投资组合价值的保本与增值。

14. D【解析】本题考查指数基金的含义。根据投资理念可以将基金分为主动型基金与被动（指数）型基金。主动型基金是一类力图取得超越基准组合表现的基金。与主动型基金不同，被动型基金并不主动寻求取得超越市场的表现，而是试图复制指数的表现。被动型基金一般选取特定的指数作为跟踪的对象，因此通常又被称为指数型基金。

15. B【解析】本题考查债券分类。根据风险高低划分将债券分为高风险债券和低风险债券等。

16. C【解析】本题考查证券投资基金的分类标准和分类。根据法律形式可以将证券投资基金分为契约型基金、公司型基金等。

17. B【解析】本题考查 LOF 基金的含义及特征。上市开放式基金（LOF）是一种既可以在场外市场进行基金份额申购、赎回，又可以在交易所（场内市场）进行基金份额交易和基金份额申购或赎回的开放式基金。它是我国对证券投资基金的一种本土化创新。

18. C【解析】本题考查货币市场基金的特点。与其他类型基金相比，货币市场基金具有风险低、流动性好的特点。货币市场基金是厌恶风险、对资产流动性和安全性要求较高的投资者进行短期投资的理想工具，或是暂时存放现金的理想场所。

19. D【解析】本题考查 ETF 联接基金的特征。ETF 联接基金不能参与 ETF 套利，发展联接基金主要是为了做大指数基金的份额。通过银行渠道引进资金，推动指数化投资。

20. B【解析】本题考查保本基金的相关概念。保本基金的投资目标是在锁定风险的同时，力争获得潜在的高回报。

21. B【解析】本题考查基金分类的意义。对基金管理公司而言，基金业绩的比较应该在同一类别中进行才公平合理。

22. A【解析】本题考基金的不同分类。系列基金又称为伞形基金，是指多个基金共用一个基金合同，子基金独立运作，子基金之间可以进行相互转换的一种基金结构形式。

23. A【解析】本题考查 QDII 的概念。在境内募集资金可以进行境外证券投资的机构就被称为合格境内机构投资者。

24. B【解析】本题考查货币市场基金特征。货币市场基金的长期收益率较低，并不适合进行长期投资；货币市场基金不得投资于可转换债券；货币市场基金不得投资于剩余期限超过 397 天的债券。

25. B【解析】本题考查 ETF 的套利交易。投资者可以在 ETF 二级市场价格与基金净值之间进行套利交易，折价套利会导致 ETF 总份额的减少，溢价套利会导致 ETF 总份额的扩大。

第四章 证券投资基金的监管

1. D【解析】本题考查基金监管原则。基金监管的基本原则包括以下几个方面。①保障投资人利益原则：保障投资人利益原则是基金监管活动的目的和宗旨的集中体现，基金监管应以保障投资人即基金份额持有人的利益为首要目标。②适度监管原则：政府监管体现了政府对经济的干预。③高效监管原则：所谓高效监管，是指基金监管活动不仅要以价值最大化的方式实现基金监管的根本目标，而且还要通过基金监管活动促进基金行业的高效发展。④依法监管原则：市场经济是法治经济，政府干预也须依法进行。政府基金监管不是任意的行政行为，而是一种法律活动，它必须以法律为依据。⑤审慎监管原则。⑥公开、公平、公正监管原则：公开、公平、公正监管原则，也称"三公"原则，是证券市场活动以及证券监管的基本原则。基金特别是公开募集的基金是证券市场的重要参与元素之一，因此，证券市场的"三公"原则也同样适用于基金活动和基金监管。

2. A【解析】本题考查基金信息披露中的销售费用。基金销售机构办理基金销售业务，可以按照基金合同和招募说明书的约定向投资人收取认购费、申购费、赎回费、转换费和销售服务费等费用。基金销售机构收取基金销售费用的，应当符合中国证监会关于基金销售费用的有关规定。

3. D【解析】本题考查基金公开披露。按照规定披露基金信息不得有下列行为：①虚假记载、误导性陈述或者重大遗漏；②对证券投资业绩进行预测；③违规承诺收益或者承担损失；④诋毁其他基金管理人、基金托管人或者基金销售机构；⑤法律、行政法规和国务院证券监督管理机构规定禁止的其他行为。

4. C【解析】本题考查基金协会中的会员类别。按照相关规则，基金管理人和基金托管人加入协会为普通会员；基金服务机构加入协会为联席会员；证券期货交易所、登记结算机构、指数公司、地方基金业协会及其他资产管理相关机构加入协会为特别会员。

5. D【解析】本题考查基金经理的任职条件。按照规定，相关的任职条件如下：①取得基金从业资格；②通过中国证监会或者其授权机构组织的高级管理人员证券投资法律知识考试；③具有3年以上证券投资管理经历；④没有《公司法》《证券投资基金法》等法律、行政法规规定的不得担任公司董事、监事、经理和基金从业人员的情形；⑤最近3年没有受到证券、银行、工商和税务等行政管理部门的行政处罚。因此，D选项中的年限有误，应该是3年。

6. B【解析】本题考查基金份额持有人大会的召集。按照规定，代表基金份额10%以上的基金份额持有人就同一事项要求召开基金份额持有人大会，而基金份额持有人大会的日常机构、基金管理人、基金托管人都不召集的，代表基金份额10%以上的基金份额持有人有权自行召集，并报中国证监会备案。

7. C【解析】本题考查对基金托管人的监管。按照《证券投资基金法》的规定，基金托管人职责终止的，基金份额持有人大会应当在6个月内选任新基金托管人；新基金托管人产生前，由中国证监会指定临时基金托管人。

8. B【解析】本题考查基金监管体系中各机构的性质。中国证监会是政府基金监管机构，基金业协会是行业自律组织，证券交易所是证券市场自律管理者也是自律组织，因此选择B。

9. B【解析】本题考查政府监管机构的职责。为切实保护投资者的利益，增强投资者对基金投资的信心，各国（地区）基金监管机构都对证券投资基金业实行严格的监管，对各种有损于投资者利益的行为进行严厉的打击，并强制基金进行及时、准确、充分的信息披露。

10. B【解析】本题考查基金监管的法律法规依据。监管基金活动的部门规章和规范性文件主要有：《证券投资基金管理公司管理办法》《证券投资基金管理子公司管理暂行规定》《证券投资基金行业高级管理人员任职管理办法》《证券投资基金托管业务管理办法》《公开募集证券投资基金风险准备金监督管理暂行办法》《公开募集证券投资基金运作管理办法》《证券投资基金销售管理办法》《证券投资基金信息披露管理办法》《证券投资基金评价业务管理暂行办法》等。除B选项外，其他各项均属于自律规则。

11. C【解析】本题考查公募基金公司审批中的股东变更。按照规定，基金管理公司变更持有5%以上股权的股东，变更公司的实际控制人，或者变更其他重大事项，应当报经国务院证券监督管理机构批准。

12. D【解析】本题考查基金监管的基本原则，其内容有：①保障投资人利益原则；②适度监管原则；③高效监管原则；④依法监管原则；⑤审慎监管原则；⑥公开、公平、公正监管原则。

13. C【解析】本题考查基金管理人的从业资格。按照规定，基金管理人的从业人员是指基金管理人的董事、监事和高级管理人员，投资管理人员以及其他从业人员。对于从业人员的任职资格应高于一般公司的董事、监事和高级管理人员的要求，以防止道德风险，保护基金份额持有人的利益。

14. D【解析】本题考查公募基金合同包括的内容。按照规定，该合同应当包括：

①募集基金的目的和基金名称；②基金管理人、基金托管人的名称和住所；③基金的运作方式；④封闭式基金的基金份额总额和基金合同期限，或者开放式基金的最低募集份额总额；⑤确定基金份额发售日期、价格和费用的原则；⑥基金份额持有人、基金管理人和基金托管人的权利、义务；⑦基金份额持有人大会召集、议事及表决的程序和规则；⑧基金份额发售、交易、申购、赎回的程序、时间、地点、费用计算方式，以及给付赎回款项的时间和方式；⑨基金收益分配原则、执行方式；⑩基金管理人、基金托管人报酬的提取、支付方式与比例；⑪与基金财产管理、运用有关的其他费用的提取、支付方式；⑫基金财产的投资方向和投资限制；⑬基金资产净值的计算方法和公告方式；⑭基金募集未达到法定要求的处理方式；⑮基金合同解除和终止的事由、程序以及基金财产清算方式；⑯争议解决方式；⑰当事人约定的其他事项。

15. C【解析】本题考查对基金销售活动的监管。为了规范公开募集证券投资基金的销售活动，促进证券投资基金市场健康发展，2013年6月，证监会修订了《证券投资基金销售管理办法》。规定基金管理人可以办理其募集的基金产品的销售业务。

16. D【解析】本题考查私募基金的登记。按照规定，基金业协会应当在私募基金管理人登记材料齐备后的20个工作日内，通过网站公告私募基金管理人名单及其基本情况的方式，为私募基金管理人办结登记手续。网站公示的私募基金管理人基本情况包括私募基金管理人的名称、成立时间、登记时间、住所、联系方式、主要负责人等基本信息以及基本诚信信息。

17. C【解析】本题考查政府基金监管机构的法定职责。按照规定，证监会的职责包括制定基金活动监督管理的规章、规则，并行使审批、核准或者注册权；对基金管理人、基金托管人及其他机构从事基金活动进行监督管理，查处违法行为并公告；监督检查基金信息的披露情况。选项C属于证券基金机构监管部的主要职责。

18. B【解析】本题考查公募基金公司的设立条件。按照规定，设立管理公开募集基金的基金管理公司，应当具备下列条件。①有符合《证券投资基金法》和《中华人民共和国公司法》（以下简称《公司法》）规定的章程。②注册资本不低于1亿元人民币，且必须为实缴货币资本。③主要股东应当具有经营金融业务或者管理金融机构的良好业绩、良好的财务状况和社会信誉，资产规模达到国务院规定的标准，最近3年没有违法记录。④对基金管理公司持有5%以上股权的非主要股东，非主要股东为法人或者其他组织的，净资产不低于5000万元人民币，资产质量良好，内部监控制度完善；非主要股东为自然人的，个人金融资产不低于1000万元人民币，在境内外资产管理行业从业5年以上。⑤取得基金从业资格的人员达到法定人数。应当有符合法律、行政法规和中国证监会规定的拟任高级管理人员以及从事研究、投资、估值、营销等业务的人员，拟任高级管理人员、业务人员不少于15人，并应当取得基金从业资格。⑥董事、监事、高级管理人员具备相应的任职条件。担任公开募集基金的基金管理人的董事、监事、高级管理人员应当符合《证券投资基金法》规定的任职资格。⑦有符合要求的营业场所、安全防范设施和与基金管理业务有关的其他设施。⑧有良好的内部治理结构、完善的内部稽核监控制度、风险控制制度。⑨法律、行政法规规定的和经国务院批准的中国证监会规定的其他条件。

19. C【解析】本题考查对基金宣传推介的监管。按照规定，报送内容包括基金宣传推介材料的形式和用途说明、基金宣传推介材料、基金管理公司督察长出具的合规意见书、基金托管银行出具的基金业绩复核函或基金定期报告中相关内容的复印件，以及有关获奖证明的复印件。基金管理公司或基金代销机构负责基金营销业务的高级管理人员也应当对基金宣传推介材料的合规性进行复核并出具复核意见。

20. C【解析】本题考查证监会对基金托管人的监管措施。按照《证券投资基金法》，中国证监会、中国银监会对有下列情形之一的基金托管人，可以取消其基金托管资格：①连续3年没有开展基金托管业务的；②违反《证券投资基金法》规定，情节严重的；③法律、行政法规规定的情形。

第五章 基金职业道德

1. D【解析】本题考查基金职业道德修养的含义。具体来说，基金职业道德修养是指基金从业人员通过主动自觉的自我学习、自我改造、自我完善，将基金职业道德外在的职业行为规范内化为内在的职业道德情感、认知和信念，使自己形成良好的职业道德品质和达到一定的职业道德境界。

2. D【解析】本题考查基金职业道德的内容。其内容主要包括：守法合规、诚实守信、专业审慎、客户至上、忠诚尽责和保守秘密。

3. A【解析】本题考查职业道德的特征。职业道德相比于一般社会道德以及其他领域的道德，具有规范性更强的特征。所谓规范性，是指具有完整的规范结构和有保证的约束力。就像法律规范一样，由假定、处理和制裁构成，违法行为要承担相应的法律后果。

4. D【解析】本题考查道德与法律的区别。道德与法律是社会行为规范最主要的两种形式，二者既有区别又有联系。道德与法律的区别：①表现形式不同；②内容结构不同；③调整范围不同；④调整手段不同。调整对象不同不属于道德与法律的区别。

5. D【解析】本题考查基金职业道德规范中审慎执业的要求。按照相关要求，基金从业人员应当记载和保留适当的记录，以支持投资分析、建议、行动等相关事项。

6. A【解析】本题考查基金道德素养的方法。基金职业道德教育是指根据基金行业工作的特点，有目的、有计划、有组织地对基金从业人员施行的职业道德影响，促成基金职业道德品质，正确履行基金职业道德义务的教育活动，是提高从业人员职业道德素养的基本手段。

7. B【解析】本题考查道德和法律的联系。道德与法律的目的一致。道德和法律都是行为规范，都是重要的社会调控手段。两者都属于上层建筑范畴，都为一定的社会经济基础服务。

8. B【解析】本题考查职业道德的作用。具体作用包括，调整职业关系，提升职业素质和促进行业发展。

9. D【解析】本题考查守法合规的含义。守法合规中的"法"和"规"，除了包括宪法、刑法、民法等所有公民都需要遵守的法律外，主要是指规范证券投资基金领域的法律、行政法规、部门规章，还包括基金行业自律性规则以及基金从业人员所在机构的章程、内部规章制度、工作规程、纪律等行为规范。

10. D【解析】本题考查道德的特征。具体特征有：①道德具有差异性；②道德具有继承性；③道德具有约束性；④道德具有具体性。

第六章 基金的募集、交易与登记

1. C【解析】本题考查开放式基金的赎回费。目前对于一般的股票型和混合型基金赎回费归基金财产的比例有以下规定：不收取销售服务费的，对持续持有期少于7日的投资人收取不低于1.5%的赎回费，对持续持有期少于30日的投资人收取不低于0.75%的赎回费，并将上述赎回费全额计入基金财产。

2. D【解析】本题考查QDII基金份额的认购。其认购程序与一般开放式基金基本相同，主要包括开户、认购、确认三个步骤。

3. B【解析】本题考查基金份额的发售。按照有关要求，由基金管理人负责办理。基金管理人一般会选择证券公司组成承销团代理基金份额的发售。基金管理人应当在基金份额发售的3日前公布招募说明书、基金合同及其他有关文件。

4. B【解析】本题考查开放式基金申购和赎回登记。一般而言，投资者申购开放式基金成功后，登记机构会在T+1日为投资者办理增加权益的登记手续。投资者自T+2日起有权赎回该部分基金份额。

5. B【解析】本题考查基金的认购费率。目前，我国股票型基金的认购费率一般按照认购金额设置不同的费率标准，最高一般不超过1.5%，债券型基金的认购费率通常在1%以下，货币型基金一般认购费率为0。

6. B【解析】本题考查开放式基金封闭期及其申购和赎回。根据《公开募集证券投资基金运作管理办法》，在开放式基金合同生效后，可以在基金合同和招募说明书规定的期限内不办理赎回，但该期限最长不得超过3个月。封闭期结束后，基金管理人应当在每个工作日办理基金份额的申购、赎回业务。

7. D【解析】本题考查封闭式和开放式基金的认购。封闭式基金的认购在发售方式上，主要有网上发售与网下发售两种方式。开放式基金的认购采取金额认购的方式，且基金份额存在前端收费和后端收费两种模式。

8. C【解析】本题考查ETF份额的认购。按照有关要求：①投资者进行场内现金认购时须具有沪、深证券账户；②投资者进行场外现金认购时需具有开放式基金账户或者沪、深证券账户；③投资者进行证券认购时须具有沪、深A股证券账户。

9. A【解析】本题考查开放式基金巨额赎回。在有关的巨额认定及处理单当中，单个开放日基金净赎回申请超过基金总份额的10%时，为巨额赎回。

10. B【解析】本题考查基金份额登记流程。对于不同基金品种，份额登记时间可能不一样，一般基金通常是T+1日登记，而QDII基金则通常是T+2日登记。故选项B说法错误。

11. C【解析】本题考查基金募集发售。根据有关要求，募集发售工作内容有发售基金、公布基金招募说明书、基金合同及其他相关文件、资金存入专门账户。

12. B【解析】本题考查封闭式基金的交易。封闭式基金的报价单位为每份基金价格。基金的申报价格最小变动单位为0.001元人民币。买入与卖出封闭式基金份额，申报数量应当为100份或其整数倍。基金单笔最大数量应当低于100万份。

13. A【解析】本题考查开放式基金赎回金额的计算。货币市场基金的手续费货币市场基金手续费较低，通常申购和赎回费率为0。一般地，货币市场基金从基金财产中计提比例不高于0.25%的销售服务费，用于基金的持续销售和给基金份额持有人提供服务。

14. B【解析】本题考查封闭式基金的交易规则。封闭式基金的报价单位为每份基金价格。基金的申报价格最小变动单位为0.001元人民币。买入与卖出封闭式基金份额，申报数量应当为100份或其整数倍。基金单笔最大数量应当低于100万份。

15. D【解析】本题考查基金的合同生效。基金管理人应当自募集期限届满之日起10日内聘请法定验资机构验资，自收到验资报告之日起10日内，向中国证监会提交验资报告，办理基金备案手续，并予以公告。

16. D【解析】按照证监会《关于统一规范证券投资基金认（申）购费用及认（申）购份额计算方法有关问题的通知》的规定，申购费用与申购份额的计算公式如下：净申购金额＝申购金额÷（1+申购费率）＝100000÷（1+1.5%）＝98522.17（元）；申购份额＝净申购金额÷申购当日基金份额净值＝98522.17÷1.15＝85671.45（份）。一般规定基金份额份数以四舍五入的方法保留小数点后两位以上，由此产生误差的损失由基金资产承担，产生的收益归基金资产所有，但不同的基金招募说明中约定不一样，有些采用"基金份额小数点两位以后部分舍去"的方式。

17. D【解析】本题考查基金申购费的收取。销售费用结构基金销售费用包括基金的申购（认购）费、赎回费和销售服务费。基金管理人发售基金份额、募集基金，可以收取认购费。基金管理人办理基金的申购，可以收取申购费。

18. B【解析】本题考查巨额赎回的处理。当基金管理人认为兑付投资者的赎回申请有困难，或认为兑付投资者的赎回申请进行的资产变现可能使基金份额净值发生较大波动时，基金管理人在当日接受赎回比例不低于上一日基金总份额10%的前提下，对其余赎回申请延期办理。

19. D【解析】本题考查ETF份额的申购与赎回。收取现金替代溢价的原因是，对于使用现金替代的证券，基金管理人须在证券恢复交易后买入，而实际买入价格加上相关交易费用后与申购时的最新价格可能有所差异。为便于操作，基金管理人在申购、赎回清单中预先确定现金替代溢价比例，并据此收取现金替代金额。如果预先收取的金额高于基金购入该部分证券的实际成本，则基金管理人将退还多收取的差额；如果预先收取的金额低于基金购入该部分证券的实际成本，则基金管理人将向投资者收取欠缺的差额。

20. D【解析】本题考查封闭式基金的折（溢）价率。按照有关规定，折价率＝（二级市场价格÷基金份额净值－1）×100%＝（二级市场价格－基金份额净值）÷基金份额净值×100%。

21. B【解析】本题考查LOF份额申购和赎回。按照有关规定，投资者T日卖出基金份额后的资金T+1日即可到账（T日也可做回转交易），而赎回资金至少T+2日到账。

22. B【解析】本题考查ETF份额的申购和赎回。在发生暂停申购和赎回的情形之一时，基金的申购和赎回可能同时暂停。在暂停申购和赎回的情况消除时，基金管理人应及时恢复申购和赎回业务的办理，并予以公告。

23. D【解析】本题考查开放式基金的认购费用。根据规定，基金认购费用将统一按净认购金额为基础收取。

24. B【解析】本题考查ETF建仓阶段的时间以及申购和赎回的开始时间。按照规定，在基金份额折算日之后可开始办理申购ETF基金，自基金合同生效日后不超过3个月的时间起开始办理赎回。

25. B【解析】本题考查货币市场基金申购和赎回的原则。其原则包括确定价原则，金额申购、份额赎回原则。

26. B【解析】本题考查基金认购的确认。销售机构对认购申请的受理并不代表该申请一定成功，而仅代表销售机构确实接受了认购申请，申请的成功与否应以注册登记机构的确认结果为准。投资者T日提交认购申请后，一般可于T+2日后到办理认购的网点查询认购申请的受理情况。

27. D【解析】本题考查ETF份额的上市交易规则。按照规定，①基金上市首日的开盘参考价为前一工作日基金份额净值；②基金实行价格涨跌幅限制，涨跌幅比例为10%，自上市首日起实行；③基金买入申报数量为100份或其整数倍，不足100份的部分可以卖出；④基金申报价格最小变动单位为0.001元。

28. A【解析】本题考查LOF与ETF的区别。其主要区别有以下几点。①申购和赎回的标的不同。②申购和赎回的场所不同。③对申购和赎回限制不同。④在二级市场的净值报价频率不同，ETF每15秒提供一个基金参考净值报价；而LOF的净值报价频率要比ETF低，通常每天只提供1次或几次基金净值报价。⑤基金投资策略不同。

第七章 基金的信息披露

1. B【解析】本题考查基金运作信息披露中的净值公告。普通基金净值公告主要包括基金资产净值、份额净值和份额累计净值等信息。封闭式基金和开放式基金在披露净值公告的频率上有所不同。封闭式基金一般至少每周披露一次资产净值和份额净值。对开放式基金来说，在其放开申购和赎回前，一般至少每周披露一次资产净值和份额净值；放开申购和赎回后，则会披露每个开放日的份额净值和份额累计净值。

2. D【解析】本题考查基金信息披露的禁止行为。公开披露基金信息，不得有下列行为：①虚假记载、误导性陈述或者重大遗漏；②对证券投资业绩进行预测；③违规承诺收益或者承担损失；④诋毁其他基金管理人、基金托管人或者基金销售机构；⑤法律、行政法规和国务院证券监督管理机构规定禁止的其他行为。

3. B【解析】本题考查基金运作信息披露中的货币市场基金偏离公告。在投资组合报告中披露偏离度信息。在季度报告中的投资组合报告中，货币市场基金将披露报告期内偏离度绝对值在0.25%~0.5%的次数，偏离度的最高值和最低值，偏离度绝对值的简单平均值等信息。

4. D【解析】本题考查基金年度报告。基金年度报告是基金存续期信息披露中信息量最大的文件。应当在每年结束之日起90日内，编制完成基金年度报告，并将该报告正文登载于网站上，将年度报告摘要登载在指定报刊上。

5. B【解析】本题考查基金运作信息披露中的普通基金净值公告。开放式基金，在放开申购和赎回前，一般至少每周披露一次资产净值和份额净值；放开申购和赎回后，每个开放日披露份额净值和份额累计净值。

6. C【解析】本题考查基金信息披露的作用。其中，有利于防止利益冲突与利益输送是作用之一。相对于实质性审查制度，强制性信息披露的基本推论是投资者在信息公开的基础上"买者自慎"。这样可以改变投资者的信息弱势地位，增加资本市场的透明度，防止利益冲突与利益输送。

7. A【解析】本题考查货币市场基金偏离公告。作为临时报告中披露的偏离信息，当影子定价与摊余成本法确定的基金资产净值偏离度的绝对值达到或者超过0.5%时，基金管理人将在事件发生之日起2日内就此事项进行临时报告。

8. B【解析】本题考查基金年度报告的投资组合报告。基金股票投资组合重大变动的披露包括：报告期内累计买入、卖出价值超出期初基金资产净值2%的股票明细；对于累计买入、卖出价值前20名的股票价值低于2%的，应披露至少前20名的股票明细；整个报告期内买入股票的总成本和卖出股票的总收入。

9. B【解析】本题考查基金信息披露的作用。其作用主要表现在四个方面：①有利于投资者的价值判断；②有利于防止利益冲突与利益输送；③有利于提高证券市场的效率；④能有效防止信息滥用。

10. A【解析】本题考查基金信息披露的原则。在披露内容上，要求遵循真实性原则、准确性原则、完整性原则、及时性原则和公平性原则。其中，完整性原则要求披露可能影响投资者决策的某一具体信息列，必须对该信息的所有重要方面进行充分的披露，不仅披露对信息披露义务人有利的信息，更要披露对信息披露义务人不利的各种风险因素。该原则要求充分披露重大信息，但并不是要求事无巨细地披露所有信息，因为这不仅将增加披露义务人的成本，也将增加投资者收集信息的成本和筛选有用信息的难度。

11. A【解析】本题考查基金信息披露形式方面的原则。基金信息披露的易解性原则要求信息披露的表述应当简明扼要、通俗易懂、避免使用冗长、技术性用语。

12. A【解析】本题考查特殊基金品种的信息披露。QDII基金在放开申购、赎回前，一般至少每周披露一次资产净值和份额净值；放开申购、赎回后，在每个开放日披露份额净值和份额累计净值。QDII基金的净值可以在估值日后1~2个工作日内披露。

13. B【解析】本题考查基金主要当事人的信息披露义务。基金年度报告、半年度报告和季度报告的编制者和披露义务人是基金管理人。

14. B【解析】本题考查基金定期公告中的半年度报告。基金半年度报告的披露特点是半年度报告不要求审计，只需披露当期的主要会计数据和财务指标，披露过去1个月的净值增长率，无须披露近3年每年的基金收益分配，无须披露内部监察报告，重点披露比上年度财务会计报告更新的信息，只报告期内改聘会计师事务所的情况，无须披露支付给聘任会计师事务所的报酬及事务所已提供审计服务的年限，财务报表附注无须对重要的报表项目进行说明。

15. A【解析】本题考查基金运作信息披露。披露文件主要包括：基金净值公告、基金定期公告、基金上市交易公告和基金临时信息披露。其中，基金净值公告包括普通净值公告、货币市场基金收益公告和偏离公告；基金定期公告又包括基金季度报告、基金半年度报告和基金年度报告；基金临时信息披露包括基金临时报告和基金澄清公告。

16. C【解析】本题考查基金托管人的信息披露义务。当基金发生涉及托管人及托管业务的重大事件时，例如，基金托管人的专门基金托管部门的负责人变动，该部门的主要业务人员在1年内变动超过30%，托管人召集基金份额持有人大会，托管人的法定名称或住所发生变更，发生涉及托管业务的诉讼，托管人受到监管部门的调查或托管人及其托管部门的负责人受到严重行政处罚等，托管人应当在事件发生之日起2日内编制并披露临时公告书，并报中国证监会及地方监管局备案。

17. B【解析】本题考查基金招募说明书。其主要披露事项有以下几点。①招募说明书摘要。②基金募集申请的核准文件名称和核准日期。③基金管理人和基金托管人的基本情况。④基金份额的发售日期、价格、费用和期限。⑤基金份额的发售方式、发售机构及登记机构名称。⑥基金份额申购和赎回的场所、时间、程序、数额与价格，拒绝或暂停接受申购、暂停赎回或延缓支付、巨额赎回的安排等。⑦基金的投资目标、投资方向、投资策略、业绩比较基准、投资限制。⑧基金资产的估值。⑨基金管理人和基金托管人的报酬及其他基金运作费用的费率水平、收取方式。⑩基金认购费、申购费、赎回费、转换费的费率水平、计算公式、收取方式。⑪出具法律意见书的律师事务所和审计基金财产的会计师事务所的名称和住所。⑫风险警示内容。⑬基金合同和基金托管协议的内容摘要。

18. A【解析】本题考查基金主要当事人的信息披露义务。按照有关规定，基金份额持有人的信息披露义务主要体现在与基金份额持有人大会相关的披露义务。

19. B【解析】本题考查基金合同。合同包含两类重要信息。①基金投资运作安排和基金份额发售安排方面的信息。此类信息如：基金运作方式，运作费用，基金发售、交易、申购、赎回的相关安排，基金投资基本要素，基金估值和净值公告等事项。②基金合同特别约定的事项。其中，基金合同特别约定的事项包括：基金当事人的权利义务，特别是基金份额持有人的权利；基金持有人大会的召集、议事及表决的程序和规则；基金合同终止的事由、程序及基金财产的清算方式。

20. B【解析】本题考查招募说明书摘要的发布周期。招募说明书摘要是招募说明书的精华。在基金存续期的募集过程中，投资者只需阅读该部分信息，即可了解到基金产品的基本特征、过往投资业绩、费用情况以及近6个月来与基金募集相关的最新信息。

21. D【解析】本题考查基金合同的主要内容。按规定应该包括以下各项。①募集基金的目的和基金名称。②基金管理人、基金托管人的名称和住所。③基金运作方式，基金管理人运用基金财产进行证券投资，采用资产组合方式的，其资产组合的具体方式和投资比例，也要在基金合同中约定。④封闭式基金的基金份额总额和基金合同期限，或者开放式基金的最低募集份额总额。⑤确定基金份额发售日期、价格和费用的原则。⑥基金份额持有人、基金管理人和基金托管人的权利与义务。⑦基金份额持有人大会召集、议事及表决的程序和规则。⑧基金份额发售、交易、申购、赎回的程序、时间、地点、费用计算方式以及给付赎回款项的时间和方式。⑨基金收益分配原则、执行方式。⑩作为基金管理人、基金托管人报酬的管理费、托管费的提取、支付方式与比例。⑪与基金财产管理、运用有关的其他费用的提取、支付方式。⑫基金财产的投资方向和投资限制。⑬基金资产净值的计算方法和公告方式。⑭基金募集未达到法定要求的处理方式。⑮基金合同解除和终止的事由、程序以及基金财产清算方式。⑯争议解决方式。

22. C【解析】本题考查基金信息披露原则。在我国，基金的信息披露具有强制性，信息披露遵循真实性原则、准确性原则、完整性原则、及时性原则和公平性原则，在披露形式方面遵循规范性、易解性和易得性原则。

23. B【解析】本题考查基金管理人在年度报告披露中的责任。为了保障基金信息质量，法规规定基金年度报告应经2/3以上独立董事签字同意，并由董事长签发。个别董事如果对年度报告内容的真实、准确、完整无法保证或存在异议，应单独陈述理由、发表意见。

24. C【解析】本题考查基金临时信息披露。其中有关基金的重大事件的标准，重大事件包括：基金份额持有人大会的召开，转换基金运作方式，延长基金合同期限，提前终止基金合同，更换基金管理人或托管人，基金管理人的董事长、总经理及其他高级管理人员、基金经理和基金托管人的基金托管部门负责人出现变动，涉及基金管理人、基金财产、基金托管业务的诉讼，基金份额净值计价错误金额达基金份额净值的 0.5%，开放式基金发生巨额赎回并延期支付等。

第八章　基金客户和销售机构

1. C【解析】本题考查基金销售理论。传统4Ps营销理论是指由于市场需求会受到一些营销因素的影响，企业为获得更多的利润，就需要有效地组合这些营销要素来满足市场的需求。这些要素可以归纳为产品（Product）、价格（Price）、渠道（Place）、促销（Promotion），简称4Ps。

2. C【解析】本题考查基金销售机构的职责规范。按照基金管理人、销售机构建立健全档案管理制度的要求，客户身份资料自业务关系结束当年起至少保存15年，与销售业务有关的其他资料自业务发生当年起至少保存15年。

3. D【解析】本题考查基金销售理论。基金销售机构销售基金产品一般以4Ps营销理论为指导。传统的4Ps营销可以归纳为产品（Product）、价格（Price）、渠道（Place）、促销（Promotion），而基金销售的4Ps营销理论将价格（Price）要素换成人员（People）要素。

4. C【解析】本题考查基金销售规范。基金是存在一定投资风险的金融产品，投资者应根据自己的收益偏好和风险承受能力，审慎选择基金品种。一般情况下，管理人可以受托管理基金资产，托管人可以受托保管基金资产，但没有人可以替代投资者承担基金投资的盈亏。

5. A【解析】本题考查基金直销的特点。在基金直销的客户关系方面，往往对客户的财务状况更了解，对客户控制力较强，更容易发现产品和服务方面的不足，易于建立双向持久的联系，提高忠诚度。

6. B【解析】本题考查基金销售机构的职责规范。其规范主要包括：①签订销售协议，明确权利与义务；②基金管理人应制定业务规则并监督实施；③建立相关制度；④禁止提前发行；⑤严格账户管理；⑥基金销售机构反洗钱。

7. C【解析】本题考查基金销售的目标客户市场。销售机构进行市场细分必须契合实际，易入原则是指在完成市场细分后，销售机构有能力向某一细分市场提供其所需的基金产品及服务。

8. D【解析】本题考查基金销售机构的职责。基金管理人委托基金销售机构办理基金销售时，应当签订书面销售协议，明确双方的权利、义务。

9. B【解析】本题考查基金销售机构反洗钱职责。基金销售机构应根据中国人民银行《金融机构大额交易和可疑交易报告管理办法》第九条、第十条的规定，监测客户现金收支或款项划转情况。对于符合大额交易标准的，在该大额交易发生后5个工作日内，向中国反洗钱监测分析中心报告。

10. A【解析】本题考查基金销售理论。投资基金市场销售的规范性要求基金销售机构、基金监管人员在开展基金销售活动时，必须严格遵守基金销售活动的监管规定。

11. D【解析】本题考查目标客户市场细分的原则。销售机构市场细分必须契合实际，因此销售机构在细分时应遵循易入原则、可测原则、成长原则、识别原则和利润原则。

12. D【解析】本题考查基金销售的特殊性。证券投资基金属于金融服务行业，在运用4Ps理论进行市场营销时有一定的特殊性，如规范性、服务性、专业性、持续性和适用性。

第九章 基金销售行为规范及信息管理

1. B【解析】本题考查基金销售渠道审慎调查。按照有关要求，基金销售渠道审慎调查既包括基金代销机构对基金管理人的审慎调查，也包括基金管理人对基金代销机构的审慎调查。

2. B【解析】本题考查基金投资人风险承受能力评价。基金投资人评价应以基金投资人的风险承受能力类型来具体反映，应当至少包括以下3个类型：保守型、稳健型、积极型。

3. D【解析】本题考查宣传推介材料业绩登载规范。按照要求，基金宣传推介材料可以登载该基金、基金管理人管理的其他基金的过往业绩，但基金合同生效不足6个月的除外。①基金合同生效6个月以上但不满1年的，应当登载从合同生效之日起计算的业绩。②基金合同生效1年以上但不满10年的，应当登载自合同生效当年开始所有完整会计年度的业绩，宣传推介材料公布日在下半年的，还应当登载当年上半年度的业绩。③基金合同生效10年以上的，应当登载最近10个完整会计年度的业绩。④业绩登载期间基金合同中投资目标、投资范围和投资策略发生改变的，应当予以特别说明。

4. D【解析】本题考查基金销售机构账户信息管理中基金销售机构的主要职责。按照要求，基金份额登记机构的主要职责包括：①建立并管理投资人基金份额账户；②负责基金份额的登记；③基金交易确认；④代理发放红利；⑤建立并保管基金份额持有人名册；⑥登记代理协议规定的其他职责。

5. B【解析】本题考查基金销售人员禁止性规范。基金销售人员在陈述所推介基金或同一基金管理人管理的其他基金的过往业绩时，应当客观、全面、准确，并提供业绩信息的原始出处，不得片面夸大过往业绩，也不得预测所推介基金的未来业绩。

6. B【解析】本题考查基金销售适用性。基金销售适用性是指基金销售机构在销售基金和相关产品的过程中，注重根据基金投资人的风险承受能力销售不同风险等级的产品，把合适的产品卖给合适的基金投资人。基金销售机构应当将基金销售适用性作为内部控制的组成部分，将基金销售适用性贯穿于基金销售的各个业务环节。

7. C【解析】本题考查基金销售适用性。基金销售机构在基金销售活动中，不得出现以下行为：①在签订销售协议或销售基金的活动中进行商业贿赂；②以排挤竞争对手为目的，压低基金的收费水平；③未经公告擅自变更向基金投资人的收费项目或收费标准，或通过先收后返、财务处理等方式变相降低收费标准；④采取抽奖、回扣或者送实物、保险、基金份额等方式销售基金；⑤其他违反法律、行政法规的规定，扰乱行业竞争秩序的行为。

8. B【解析】本题考查基金销售活动中的禁止行为。按照要求，基金销售机构在基金销售活动中，不得出现以下行为。①在签订销售协议或销售基金的活动中进行商业贿赂；②以排挤竞争对手为目的，压低基金的收费水平；③未经公告擅自变更向基金投资人的收费项目或收费标准，或通过先收后返、财务处理等方式变相降低收费标准；④采取抽奖、回扣或者送实物、保险、基金份额等方式销售基金；⑤其他违反法律、行政法规的规定，扰乱行业竞争秩序的行为。

9. A【解析】本题考查基金宣传推介材料禁止规定。按照要求，基金宣传推介材料必须真实准确，与基金合同、基金招募说明书相符，不得出现下列情形：①虚假记载、误导性陈述或者重大遗漏；②预测基金的投资业绩；③违规承诺收益或者承担损失；④诋毁其他基金管理人、基金托管人或者基金销售机构，或者其他基金管理人募集或者管理的基金；⑤夸大或者片面宣传基金，违规使用安全、保证、承诺、保险、避险、有保障、高收益、无风险等可能使投资人认为没有风险的或者片面强调集中营销时间限制的表述；⑥登载单位或者个人的推荐性文字。

10. A【解析】本题考查基金销售人员行为规范。基金销售人员禁止性规范如下。基金销售人员对基金产品的陈述、介绍和宣传，应当与基金合同、招募说明书等相符，不得进行虚假或误导性陈述，或者出现重大遗漏。基金销售人员在陈述所推介基金或同一基金管理人管理的其他基金的过往业绩时，应当客观、全面、准确，并提供业绩信息的原始出处，不得片面夸大过往业绩，也不得预测所推介基金的未来业绩。基金销售人员应向投资者表明，所推介基金的过往业绩并不预示其未来表现，同一基金管理人管理的其他基金的业绩并不构成所推介基金业绩表现的保证。

11. B【解析】本题考查基金销售人员禁止性规范。按照相关要求，基金销售人员在陈述所推介基金或同一基金管理人管理的其他基金的过往业绩时，应当客观、全面、准确，并提供业绩信息的原始出处，不得片面夸大过往业绩，也不得预测所推介基金的未来业绩。

12. C【解析】本题考查基金销售适用性。基金销售机构应当在基金认购或申购申请中加入基金投资人意愿声明内容，对于基金投资人主动认购或申购的基金产品风险超越基金投资人风险承受能力的情况，要求基金投资人在认购或申购基金的同时进行确认，并在销售业务信息管理平台上记录基金投资人的确认信息。禁止基金销售机构违背基金投资人意愿向基金投资人销售与基金投资人风险承受能力不匹配的产品。

13. C【解析】本题考查基金经营机构客户信息保存期限。按照有关要求，客户身份资料自业务关系结束当年或者一次性交易记账当年计起至少保存5年。客户交易记录自交易记账当年计起至少保存5年。客户交易终端信息以及开户资料电子化信息，保存期限不得少于20年。基金经营机构应妥善保存交易时段客户交易区的监控录像资料，保存期限不得少于6个月。

14. D【解析】本题考查基金销售费用结构。按照有关规定，基金销售费用包括基金的申购（认购）费、赎回费和销售服务费。基金管理人发售基金份额、募集基金，可以收取认购费。基金管理人办理基金份额的申购，可以收取申购费。

15. A【解析】本题考查基金销售费率水平。按照规定，不收取销售服务费的，对持续持有期少于3个月的投资人收取不低于0.5%的赎回费，并将不低于赎回费总额的75%计入基金财产。

16. D【解析】本题考查基金销售人员禁止性规范。基金销售人员从事基金销售活动的其他禁止性情形包括以下各项。①在销售活动中为自己或他人牟取不正当利益。②违规向他人提供基金未公开的信息。③诋毁其他基金、销售机构或销售人员。④散布虚假信息，扰乱市场秩序。⑤同意或默许他人以其本人或所在机构的名义从事基金销售业务。⑥违规接受投资者全权委托，直接代理客户进行基金认购、申购、赎回等交易。⑦违规对投资者做出盈亏承诺，或与投资者以口头或书面形式约定利益分成或亏损分担。⑧承诺利用基金资产进行利益输送。⑨以账外暗中给予他人财物或利益或接受他人给予的财物或利益等形式进行商业贿赂。⑩挪用投资者的交易资金或基金份额。⑪从事其他任何可能有损其所在机构和基金业声誉的行为。

17. B【解析】本题考查基金销售人员基本行为规范。基金销售人员在向投资者推介基金时应征得投资者的同意，如投资者不愿或不便接受推介，基金销售人员应尊重投资者的意愿。

18. D【解析】本题考查基金销售适用性的指导原则。按照有关要求，在基金销售过程中应当遵循如下各项。①投资人利益优先原则。当基金销售机构或基金销售人员的利益与基金投资人的利益发生冲突时，应当优先保障基金投资人的合法利益。②全面性原则。基金销售机构应当将基金销售适用性作为内部控制的组成部分，将基金销售适用性贯穿于基金销售的各个业务环节，对基金管理人（或产品发起人，下同）、基金产品（或基金相关产品，下同）和基金投资人都要了解并做出评价。③客观性原则。基金销售机构应建立科学合理的方法，设置必要的标准和流程，保证基金销售适用性的实施。对基金管理人、基金产品和基金投资人的调查和评价，应当尽力做到客观准确，并作为基金销售人员向基金投资人推介合适基金产品的重要依据。④及时性原则。基金产品的风险评价和基金投资人的风险承受能力评价应当根据实际情况及时更新。

第十章 基金客户服务

1. A【解析】本题考查投资者教育的概念。投资者教育是指针对个人投资者所进行的有目的、有计划、有组织地传播有关投资知识，传授有关投资经验，培养有关投资技能，倡导理性的投资观念，提示相关的投资风险，告知投资者的权利和保护途径，提高投资者素质的一项系统的社会活动。其目的就是用简单的语言向投资者解释他们在投资过程中所面临的各种问题以及应对措施。

2. C【解析】本题考查基金客户服务提供方式。其中，"一对一"专人服务是对投资额较大的个人投资者和机构投资者提供的个性化服务。一般安排较为固定的投资顾问，并将"一对一"服务贯穿售前、售中以及售后的全过程。

3. A【解析】本题考查投资者教育工作的形式。从时空角度来看，可分为现场与非现场两种形式。现场的投资者教育工作形式主要包括基金业协会及基金公司组织的报告会、专题讨论会、行业主题沙龙活动等形式；非现场形式主要是除现场形式以外的各种宣传教育形式。投资者现场教育工作形式开展灵活，通常以某一教育主题为活动主线，现场的互动交流是该种教育工作形式的特色所在。

4. B【解析】本题考查投资者教育工作的形式。从投资者教育工作形式的时空角度来看，可分为现场与非现场两种形式。现场的投资者教育工作形式主要包括基金业协会及基金公司组织的报告会、专题讨论会、行业主题沙龙活动等形式；非现场形式主要是除现场形式以外的各种宣传教育形式。投资者现场教育工作形式开展灵活，通常以某一教育主题为活动主线，现场的互动交流是该种教育工作形式的特色所在。

5. B【解析】本题考查投资决策教育。投资决策就是对投资产品和服务做出选择的行为或过程，它是整个投资者教育体系的基础。投资者的投资决策受到多种因素的影响，大致可分为两类：个人背景和社会环境。个人背景包括投资者本人的受教育程度、投资知识、年龄、社会阶层、个人资产、心理承受能力、性格、法律意识、价值取向及生活目标等。社会环境因素包括政治、经济、社会制度、伦理道德、科技发展等。投资决策教育就是要在指导投资者分析投资问题、获得必要信息、进行理性选择的同时，致力于改善投资者决策条件中的某些变量。

6. D【解析】本题考查投资者教育的内容。综合当前投资者教育的理论和实践，投资者教育主要包含三方面的内容：①投资决策教育；②资产配置教育；③权益保护教育。

7. A【解析】本题考查基金客户个性化服务。基金客户个性化服务包括：做好客户的动态分析；通过加强客户沟通了解客户深度需求；做好客户的参谋。其中，深度挖掘客户需求是基金公司提供个性化服务的基础。

8. C【解析】本题考查基金客户服务的特点。其特点有四个，分别是：专业性、规范性、持续性和时效性。

9. B【解析】本题考查基金客户服务的内容。售中服务是指客户在基金投资操作过程中享受的服务。主要包括：协助客户完成风险承受能力测试并细致解释测试结果；推介符合适用性原则的基金；介绍基金产品；协助客户办理开立账户、申购、赎回、资料变更等基金业务。

10. D【解析】本题考查基金客户服务提供方式。基金客户服务方式有：电话服务中心、邮寄服务、自动传真、电子信箱与手机短信、"一对一"专人服务、互联网的应用、媒体和宣传手册的应用、讲座、推介会和座谈会。

11. D【解析】本题考查基金客户档案管理与保密。按照有关要求，客户身份资料，自业务关系结束当年计起至少保存15年，交易记录自交易记账当年计起至少保存15年。

12. A【解析】本题考查基金客户服务的原则。企业的生存离不开客户，令客户满意是客户服务追求的目标。"客户至上" 是每一位客户服务人员在客户服务过程中应遵循的原则。

第十一章 基金管理人的内部控制

1. A【解析】本题考查内部控制的主要内容监察稽核控制。基金管理人应当设立督察长，对董事会负责，经董事会聘任，报证券监督管理机构核准。根据监察稽核工作的需要和董事会授权，督察长可以列席公司的相关会议，调阅公司的相关档案。

2. B【解析】本题考查基金公司前、中、后内部控制。其中，中台部门包括市场营销、风险控制、财务部、监察稽核和产品研发部门，主要是为公司前台部门提供支持，目标是保障公司为客户提供服务的持续性。

3. B【解析】本题考查内部控制机制的层次。基金管理人内控机制的四个层次：①员工自律；②各部门主管（包括监察稽核）的检查监督；③公司管理层对人员和业务的监督控制；④董事会或者其领导下的专门委员会的检查、监督、控制和指导。

4. D【解析】本题考查内部控制的原则。共有五项原则，分别是：健全性原则、有效性原则、独立性原则、相互制约原则和成本效益原则。

5. C【解析】本题考查投资管理业务控制。建立投资风险评估与管理制度，在设定的风险权限额度内进行投资决策，这是投资决策业务控制时的主要内容之一。

6. D【解析】本题考查内部控制制度组成。基金管理公司内部控制制度由内部控制大纲、基本管理制度、部门业务规章等部分组成。

7. A【解析】本题考查内部控制制度的主要内容。其中，公司内部控制大纲是对公司章程规定的内控原则的细化和展开，是各项基本管理制度的纲要和总揽，内部控制大纲应当明确内控目标、内控原则、控制环境、内控措施等内容。

8. A【解析】本题考查风险管理的要素。内部环境、目标设定、事项识别、风险评估、风险应对、控制活动、信息与沟通和行为监控是企业风险管理基本框架的八个要素。其中，控制活动包括在公司内部使用的审核、批准、授权、确认以及对经营绩效考核、资产安全管理、不相容职务分离等方法。

9. C【解析】本题考查内部控制制度的制定原则。其中在审慎性原则中，公司内部控制的核心是风险控制，制定内部控制制度应当以审慎经营、防范和化解风险为出发点。

10. B【解析】本题考查内部控制的原则。健全性原则、有效性原则、独立性原则、相互制约原则和成本效益原则是内部控制的五个原则。其中，内部控制的独立性原则是指基金管理人各机构、部门和岗位职责应当保持相对独立，基金资产、自有资产、其他资产的运作应当分离。

11. D【解析】本题考查内部控制的原则。健全性原则、有效性原则、独立性原则、相互制约原则和成本效益原则是内部控制的五个原则。其中，相互制约原则指基金管理人内部部门和岗位的设置应当权责分明、相互制衡。

12. A【解析】本题考查内部控制的基本要素。控制环境构成公司内部控制的基础，控制环境包括经营理念和内控文化、公司治理结构、组织结构、员工道德素质等内容。

13. C【解析】本题考查内部控制的三目标。内部控制目标是决定公司内部控制运行方式和方向的关键，也是认识内部控制基本理论的出发点。基金管理人与一般的公司不同，其内部控制的三个目标是选项A、B和D。

14. B【解析】本题考查内部控制的风险管理。企业风险管理基本框架包括八个方面内容：内部环境、目标设定、事项识别、风险评估、风险应对、控制活动、信息与沟通以及行为监控八个要素构成。

15. B【解析】本题考查内部控制制度的主要内容。其中，业务操作手册是在基金管理人确定相关业务基础上，对业务的性质、种类以及相关的管理规定和操作流程及要求进行明确的说明，是业务人员上岗操作的指南。

16. A【解析】本题考查内部控制的基本要素。其要素包括，控制环境、风险评估、控制活动、信息沟通和内部监控。而风险控制属于基金管理公司内部控制制度。

17. C【解析】本题考查内部控制的原则。成本效益指基金管理人运用科学化的经营管理方法降低运作成本，提高经济效益，以合理的控制成本达到最佳的内部控制效果。

18. D【解析】本题考查内部控制的投资管理业务控制。主要有研究业务控制、投资决策业务控制和基金交易业务控制。基金管理人应自觉遵守有关的法律法规，根据投资管理业务的性质和特点严格制定管理规章、操作流程和岗位手册，明确不同业务可能存在的风险点，并采取控制措施。严格制定信息系统的管理制度不属于投资管理业务控制。

第十二章 基金管理人的合规管理

1. D【解析】本题考查督察长的合规责任。基金管理公司督察长履行职责的范围是基金及公司运作的所有业务环节。督察长履行职责，应当重点关注以下内容。①基金销售是否遵守法律法规、基金合同和招募说明书的规定，是否存在误导、欺诈投资人和不正当竞争等违法违规行为。②基金投资是否符合法律法规和基金合同的规定，是否遵守公司制定的投资业务流程等相关制度，是否存在内幕交易、操纵市场等违法行为以及不正当关联交易、利益输送和不公平对待不同投资人的行为。③基金及公司的信息披露是否真实、准确、完整、及时，是否存在虚假记载、误导性陈述或者重大遗漏等问题。④基金运营是否安全，信息技术系统运行是否稳定，客户资料和交易数据是否做到备份和有效保存，是否出现延时交易、数据遗失等情况。⑤公司资产是否安全完整，是否出现被抽逃、挪用、违规担保、冻结等情况。督察长发现基金和公司运作中有违法违规行为的，应当及时予以制止，重大问题应当报告中国证监会及相关派出机构。

2. D【解析】本题考查管理层的合规责任。关于D选项，按照有关要求，经理层人员应当公平对待所有股东，不得接受任何股东及其实际控制人超越股东会、董事会的指示，不得偏向于任何一方股东。经理层人员应当公平对待公司管理的不同基金财产和客户资产，不得在不同基金财产之间、基金财产与委托资产之间进行利益输送。

3. A【解析】本题考查投资合规性风险。A选项是关于销售合规性风险的管理主要措施。除本题的三个选择外，投资合规性风险管理主要措施还有：对交易异常行为进行定义，并通过事后评估对基金经理、交易员和其他人员的交易行为（包括交易价格、交易品种、交易对手、交易频度、交易时机等）进行监控，加强对异常交易的跟踪、监测和分析；每日跟踪评估投资比例、投资范围等合规性指标执行情况，确保投资组合投资的合规性指标符合法律法规和基金合同的规定；关注估值政策和估

值方法隐含的风险，定期评估第三方估值服务机构的估值质量，对于以摊余成本法估值的资产，应特别关注影子价格及两者的偏差带来的风险，进行情景压力测试并及时制定风险管理情景应对方案。

4. C【解析】本题考查合规管理部门的设置及其责任。按照有关要求，合规管理部门主要负责基金公司合规工作的具体组织和执行，负责公司各部门和全体员工的合规管理工作。依照所规定的职责、权限、方法及程序独立开展工作，合规管理部门对总经理负责。

5. D【解析】本题考查合规管理的基本原则。其基本原则包括：独立性原则、客观性原则、公正性原则、专业性原则和协调性原则。

6. C【解析】本题考查督察长履行职责。按照相关要求，督察长重点关注的事项有以下几点。①基金销售是否遵守法律法规、基金合同和招募说明书的规定，是否存在误导、欺诈投资人和不正当竞争等违法违规行为。②基金投资是否符合法律法规和基金合同的规定，是否遵守公司制定的投资业务流程等相关制度，是否存在内幕交易、操纵市场等违法行为以及不正当关联交易、利益输送和不公平对待不同投资人的行为。③基金及公司的信息披露是否真实、准确、完整、及时，是否存在虚假记载、误导性陈述或者重大遗漏等问题。④基金运营是否安全，信息技术系统运行是否稳定，客户资料和交易数据是否做到备份和有效保存，是否出现延时交易、数据遗失等情况。⑤公司资产是否安全完整，是否出现被抽逃、挪用、违规担保、冻结等情况。督察长发现基金和公司运作中有违法违规行为的，应当及时予以制止，重大问题应当报告中国证监会及相关派出机构。

7. D【解析】本题考查合规管理的相关规则。按照要求，应遵循的规则有：立法机关和

证监会发布的基本法律规则；基金业协会和证券业协会等自律性组织制定的适用于全行业的规范、标准、惯例等；公司章程以及企业的各种内部规章制度以及应当遵守的诚实、守信的职业道德。

8. D【解析】本题考查合规管理的基本原则。其中，公正性原则是指合规人员核查业务部门时，应坚持采用统一标准来对违规行为风险进行评估、报告。

9. A【解析】本题考查管理层的合规责任。按照有关要求，基金管理人可设总经理一人，副总经理若干人。公司章程应当明确规定总经理和副总经理等人员的提名、任免程序、权利义务、任期等内容。

10. B【解析】本题考查董事会的合规责任。董事会对公司的合规管理承担最终责任，履行合规职责包括以下几点。①审议批准合规政策，监督合规政策的实施，对实施情况进行年度评估。②审议批准公司年度合规报告，对年度合规报告中反映的问题，采取解决措施。③根据总经理的提名决定合规负责人的聘任、解聘及薪酬事项。④决定公司合规管理部门的设置及职能。⑤保证合规负责人独立与董事会、董事会相关委员会，如审计委员会或者其他专业委员会沟通。⑥公司章程规定的其他合规责任。

11. D【解析】本题考查合规管理的意义。从基金管理人的内部控制角度来讲，保障基金管理人的合规与合规部门的独立性确有必要。根据监管规则和基金公司内部控制和防范合规风险的要求，在基金公司内部建立和完善合规风险管理的体制机制，建立独立的合规部门，鼓励和保障合规部门独立发表合规管理意见，使其能够更好地履行合规风险管理的职能；使法律规则和监管部门的监管规则及监管意图在基金公司得到全面有效地贯彻落实。避免基金管理人遭受法律制裁或监管处罚、重大财务损失或声誉损失的风险。因此，加强合规管理及其独立性具有重要意义。

12. D【解析】本题考查反洗钱合规性风险。按照有关要求，反洗钱合规性风险管理措施主要包括以下几点。①建立风险导向的反洗钱防控体系，合理配置资源。②制定严格有效的开户流程，规范对客户的身份认证和授权资格的认定，对有关客户的身份证明材料予以保存。③从严监控客户核心资料信息修改、非交易过户和异户资金划转。④严格遵守资金清算制度，对现金支付进行控制和监控。⑤建立符合行业特征的客户风险识别和可疑交易分析机制。

13. A【解析】本题考查合规风险的种类。其主要种类包括投资合规性风险、销售合规性风险、信息披露合规性风险和反洗钱合规性风险。而合规审核是合规管理的内容之一。

14. B【解析】本题考查合规管理目标。合规管理的目标是建立健全基金管理人合规风险管理体系，实现对合规风险的有效识别和管理，促进基金管理人全面风险管理体系的建设，确保依法合规经营。

15. D【解析】本题考查合规管理的基本原则。其原则包括：独立性原则、客观性原则、公正性原则、专业性原则和协调性原则。其中，独立性原则主要是指合规部门和督察长在基金公司组织体系中应当有独立地位，合规管理应当独立于其他各项业务经营活动。

16. D【解析】本题考查合规政策。基金管理人的合规政策应明确所有员工和业务条线需要遵守的基本原则，以及识别和管理合规风险的主要程序，并对合规管理职能的有关事项做出规定，至少应包括以下几项。①合规管理部门的功能和职责。②合规管理部门的权限，包括享有与基金管理人任何员工进行沟通并获取履行职责所需的任何记录或档案材料的权利等。③合规负责人的合规管理职责。④保证合规负责人和合规管理部门独立性的各项措施，包括确保合规负责人和合规管理人员的合规管理职责与其承担的任何其他职责之间不产生利益冲突等。⑤合规管理部门与其他部门之间的协作关系。⑥设立业务条线和分支机构合规管理部门的原则。

17．B【解析】本题考查合规投诉处理。合规投诉处理随着基金管理人运作日益复杂，投诉也随之变得越来越多，正确处理投诉，是合规管理中的重要项目。合规部门收集事实和调查准确数据以便确认真正问题所在，记录相关投诉信息并复述每一条数据，强调共同利益并且负责任地承诺解决问题，可以降低基金公司运作风险。客服中心负责受理通过来访、电话、传真、网络、信函等方式的投诉。

18．B【解析】本题考查董事会的合规职责。董事会对公司的合规管理承担最终责任，履行合规职责包括以下几点。①审议批准合规政策，监督合规政策的实施，对实施情况进行年度评估。②审议批准公司年度合规报告，对年度合规报告中反映的问题，采取解决措施。③根据总经理的提名决定合规负责人的聘任、解聘及薪酬事项。④决定公司合规管理部门的设置及职能。⑤保证合规负责人独立与董事会、董事会相关委员会，如审计委员会或者其他专业委员会沟通。⑥公司章程规定的其他合规责任。

19．B【解析】本题考查监事会行使的职权。按照有关规定，监事会应负责以下各项职权。①检查公司的财务。②对公司董事、总经理和其他高级管理人员执行公司职务时违反法律、行政法规或者公司章程的行为进行监督。③当公司董事、总经理和其他高级管理人员的行为损害公司的利益时，要求前述人员予以纠正。④提议召开临时股东会。⑤列席董事会会议。⑥公司章程规定的其他职权。

20．D【解析】本题考查合规管理的基本原则。其原则有，独立性原则、客观性原则、公正性原则、专业性原则和协调性原则。其中，协调性原则是指合规人员应正确处理与公司其他部门以及监管部门的关系，努力营造公司的合规合力，避免内部消耗。